COLLECTION
DES MÉMOIRES

RELATIFS

A L'HISTOIRE DE FRANCE.

HISTOIRE DES CROISADES PAR ALBERT D'AIX,
TOME II. — HISTOIRE DES FRANCS QUI ONT
PRIS JÉRUSALEM PAR RAIMOND D'AGILES.

PARIS, IMPRIMERIE DE A. BELIN,
rue des Mathurins-Saint-Jacques, n. 14.

COLLECTION
DES MÉMOIRES

RELATIFS

A L'HISTOIRE DE FRANCE,

DEPUIS LA FONDATION DE LA MONARCHIE FRANÇAISE JUSQU'AU 13ᵉ SIÈCLE;

AVEC UNE INTRODUCTION, DES SUPPLÉMENS, DES NOTICES
ET DES NOTES;

Par M. GUIZOT,
PROFESSEUR D'HISTOIRE MODERNE A L'ACADÉMIE DE PARIS.

A PARIS,
CHEZ J.-L.-J. BRIÈRE, LIBRAIRE,
RUE SAINT-ANDRÉ-DES-ARTS, Nº. 68.

1824.

HISTOIRE DES CROISADES.

LIVRE HUITIÈME.

Vers l'époque où le roi Baudouin combattait et remportait une sanglante victoire, et dans le mois de septembre de la première année de son règne, des Lombards, peuple innombrable du royaume d'Italie, ayant appris l'occupation d'Antioche et de Jérusalem, et les glorieux triomphes des Chrétiens, se réunirent de diverses contrées de l'Italie, traversèrent heureusement le royaume de Hongrie et s'avancèrent jusque dans le royaume des Bulgares, dans le dessein d'aller porter secours et de se rendre utiles à leurs frères en Christ. Des hommes très-nobles s'associèrent à ces vœux, et on vit se joindre à l'expédition l'évêque de Milan, l'illustre comte Albert, Gui son frère, chevalier très-distingué, Hugues de Montbel, Othon, fils de la sœur d'Albert, et surnommé *Haute-Épée*, Wigebert, comte de la ville de Parme, et d'autres princes d'Italie, hommes d'une grande noblesse et chefs d'armée. Réunis au nombre de trente mille hommes, les Lombards entrèrent, comme je l'ai dit, avec toutes leurs forces sur le territoire et dans le royaume de Bulgarie. Ils envoyèrent alors des députés à l'empereur de Constantinople, pour demander la faveur de pouvoir acheter toutes les choses nécessaires à la vie sur cette terre des Bulgares, qui faisait partie de son royaume et était soumise à sa juridiction, promettant de la traverser paisiblement. Lorsqu'il eut reçu le message de cette illustre armée catholique, le roi des Grecs accorda tout ce qu'on lui demandait, sous la condition cependant que ce rassemblement considérable ne ferait aucune violence, et n'exciterait, par ses imprudences, aucun mouvement tumultueux dans le pays. Avec ces réserves, il accorda aux Lombards la faculté d'acheter dans les places du royaume de Bulgarie, riche en pain, en vin, en viande et en toutes sortes de produits, savoir, dans les villes de Sanidos, Rossa, Rodosto, Dimotuc, Sélybrie, Andrinople et Philippopolis, afin que, logeant successivement et paisiblement dans chacune de ces places, les Lombards pussent y trouver en abondance toutes les productions de la terre.

Mais, dès qu'ils furent arrivés dans ce pays, ils transgressèrent les ordres du roi et n'écoutèrent point les conducteurs et les princes de l'armée. Ils ravagèrent tout le territoire, sans ménagement comme sans motif, enlevèrent aux Bulgares et aux Grecs tout ce qui leur appartenait, sans leur rien donner en retour, leur prirent leurs bestiaux et leurs volailles ; et, ce qui est horrible à dire d'un peuple catholique, ils mangèrent tous ces animaux dans le temps du carême et du jeûne. En outre ils violèrent, dans les villes que j'ai déjà nommées, les oratoires de l'empereur lui-même, poussés par leur avidité à s'emparer des choses qui y étaient renfermées, loin des yeux de la multitude. Enfin, ce qui est encore plus affreux, l'un de ces misérables alla jusqu'à couper le sein d'une femme, qui lui résistait pour défendre ses propriétés. L'empereur, informé par les plaintes de ses sujets de cet acte d'une horrible cruauté et de l'épouvantable dévastation de tout le pays des Bulgares, expédia un message aux princes et chefs de l'armée des Lombards, pour les inviter à ne plus faire aucun séjour dans ces contrées, places et villes, et à se rendre promptement, et par la route royale, dans la ville de Constantinople, capitale de toute la Grèce. Ils y allèrent donc, et, d'après les dispositions et les ordres du roi, ils dressèrent leurs tentes du même côté, sur le rivage de la mer, appelé le Bras de Saint-George, et sur une étendue de terrain de trois milles de longueur. Ils y demeurèrent pendant deux mois de printemps, avant d'être rejoints par aucun corps venu du royaume de France ou d'Allemagne; et, selon leurs habitudes, ils commirent un grand nombre de fautes, qui leur attirèrent la colère et la haine de l'empereur.

Ce prince éprouva un vif ressentiment de ces nombreuses insultes; et, craignant que cette armée considérable n'augmentât les forces de diverses nations, et ne les portât, en leur donnant plus d'audace, à s'insurger, soit par avidité, soit sur tout autre prétexte, et à assaillir la ville de Constantinople, l'empereur invita les Lombards à ne plus demeurer dans ces lieux ni sur les bords de la mer, à aller s'établir sur le territoire de la Cappadoce et de la Romanie, auprès des ports de Civitot et de Rufinel, et à y demeurer jusqu'à ce que les corps qui devaient arriver se fussent réunis à eux. Mais ils répondirent, d'un commun accord, qu'ils ne traverseraient point le bras de mer avant d'avoir reçu les renforts des Francs et des Allemands qu'ils attendaient. Informé de leur réponse, et voyant leur obstination à ne pas quitter le rivage qu'ils occupaient, l'empereur retira aux Lombards la faculté de vendre et d'acheter, et ce peuple éprouva pendant trois jours une grande disette de vivres. Convaincus par cette interdiction de la colère de l'empereur, et pressés par la faim, les Lombards, tant chevaliers qu'hommes de pied, se rassemblèrent, prirent les armes, et portant en outre des hoyaux, des crochets et des marteaux de fer, ils se rendirent devant la porte et les murailles du grand palais, sur la place dite de Saint-Argène : là, forçant le passage sur deux points, et pénétrant dans le palais, ils tuèrent d'abord un jeune homme de la famille même de l'empereur, et ensuite un lion bien apprivoisé, et qui était aimé dans tout le palais.

L'évêque de Milan, le comte Albert, Hugues de Montbel et les hommes les plus sages et les plus considérables de l'armée, jugeant bien que cet acte de sédition leur serait plus nuisible qu'utile, se jetèrent au milieu du peuple lombard et arrêtèrent le désordre ; puis, employant tour à tour les menaces et les caresses, ils parvinrent à le calmer, et renvoyèrent chacun à son poste. Après avoir apaisé ce dangereux tumulte, l'évêque et le comte s'embarquèrent sur le Bras de Saint-George, et se rendirent par mer auprès de l'empereur lui-même, attendu qu'ils étaient logés à plus d'un mille de la ville et du palais. Ils se présentèrent devant lui avec assurance, firent tous leurs efforts pour adoucir son esprit et calmer sa colère, et lui déclarèrent par serment qu'ils étaient eux-mêmes entièrement innocens de cette coupable entreprise, dont il ne fallait accuser que des hommes insensés et ingouvernables. De son côté, l'empereur leur reprocha toutes leurs offenses précédentes, et les torts plus graves encore qu'ils avaient eus récemment et sous ses yeux, en forçant son palais, en tuant son propre parent et en massacrant son lion. Mais les princes, remplis d'adresse, lui répondirent avec autant de modération que d'éloquence, redoublèrent d'efforts pour le calmer, et répétèrent de nouveau, avec serment, que tous ces malheurs étaient arrivés sans qu'ils l'eussent voulu eux-mêmes ou y eussent consenti. Enfin l'empereur, adouci par ces humbles excuses, et cédant aux instances de ces princes illustres, remit aux pélerins, en toute bienveillance de cœur, toutes les offenses qu'ils avaient commises. Cependant l'empereur, ainsi qu'il l'avait résolu dans son conseil, insista de nouveau auprès d'eux pour qu'ils eussent à passer le bras de mer; et, comme il craignait par dessus tout que son royaume ne fût encore envahi et troublé, il fit tous ses efforts pour obtenir des princes ce qu'il leur demandait, leur offrant de riches présens en or, en argent et en pourpre, et leur en promettant encore plus s'ils parvenaient à déterminer la multitude à se rendre de l'autre côté de la mer. Séduit par ces présens et ces grandes promesses, et se confiant trop à l'empereur, le comte Albert accepta dix chevaux et d'autres dons précieux; mais l'évêque, dans sa sage prévoyance, refusa de prendre tout ce qui lui était offert, de peur que l'armée, si elle passait la mer, ne fût livrée sans défense aux armes des Turcs, après avoir été tourmentée par les Grecs. Enfin, cédant à la fermeté de l'évêque, l'empereur se réconcilia en tout point avec lui, et, souscrivant à sa demande, il rendit aux pélerins la faculté de vendre et d'acheter, et conclut un traité pour maintenir une paix solide. Dans le même temps, le comte Raimond était venu de Laodicée à Constantinople : il fut fort utile aux pélerins pour les réconcilier avec l'empereur, car il était dans l'intimité de celui-ci, qui l'avait admis dans ses conseils, beaucoup plus que tous les autres princes qui s'étaient rendus à Jérusalem. Quelques jours après avoir célébré la pâque du Seigneur, les Lombards passèrent le bras de mer et se rendirent dans la ville de Nicomédie.

Conrad, connétable de Henri III, empereur des Romains, arriva pareillement à Constantinople avec deux mille Teutons, et, s'étant fait annoncer à l'empereur Alexis, il trouva grâce devant ses yeux, fut chéri plus que tous les autres et honoré par des présens magnifiques. Il traversa aussitôt le bras de mer, et alla se réunir aux princes lombards. Ensuite Étienne, comte de Blois, ramené par la pénitence, fit aussi ses dispositions pour retourner à Jérusalem. Un autre Étienne, duc de Bourgogne, Milon de Bray, Gui à la tête rousse, Hugues et Bardolphe de Bresse, Engelram évêque de Laon, Renaud évêque de Soissons, Baudouin de Grandpré, très-beau chevalier, Dudon de Clermont et Galbert, châtelain de Laon, tous venus du royaume occidental de la France, se réunirent aux Lombards avec toutes leurs troupes dans le pays de

Nicomédie; partis de terres et de contrées diverses, ils se rassemblèrent dans cette même ville, et demeurèrent quelque temps sur son territoire.

Aux approches des saints jours de la Pentecôte, ces pèlerins, accourus de diverses parties du monde, et réunis au nombre d'environ deux cent soixante mille, avec un grand nombre d'enfans et de femmes, de clercs, de moines et une foule de peuple entièrement inutile, firent demander à l'empereur de Constantinople de leur donner des guides. L'empereur, accédant à leur prière, chargea le comte de Saint-Gilles, son confident, de les accompagner avec cinq cents cavaliers turcopoles, de diriger leur marche et de veiller à leur conduite, afin de maintenir le bon ordre. Ces dispositions faites, et le comte Raimond se trouvant ainsi le conseiller et le guide de l'armée, Étienne de Blois proposa de suivre la route qu'avaient prise le duc Godefroi, Boémond et la première armée, et de s'avancer vers le pays de Nicomédie et la Romanie, jugeant, ainsi que la plupart de ses compagnons, que c'était le chemin le plus sûr et le meilleur. Mais les Lombards, se confiant en leur multitude, élevèrent une grande discussion, et déclarèrent qu'ils passeraient par les montagnes et le pays de Flaganie[1], disant qu'ils entreraient de vive force dans le royaume du Khorazan pour enlever et délivrer Boémond captif chez les Turcs, et qu'ils iraient hardiment assiéger et détruire la ville de Bagdad, capitale du royaume du Khorazan, et briser ainsi les fers de leur frère. Étienne de Blois, Raimond et les autres princes, voyant que les Lombards s'obsti-

[1] La Paphlagonie.

naient, dans leur orgueil, à marcher à la délivrance de Boémond, et ne pouvant les faire renoncer à cette cruelle erreur, suivirent eux-mêmes la route proposée, et le comte Raimond marcha en avant avec les Turcopoles et l'escorte magnifique de l'empereur.

Pendant trois semaines, les pélerins poursuivirent leur marche fort heureusement, vivant dans une grande abondance, et la plupart des gens du peuple se livrant à toutes sortes de débauches et d'impuretés. La veille de la fête de Saint-Jean-Baptiste, précurseur du Seigneur, ils arrivèrent au pied de montagnes difficiles à gravir, dans des vallées très-profondes, et de là à un château dit Ancras[1]. Ils attaquèrent les Turcs qui y habitaient, livrèrent un assaut qui dura jusqu'au milieu de la matinée, détruisirent le fort de fond en comble, et mirent à mort deux cents Turcs. Six d'entre eux cependant trouvèrent moyen de se cacher, et échappèrent à la mort, à l'aide de la nuit. Après avoir remis ce château entre les mains des chevaliers de l'empereur, parce qu'il faisait partie de ses États, et que les Turcs le lui avaient injustement enlevé, les pélerins se rendirent au château de Gargara[2], et ravagèrent les moissons et toutes les récoltes du pays, parce qu'il leur fut impossible de prendre le fort, que sa position rendait inexpugnable. Les Turcs se réjouirent de ce que les pélerins abandonnaient cette place sans y faire aucun mal, après avoir vainement cherché à s'en rendre maîtres. Depuis ce jour, et dans la suite, les Turcs s'avancèrent sur les der-

[1] Ancyre, aujourd'hui Angouri.
[2] Gangra.

rières de l'armée chrétienne, attaquant ceux dont la fatigue retardait la marche, et les tuant à coups de flèches.

Les Chrétiens passèrent successivement devant plusieurs villes et places fortes, dont les noms sont inconnus. Les Turcs envoyaient des présens et beaucoup de vivres au comte Raimond et aux chevaliers de l'empereur, qui marchaient toujours en avant, et les écartaient ainsi de leurs murs. Séduits par ces présens, ils conduisaient toute l'armée à travers des déserts et des pays inhabités et dépourvus de ressources, et les Turcs, se plaçant partout en embuscade, ne cessaient d'attaquer et de massacrer ceux qui demeuraient en retard par paresse ou lassitude. Les princes, reconnaissant que les Turcs leur faisaient beaucoup de mal en les poursuivant sans relâche et leur tendant des piéges, résolurent d'organiser un service d'avant-garde et d'arrière-garde ; ils décidèrent que sept cents chevaliers Francs environ se porteraient toujours en avant et observeraient le pays, et que sept cents Lombards demeureraient sur les derrières pour protéger et attendre au besoin les hommes fatigués et les traînards. Les Turcs, ayant appris que les Lombards faisaient le service d'arrière-garde, se réunirent au nombre de cinq cents hommes à cheval et armés de leurs arcs, et, poussant des cris, ils vinrent à l'improviste les attaquer par derrière, firent pleuvoir sur eux une grêle de flèches, et en blessèrent un grand nombre. Étonnés et redoutant la mort, les Lombards prirent la fuite de toute la rapidité de leurs chevaux, abandonnant les malheureux hommes de pied et tous ceux qui étaient fatigués du voyage, et les Turcs en massacrèrent environ un millier, le premier jour même de ces nouvelles dispositions.

Le lendemain, au point du jour, lorsque la cruelle nouvelle de ce désastre parvint dans le camp des Chrétiens, tous les chefs de l'armée en furent consternés, et firent de grands reproches aux Lombards dont la faiblesse et la lâcheté avaient occasioné des pertes si considérables dans l'armée des pélerins : ils résolurent, en conséquence, de charger d'autres hommes de faire le service de garde auprès des Chrétiens fatigués, et qui ne suivaient que de loin ; mais le duc de Bourgogne fut seul à s'offrir pour cette commission. A la tête de cinq cents chevaliers cuirassés, il protégea si bien la marche de l'armée, que le jour où il fit son service il n'y eut pas un seul homme tué.

Le lendemain, et après le duc Étienne de Bourgogne, le comte Raimond fit sa journée de garde. Les Turcs, réunis au nombre de sept cents hommes, l'attaquèrent vigoureusement vers la neuvième heure du jour, dans une position très-resserrée, et lui livrèrent un rude combat à coups de flèches ; mais le comte leur résista vaillamment, et ne perdit que trois de ses hommes, sans parler de quelques autres qui furent grièvement blessés par des flèches. Voyant que le combat devenait de plus en plus périlleux, et que les Turcs recevaient de moment en moment de nouveaux renforts, Raimond détacha sept chevaliers et les envoya rapidement vers l'armée, qui se trouvait déjà à sept milles en avant, pour demander qu'on lui envoyât quelques secours, afin de pouvoir se défendre, lui et les siens, contre les ennemis qui le serraient de près depuis long-temps. Dès que l'on eut reçu à l'armée ce message du comte, dix mille chevaliers, armés de leurs cuirasses et de leurs casques, et se couvrant la poitrine de leurs boucliers, se détachèrent à l'instant et reprirent la route qu'ils venaient de parcourir, pour aller porter secours au comte, croyant que toutes les forces turques s'étaient rassemblées. Mais les sept cents Turcs, ayant vu le comte résister avec fermeté, et ce corps nombreux de chevaliers revenir sur ses pas pour le soutenir, prirent la fuite aussi rapidement que possible, et allèrent se cacher dans les montagnes. Dès lors Raimond se réunissant, ainsi que sa troupe, avec les chefs et les capitaines des dix mille chevaliers, de même qu'avec le corps des hommes de pied fatigués, ils allèrent tous ensemble se rallier au gros de l'armée, et, depuis ce moment, ils n'osèrent plus se diviser ni se disperser de quelque côté que ce fût, seul moyen d'éviter les attaques continuelles des Turcs, rassemblés toujours en forces supérieures.

Ils continuèrent ensuite leur marche pendant quinze jours consécutifs, s'avançant de plus en plus dans des déserts, dans des lieux inhabités et horribles, à travers des montagnes très-difficiles à franchir. Comme ils n'y rencontraient ni hommes ni bestiaux, ils furent bientôt en proie à une terrible disette, et l'or et l'argent devinrent tout-à-fait inutiles, puisqu'on ne trouvait aucune denrée à acheter. Si par hasard quelques Provençaux se portaient en avant, par détachemens de cinq cents, deux cents ou trois cents hommes, pour chercher des vivres, ils étaient aussitôt enveloppés et massacrés par les Turcs, et l'on assure que l'armée qui marchait après eux en trouvait tous les jours qui étaient morts de cette manière. Ces Provençaux étaient, de tous les pélerins, les plus ardens à rechercher le pillage et le butin ; aussi en périssait-il beaucoup plus que de tous les autres. Les hommes riches et illustres, qui avaient apporté dans leurs chariots, du port de Civitot et de la ville de Nicomédie, de la farine, du pain, des viandes sèches ou du lard, étaient les seuls qui eussent de quoi se nourrir ; les autres, pressés par la faim, se voyaient forcés, pour remplir leur estomac, à dévorer des feuilles, des écorces d'arbre ou des racines de plantes.

Au milieu de cette pénurie, mille hommes de pied de l'armée trouvèrent, dans les environs d'une ville nommée Constamne[1], de l'orge nouvelle, mais non encore mûre ; enlevant cependant tout ce grain, ils descendirent dans une certaine vallée, allumèrent du feu avec des arbustes et du tamarin, firent rôtir les grains encore verts de cette orge, et, après les avoir dépouillés de leur enveloppe, ils en mangèrent pour remplir leur estomac : ils trouvèrent aussi dans le même désert, et ramassèrent sur des arbustes un fruit amer et qui leur était entièrement inconnu, et ils s'amusèrent aussi à le faire cuire pour apaiser leur faim ; mais les Turcs cruels ayant découvert leur retraite, tous ces Chrétiens reçurent la couronne du martyre. Tandis que l'aspérité des lieux, la difficulté de pénétrer dans ces montagnes et ces vallées, semblaient les mettre à l'abri de toute attaque ennemie, et même interdire tout moyen de les frapper à coups de flèches, les Turcs allumèrent des feux considérables avec des branches d'arbres et de l'herbe

---

[1] Probablement *Camumanena*, aujourd'hui Kamau.

sèche, et, ayant ainsi enveloppé tout le vallon, les mille pélerins furent brûlés. La nouvelle de cet horrible événement étant parvenue à l'armée, tous les princes chrétiens furent saisis d'épouvante : ils demeurèrent dès ce moment six jours consécutifs réunis en un seul corps, et réglèrent leur marche de telle sorte que les hommes de pied restèrent toujours au milieu des chevaliers, pour attendre et repousser avec eux tous les périls.

Au bout de ces six jours, les Turcs Doniman, Soliman, Karajeth, Brodoan d'Alep, et d'autres encore sortis des montagnes de Flaganie et du royaume d'Antioche, tous formant une armée de vingt mille hommes, munis de leurs flèches et de leurs arcs de corne et d'os, vinrent se présenter devant les bataillons chrétiens. Après avoir examiné leur position, et reconnu leur embarras, les Turcs résolurent, le sixième jour de la semaine, de leur livrer bataille. Ce même jour, l'armée des fidèles du Christ avait franchi les défilés étroits et difficiles de la Flaganie, et, étant arrivée dans une vaste plaine vers la neuvième heure du jour, elle y avait dressé son camp pour prendre quelque repos : alors les Turcs, se rapprochant et poussant de grands cris selon leur usage, enveloppèrent les chrétiens, et des deux côtés le combat s'engagea avec vigueur. Tantôt les Turcs s'élançaient d'une course rapide sur le camp des pélerins, et, harcelant les chevaliers, ils les perçaient à coups de flèches : tantôt les Français et les Lombards, quoique accablés et fatigués par leur longue marche, se relevaient, et, s'indignant de tant d'attaques réitérées, repoussaient vaillamment leurs ennemis : enfin les Turcs eurent sept cents hommes tués, et les Chrétiens n'en eurent pas un seul des leurs à regretter; car ils se tinrent constamment serrés en masse, et ne purent être dispersés ni même entamés par leurs adversaires. Ceux-ci, voyant l'impossibilité de faire périr les Chrétiens en cette journée, et ayant déjà perdu beaucoup de monde, retournèrent dans leur camp, tristes et affligés, lorsque la nuit commença à couvrir la terre : cette même nuit l'armée chrétienne, ayant placé des postes tout autour du camp pour veiller à sa sûreté, reposa en paix après le tumulte des combats.

Le jour suivant qui était celui du sabbat, trois mille hommes de l'armée chrétienne sortirent du camp et de la plaine, sous la conduite de leurs princes Conrad et Brunon, fils de la sœur de celui-ci, et de plusieurs autres vaillans guerriers valeureux; et, entrant sur le territoire de la ville de Marash, ils s'étaient portés déjà à deux milles du camp, lorsqu'ils rencontrèrent et attaquèrent un fort occupé par des Turcs: ceux-ci cherchèrent vainement à se défendre, ils furent pris sur-le-champ; les Chrétiens enlevèrent du fort toutes les provisions de bouche, et passèrent au fil de l'épée tous les Turcs qu'ils y trouvèrent. Fiers de cette victoire, et emportant avec eux les dépouilles de leurs ennemis, ils se remirent en marche pour rentrer au camp, en passant par des gorges de montagnes d'un accès difficile et couvertes de rochers. Là, enveloppés par des Turcs postés en embuscade, et bientôt écrasés sous une grêle de flèches, ne pouvant résister que faiblement, soit par suite de leur lassitude, soit à cause du butin qui les surchargeait, et de l'étroite dimension des lieux, les pèlerins perdirent sept cents hommes, et furent forcés, à leur grand regret, d'abandonner tout leur butin. Ceux qui échappèrent aux coups des Turcs se sauvèrent un à un, en se dispersant çà et là comme des vaincus, et rentrèrent vers le soir dans le camp, tristes et affligés. Le reste du jour, l'armée renonça à toute nouvelle attaque, et demeura en repos sous ses tentes, pleurant la mort de ses compagnons : le lendemain dimanche, les Turcs et les Chrétiens s'abstinrent également de tout combat.

Le second jour de la semaine, et dès les premiers rayons du soleil, l'évêque de Milan se levant au milieu de l'armée, et animé de l'esprit divin, prédit qu'il y aurait une bataille ce jour-là : adressant alors la parole au peuple du Dieu vivant, il invita tous les Chrétiens à faire la confession de leurs péchés, leur donna l'absolution en vertu de sa puissance apostolique et au nom de Jésus, et, après avoir promis indulgence à tous, par le bras du bienheureux Ambroise évêque de Milan, il y ajouta sa bénédiction. La lance du Seigneur, que Raimond avait apportée avec lui, donna un nouveau prix à cet acte de sanctification. A la suite de ces cérémonies, Etienne, duc de Bourgogne et chevalier très-illustre, forma un corps de tout le peuple qui le suivait. Raimond garda dans son corps d'armée les Turcopoles et les Provençaux. Conrad, connétable de l'empereur Henri III, rassembla en un seul corps les Allemands, les Saxons, les Bavarois, les Lorrains et tous les Teutons. Engelram, évêque de Laon, Milon, Gui, Hugues, Bardolphe de Bray et Galbert de Laon, formèrent un autre corps composé de tous les Français.

L'évêque de Milan, le comte Albert, Gui son frère, Othon de *Haute-Epée*, Hugues de Monthel, Wigebert de Parme et tous les Lombards, tant chevaliers qu'hommes de pied, se réunirent en un seul corps, qui se trouva le plus considérable. Tous les corps ainsi formés, les Lombards se portèrent sur le premier rang, parce qu'ils passaient pour invincibles, afin que, faisant face aux Turcs, ils leur opposassent un front impénétrable, et les attaquassent avec vigueur. Tous les autres corps des Chrétiens se placèrent ensuite sur la droite et sur la gauche, chacun en présence d'un corps de Turcs, qu'il leur arrivait souvent de mettre en fuite, pour recommencer bientôt le combat; mais les Turcs, rusés et habiles à faire la guerre, après avoir fui à quelque distance, retournaient subitement leurs chevaux, et, faisant pleuvoir une grêle de flèches sur les Chrétiens, ils leur blessaient ou tuaient un grand nombre d'hommes et de chevaux.

Les Lombards, qui avaient occupé la première ligne, combattirent long-temps et vigoureusement contre les Turcs; mais Albert, leur chef, ne pouvant, après une longue lutte, soutenir plus long-temps la bataille, principalement à cause des chevaux que la faim avait exténués, prit la fuite avec l'étendard, signal des combats, qu'il portait de la main droite, et aussitôt tout le corps des Lombards s'enfuit également avec ses chefs et ses princes, et rentra sous ses tentes. Conrad, chevalier intrépide, voyant que le combat devenait plus périlleux par la défection et la fuite des Lombards, s'élança avec son corps, attaqua les Turcs, et les battit depuis la première heure du jour jusques après midi ; enfin, accablé sous les traits que les Turcs ne cessaient de lancer, il prit aussi la fuite avec son corps de troupes, dévoré par la faim et épuisé de fatigue, et rentra de même sous ses tentes. Étienne, suivi de ses Bourguignons, voulant porter secours à ses frères battus et fugitifs, se jeta sur les ennemis avec tout son corps, et les attaqua vigoureusement ; mais enfin, après avoir long-temps combattu, il tourna aussi le dos avec les siens, laissant cependant beaucoup de guerriers étendus sur le champ de bataille, et tombés sous les armes des Turcs, et il alla se réfugier dans ses tentes. Étienne de Blois, voyant les Lombards et les Bourguignons battus de tous côtés, vola, avec tous les Français qui formaient son corps, pour porter secours à ses frères, et repousser les ennemis ; il ne cessa de combattre jusqu'au soir : mais les Turcs, armés de leurs arcs et de leurs flèches, prirent enfin l'avantage, et le comte de Blois, vaincu et battu, rentra dans son camp comme l'avaient fait ses compagnons, laissant beaucoup d'hommes nobles de sa suite étendus morts sur le champ de bataille. Les plus illustres de ce corps, qui périrent dans cette journée, furent Baudouin de Grandpré, Dudon de Clermont, Wigebert de Laon, gardien et défenseur de cette ville, ami de Dieu, chevalier redoutable, d'une taille élevée, et beaucoup d'autres encore, hommes puissans et chefs des armées, dont il ne nous est pas possible de savoir et de rechercher tous les noms. Le comte Raimond, suivi des Turcopoles, chevaliers de l'empereur, et de ses Provençaux, s'empressa de remplacer ses frères d'armes dans le combat, et commença par abattre un grand nombre de Turcs; mais, également maltraité par la fortune, il perdit aussi beaucoup d'hommes de son corps, percés par les flèches des Turcs : ceux-ci reprirent de nouveau l'avantage ; les Turcopoles, frappés de terreur, se mirent tous en fuite, et se retirèrent du côté de leurs tentes, laissant le comte Raimond entouré de périls, et ayant déjà perdu presque tous ses chevaliers provençaux.

Raimond, abandonné par les Turcopoles, voyant le désastre irréparable de son corps d'armée, ne pouvant demeurer plus long-temps exposé aux dangers qui le menaçaient, et n'y échappant qu'avec la plus grande peine, se dirigea vers les montagnes, et, passant dans un défilé très-étroit, il parvint, non sans beaucoup de difficultés, sur le sommet d'un roc fort élevé, suivi seulement de dix de ses compagnons; et, du haut de cette position, lui et les siens faisaient tous leurs efforts pour résister aux Turcs qui les avaient poursuivis et les assiégeaient maintenant. Cependant tous les pélerins qui avaient échappé aux coups des ennemis étant rentrés sous leurs tentes, le comte Étienne de Blois s'informa du sort de tous les princes de l'armée, pour connaître lesquels étaient parvenus à se sauver, et lesquels avaient succombé : il apprit, au même moment, que le comte Raimond s'était réfugié sur le sommet d'un rocher, et qu'il lui serait impossible d'échapper aux Turcs si l'on n'allait à son secours. Alors le comte Etienne, rassemblant deux cents chevaliers couverts de leurs cuirasses et de leurs casques, courut défendre Raimond contre les ennemis qui l'avaient poursuivi, et qui déjà se trouvaient réduits à n'être plus que trente, les mit aussitôt en fuite, délivra le comte, et le ramena sain et sauf dans le camp. Après avoir battu et écrasé les corps redoutables des Chrétiens, et les avoir repoussés dans leurs tentes à la suite de cette cruelle mêlée, les Turcs, victorieux et chargés des dépouilles des Français et des Lombards, rentrèrent pareillement dans leur camp, qui ne se trouvait qu'à deux milles de distance de celui des Chrétiens. La victoire qu'ils remportèrent en ce jour fut cependant bien ensanglantée pour eux, et leur coûta beaucoup de larmes; ils perdirent trois mille hommes de guerre dans cette même bataille où les chevaliers du Christ, courbés sous le poids de leurs péchés, furent, par un jugement de Dieu et en punition de leurs transgressions, livrés entre les mains des infidèles et des impies. Ce même soir, et après que le comte Raimond eut été dégagé du haut de son rocher, où les Turcs l'assiégeaient, par le secours du comte de Blois et de Conrad le connétable, et ramené dans le camp auprès de ses frères, tous ceux des Chrétiens qui avaient échappé à la mort, et s'étaient réfugiés sous leurs tentes, commencèrent à préparer les feux et les vivres nécessaires à leur repos; puis ils allumèrent du bois et des sarmens pour faire cuire leurs alimens, afin de restaurer leurs corps épuisés de fatigue et d'un long jeûne. Mais voici, dès que la nuit eut ramené le silence sur la terre, ce même comte Raimond, saisi de je ne sais quel sentiment de frayeur, et craignant pour sa vie, fit seller et brider tous ses chevaux, et prit la fuite avec tous les siens et tous les Turcopoles de l'empereur; il marcha tout le reste de la nuit, et, prenant sa course à travers les montagnes et hors de toutes les routes, il arriva enfin, à ce qu'on assure, à un château appartenant à l'empereur, et nommé Pulveral.

Lorsque son départ fut connu, et que la nouvelle s'en répandit dans le peuple, tous les Chrétiens furent saisis d'une si grande crainte qu'aucun des princes ne demeura dans le camp : tous, tremblant pour leurs jours et se hâtant de fuir, grands et petits, nobles et roturiers, se retirèrent à Sinope, forteresse de l'empereur, ignorant que, dans ce même temps, les Turcs n'étaient pas moins inquiets pour eux-mêmes, et cherchaient aussi à se sauver. Les Chrétiens abandonnèrent ainsi leurs tentes, tout leur train de guerre, leurs chariots, leurs femmes délicates et chéries, et enfin toutes les provisions dont avaient besoin une armée aussi considérable, et des chefs aussi illustres. En peu de temps les éclaireurs allèrent porter aux Turcs la nouvelle de cette fuite précipitée. Après avoir battu les Chrétiens, et pris possession de la victoire, les ennemis s'étaient aussi retirés dans leur camp, afin d'employer cette même nuit à réparer, par les alimens et le sommeil, leurs forces épuisées dans le carnage des chevaliers catholiques.

Dès qu'ils furent instruits de cet événement, les Turcs, qui veillaient toujours pour massacrer leurs ennemis, se levèrent aussitôt, et, faisant résonner dans leur camp les trompettes et les clairons, et convoquant tous leurs compagnons, ils se rendirent dès le point du jour vers les tentes des Chrétiens ; ils y trouvèrent des femmes très-nobles, des matrones illustres, appartenant tant aux Français qu'aux Lombards, et, les attaquant sans pitié, les faisant prisonnières, les chargeant inhumainement de chaînes, ils en envoyèrent plus de mille chez des nations barbares, où l'on parle des langues inconnues, comme un troupeau muet qu'ils auraient enlevé, les condamnant à un exil perpétuel, et les enfermant dans le pays du Khorazan comme dans une prison, ou dans un appartement inaccessible : les autres femmes d'un âge un peu plus avancé périrent sous le glaive. La terre et le royaume du Khorazan sont tellement entourés de montagnes et de marais, que les prisonniers quelconques qui y sont une fois entrés ne peuvent plus en sortir sans la permission expresse des Turcs, comme le troupeau ne peut sortir de son parc sans son gardien. Hélas ! combien de douleurs, combien de misères éclatèrent lorsque ces matrones nobles et délicates devinrent la proie de ces hommes impies et horribles, et furent enlevées par eux ; je dis horribles, car ces Turcs ont à la tête sur le devant, sur le derrière, sur la droite et sur la gauche, des tonsures en forme de collier, et à côté de ces tonsures on voit pendre quelques mèches de cheveux qu'ils ne coupent jamais, et qui leur donnent un aspect hideux ; en outre ils ne se font jamais la barbe, et la portent fort longue, en sorte qu'on ne saurait les comparer, pour leur apparence extérieure, qu'aux esprits noirs et immondes ; aussi la douleur fut immense, la terreur poussée à son comble, des hurlemens affreux retentirent de tous côtés dans ce camp, où ces femmes malheureuses et désolées se voyaient livrées aux mains de leurs ravisseurs, après avoir été abandonnées par leurs tendres maris, les uns morts, les autres fugitifs et entraînés par l'impérieuse nécessité. Parmi ces femmes, les unes furent livrées tour à tour à la brutalité de tous ces hommes, et décapitées à la suite de ces indignes traitemens ; d'autres, au visage enjoué, ou belles de leur personne, ayant plu à leurs vainqueurs, furent, comme je l'ai dit, transportées chez les nations barbares.

Après qu'ils eurent trouvé et enlevé tant de femmes distinguées dans les tentes des Chrétiens fugitifs, les Turcs, montés sur des chevaux rapides, se mirent à la poursuite des pèlerins, tant chevaliers que fantassins, des clercs, des moines, et de toutes les femmes qui s'étaient sauvées avec eux; ils allaient partout, faisant tomber des victimes sous le fer, comme le moissonneur fait tomber les grains sous sa faucille lorsqu'ils sont mûrs : ils frappaient de tous côtés sans aucun égard pour l'âge ou le rang ; seulement les jeunes gens encore imberbes, et les hommes qui faisaient le service de chevaliers étaient retenus prisonniers pour être ensuite envoyés, avec les illustres matrones, en exil dans le pays du Khorazan. Ils enlevèrent aussi une quantité incalculable d'argent, que les Chrétiens, fuyant et fatigués, abandonnaient sur la route ; ils prirent aussi des vêtemens moelleux, des fourrures de diverses espèces, de petit-gris, d'hermine et de martre, beaucoup de pourpre brodée en or, d'une grande beauté, soit pour la perfection du travail, soit pour la couleur, enfin des chevaux et des mulets, plus qu'on ne pourrait le compter ou l'écrire ; et tous ces objets étaient en si grande abondance que les vainqueurs même se fatiguaient à les transporter.

Au dire de ceux qui ont vu ces événemens de leurs yeux, et qui eurent même grand'peine à échapper à la mort, au milieu de ce désastre et dans cette dispersion complète de cette grande armée, la terre et les montagnes étaient tellement jonchées de byzantins d'or et d'argent en une quantité incalculable, et de toutes sortes de monnaies, que, sur une longueur de plus de trois milles, les fuyards et ceux qui les poursuivaient allaient marchant sur l'or, sur les pierreries, sur les vases d'argent ou d'or, sur la pourpre admirable et précieuse, sur des vêtemens d'une grande finesse et des étoffes de soie : en outre toute la route était arrosée du sang des mourans et des morts ; et ce n'est point étonnant, car plus de cent soixante mille individus périrent sous le glaive ou les flèches des féroces Turcs, et furent aisément vaincus et massacrés par leurs ennemis, épuisés comme ils étaient, et dénués de forces à la suite de la disette dont ils avaient tant souffert, et se trouvant par conséquent hors d'état d'opposer une résistance efficace. Cette disette, qu'ils eurent à supporter dans les déserts de la Flaganie, avait été telle, en effet, qu'une peau de bœuf se vendait vingt sous, un petit pain, qu'on pouvait enfermer dans la paume de la main, était payé trois sous en monnaie de Lucques, et le cadavre d'un cheval, d'un mulet ou d'un âne, était évalué à six marcs. Au milieu de cette cruelle déroute, deux braves chevaliers de la suite d'Étienne de Blois, fuyant à toute hâte pour échapper aux Turcs acharnés à leur poursuite, rencontrèrent sur leur chemin un cerf qui les arrêta dans leur marche, et que les clameurs des Turcs et des Chrétiens, et le tumulte de la guerre, avaient fait sortir des montagnes : dans cet embarras imprévu, les chevaliers tombèrent l'un et l'autre par terre, et furent aussitôt décapités par les ennemis.

L'armée ainsi dispersée, et fuyant toujours avec des chevaux ou des mulets, arriva par détachemens à la ville de Sinope que gardaient les chevaliers de l'empereur, et, continuant leur marche, une partie des pélerins parvinrent enfin à la ville royale de Constantinople. Étienne duc de Bourgogne, Étienne de Blois, Conrad connétable de l'empereur des Romains, l'évêque de Milan, l'évêque de Laon, l'évêque de Soissons, Gui le Roux, Hugues, Bardolphe, les autres princes et tous ceux qui parvinrent à échapper aux coups redoutables des Turcs, arrivèrent à Constantinople à travers les montagnes et sans suivre les routes battues. Le comte Raimond, franchissant aussi les précipices des montagnes et les profondeurs des vallées, et laissant en arrière ses compagnons d'armes et les princes, arriva à Sinope avec les Turcopoles de l'empereur des Grecs; il y passa la nuit, et, le lendemain, il monta sur un vaisseau, et se rendit par mer à Constantinople.

Cependant quelques hommes, faible débris de cette immense armée, suivaient encore la route; marchant sur les traces du comte Raimond et des autres princes, ils étaient parvenus à se réunir de divers points en un petit corps de quatre cents hommes : mais Soliman, Doniman et Balak de Sororgia, insatiables de carnage, les poursuivirent depuis le troisième jusqu'au quatrième jour de la semaine pour les massacrer ou les faire prisonniers, sur la route par laquelle ils s'avançaient vers Sinope à la suite de leurs princes. Après avoir long-temps marché, ils n'osèrent cependant pousser plus loin, dans la crainte de rencontrer les forces préposées par l'empereur pour la défense de cette ville, et revinrent alors sur leurs pas : mais, en revenant, ils rencontrèrent sur leur route des pèlerins égarés ou demeurés en arrière ; et, dans le cours de cette journée, ils tuèrent et décapitèrent mille Chrétiens dispersés sur divers points. Le noble Erald tomba ainsi entre les mains de ces hommes impies, et périt sous leurs flèches. Engelram, du même pays, Dudon, chevalier illustre, Arnoul, Gautier de Castellane, et beaucoup d'autres chevaliers très-puissans que leurs chevaux ne purent sauver, par la fuite, des mains de ces bourreaux, tombèrent également sous leurs flèches.

Le comte de Saint-Gilles et les autres princes, arrivés à Constantinople, furent reçus avec bonté par le seigneur empereur. Ce prince éprouva cependant un mouvement de colère contre Raimond de ce qu'il s'était séparé, pendant la retraite, de ses autres compagnons, Étienne et Conrad. Raimond, saisissant un prétexte, lui répondit qu'il avait craint que ses compagnons ne se révoltassent contre lui, à raison de ce qu'il avait été le premier à quitter le camp avec les Turcopoles, et qu'ils ne fussent portés à croire que sa fuite n'était qu'un acte de perfidie suggéré par l'empereur lui-même. Bientôt, l'empereur, oubliant sa colère, prit compassion de ces princes qui se trouvaient dépouillés de toutes leurs richesses et entièrement dénués de ressources; il les releva de leur misère, en leur faisant donner des présens magnifiques en or, en argent, en armes, en chevaux, en mulets et en vêtemens; il leur permit d'habiter auprès de lui et de se rétablir de leurs fatigues pendant tout l'automne et tout l'hiver, et leur fit fournir en abondance, et avec une grande générosité, toutes les choses dont ils avaient besoin. Pendant le séjour qu'ils firent dans cette capitale, l'évêque de Milan mourut, et les évêques et tous les fidèles célébrèrent ses obsèques selon le rit catholique.

Vers le même temps, et toujours dans la première année du règne de Baudouin, Guillaume, comte et prince très-puissant de la ville de Ninive, vulgairement appelée Nevers, partant du royaume occidental de la France, et traversant toute l'Italie, arriva au port que l'on nomme Brindes, s'embarqua dans ce lieu avec quinze mille combattans, tant chevaliers qu'hommes de pied, sans compter une suite innombrable de femmes, et alla aborder à la ville nommée Valone. De là, ayant de nouveau pris pied sur la terre ferme, il se rendit dans la ville de Salonique, située dans le pays de Macédoine et sur le territoire des Bulgares. Les habitans l'accueillirent amicalement, et il y demeura en toute justice et bonté, ayant eu soin d'interdire, sous peine de mort, tout vol, tout pillage, toute injuste contestation, afin d'éviter tout désordre, et de ne point soulever contre lui les États de l'empereur de Constantinople, comme avaient fait les Lombards peu de temps auparavant.

Après avoir marché long-temps encore et s'être arrêté en divers lieux, l'illustre comte arriva à Constantinople avec toute sa suite et dans le plus grand appareil : l'empereur le reçut avec bonté et d'une manière honorable, et lui donna l'ordre de faire dresser ses tentes sur le rivage de la mer de Saint-George, et de s'établir en dehors des murailles de la ville. Trois jours après, et par suite des ordres de l'empereur, le comte et toute son armée traversèrent le bras de mer et dressèrent leurs tentes non loin du rivage, vers une colonne de marbre au haut de laquelle est posé un bélier doré. Ils y demeurèrent pendant quatorze jours, vers l'époque de la fête du bienheureux Jean-Baptiste. Tous les jours le comte se rendait par mer auprès de l'empereur, et en revenait comblé d'honneurs et de riches présens. En même temps l'empereur envoyait très-souvent aux pélerins et au pauvre peuple une espèce de monnaie appelée tartarons, afin de les assister dans leurs besoins.

Enfin, après la fête du bienheureux Jean, les pélerins se rendirent à Civitot. Ils n'y demeurèrent pas long-temps ; et, quittant la route par laquelle le duc Godefroi et Boémond avaient passé avec la première armée, ils traversèrent pendant deux jours des forêts très-touffues, et arrivèrent à Ancras, dont le comte Raimond et l'armée des Lombards s'étaient emparés peu auparavant, et où ils avaient tué tous les Turcs qui s'y étaient trouvés. Les nouveaux pélerins voulaient aller réunir leurs armes et leurs forces à celles des Lombards, dont ils n'étaient plus qu'à une assez petite distance. Ils ne s'arrêtèrent qu'un jour dans la ville d'Ancras, mais il leur fut impossible de rejoindre le corps des Lombards qui poursuivaient leur marche dans la Flaganie : les laissant alors sur leur gauche, les nouveaux arrivans prirent sur la droite la route qui conduit à la ville de Stancone[1], afin d'y faire quelque séjour, et de se donner ainsi le temps de savoir des nouvelles des Lombards.

Ils n'étaient pas encore arrivés dans les environs de cette ville, lorsque Soliman et Doniman, qui retournaient sur leurs pas avec toutes les forces turques, après avoir, tout au plus huit jours auparavant, massacré et détruit l'armée des Lombards, furent instruits de la marche du comte de Nevers, et se portèrent tout aussitôt à sa rencontre, en suivant les sentiers qui leur étaient connus, à travers les collines et les vallées. Ils l'attaquèrent à coups de flèches, et, ayant disposé des embuscades en avant et en arrière de l'armée chrétienne, ils lui livrèrent de terribles combats pendant trois jours de suite, et lui firent beaucoup de mal. Cependant ce ne fut point encore en ces lieux que les Turcs remportèrent une victoire complète; seulement ils attaquèrent très-souvent, et firent périr un grand nombre de pèlerins qui marchaient imprudemment sur les derrières, et, déjà accablés de fatigue, ne s'avançaient qu'à pas lents ; entre autres, un nommé Henri, né Lombard, comte illustre dans son pays, tomba au milieu de ses compagnons percé d'une flèche.

Toutefois les chevaliers chrétiens résistaient encore aux Turcs avec une grande vigueur, ils leur tuaient beaucoup de monde, très-souvent aussi ils les mettaient en fuite ; et jusqu'alors il leur était facile de repousser leurs ennemis, car ils n'avaient point encore éprouvé de disette d'eau, et leurs chevaux conservaient toutes leurs forces. Après s'être ainsi

[1] Probablement Iconium ou Konieh.

défendus le long de la route contre les fréquentes attaques des Turcs, les chevaliers chrétiens arrivèrent enfin à Stancone : ils trouvèrent un corps de Turcs enfermés dans le fort et chargés de le défendre : ils attaquèrent les remparts avec vigueur ; et, comme les ennemis leur résistaient pour sauver leur propre vie, il y eut de part et d'autre un grand nombre de morts. Voyant enfin qu'ils ne pouvaient parvenir à s'emparer de cette place, les Chrétiens levèrent leur camp et se rendirent vers la ville d'Héraclée. Là, l'armée demeura pendant trois jours péniblement travaillée d'une soif insupportable : plus de trois cents personnes succombèrent à ce genre de souffrance, et tous ceux qui leur survécurent, exténués et malades à la suite de toutes sortes de privations, devinrent de plus en plus incapables de résister aux ennemis. Tourmentés par la soif, quelques pèlerins montèrent sur le sommet d'une roche élevée pour chercher à découvrir un peu d'eau; mais ils ne virent de cette hauteur que la ville abandonnée par les habitans et détruite : ils espéraient y trouver de l'eau, mais il n'y en avait point, car les Turcs avaient tout récemment démoli les citernes et comblé les puits.

Peu de temps après les Turcs, ayant découvert que l'armée chrétienne commençait à souffrir beaucoup de la soif, et serait peu en état de leur résister, se mirent aussitôt à sa poursuite et l'attaquèrent pendant un jour entier à coups de flèches. On combattit des deux côtés avec acharnement; Turcs et Chrétiens se précipitèrent les uns sur les autres avec le glaive, l'arc et la lance, et inondèrent de leur sang une vallée très-spacieuse. La terre était de toutes parts jonchée d'un grand nombre de cadavres, tant d'hommes que de femmes. A mesure que ce terrible combat se prolongeait, les Chrétiens, dévorés par la soif, perdaient de leurs forces et résistaient moins vivement, tandis que les Turcs, s'animant de plus en plus, commençaient à prendre l'avantage, et, remportant enfin la victoire, en vinrent bientôt à mettre en fuite l'armée des pélerins. Le comte de Nevers vaincu, et cherchant à s'échapper, fut poursuivi jusque dans la ville de Germanicople[1]. Robert, frère du même comte, et Guillaume, porte-bannière de l'armée, qui fut le premier à prendre la fuite, et entraîna avec lui tous les chevaliers, dirigèrent aussi leur marche vers la ville de Germanicople, et y arrivèrent en effet, ayant abandonné les malheureux hommes de pied aux mains de leurs farouches ennemis.

Les Turcs, voyant fuir les Chrétiens et leurs princes, s'élancèrent avec fureur sur le peuple et tous ceux qui faisaient partie de la suite, et en firent un terrible carnage : sept cents hommes seulement s'enfuirent à travers les précipices des montagnes et dans l'épaisseur des forêts, et sauvèrent ainsi leur vie. A la suite de cette victoire des Turcs et du massacre des Chrétiens, mille femmes des chevaliers du Christ furent faites prisonnières et emmenées dans des terres étrangères et inconnues, par leurs horribles ennemis. Ils enlevèrent en outre des chevaux et des mulets, de l'or et de l'argent, des vêtemens précieux et de toutes sortes; et ces belles et nombreuses dépouilles allèrent remplir et enrichir la terre et le royaume du Khorazan. Cette sanglante bataille, ce massacre épou-

[1] Marash.

vantable des Chrétiens, eut lieu au mois d'août[1], à l'époque où les rayons du soleil sont plus ardens et le tourment de la soif plus insupportable que jamais.

Le comte de Nevers, qui n'avait échappé aux ennemis qu'avec beaucoup de peine, sauva cependant dans sa fuite une partie de ses richesses et de ses trésors, et atteignit enfin la ville de Germanicople. Il y trouva douze Turcopoles chevaliers de l'empereur des Grecs, et chargés d'en défendre les remparts; à force de prières, et en leur donnant une riche récompense, il les détermina à l'accompagner par la route qui mène au château de Saint-André, et se dirigea de là vers Antioche, afin de passer par cette ville et de poursuivre ensuite sa marche vers Jérusalem. Mais les Turcopoles, hommes perfides, oubliant leurs sermens, et aveuglés par leur avidité, dépouillèrent le comte et ses compagnons de tout ce qu'ils portaient sur eux, et, les abandonnant nus et à pied dans un lieu désert où l'on ne voyait point de chemin, ils emportèrent leur butin et retournèrent à Germanicople par des sentiers qui leur étaient connus. Le comte, triste et affligé, désespéré surtout de la destruction de l'armée chrétienne, poursuivit sa marche, couvert de misérables haillons, et supportant avec patience toutes ses adversités; et, après de nouvelles épreuves, il arriva enfin à Antioche.

Tancrède, devenu prince d'Antioche à la suite de la captivité de Boémond, ne put voir sans douleur le comte de Nevers, homme très-noble, arrivant auprès de lui, après avoir été battu par les Turcs impies et dépouillé de tout. Il lui fournit de bons et superbes

[1] En 1101.

vêtemens, le combla de riches présens en chevaux et en mulets, et le retint pendant quelques jours, afin qu'il reposât son corps épuisé et détruit par la soif, la faim, les veilles et les fatigues du voyage, en se nourrissant en abondance de toutes les productions de la terre, de vin, d'huile et de bonnes viandes, et qu'après avoir ainsi guéri les maux du corps et calmé les souffrances de l'ame, il pût attendre ceux de ses compagnons qui s'étaient dispersés de tous côtés, et reprendre ensuite, au retour du printemps, la route de Jérusalem.

Huit jours environ après la destruction de l'armée du comte de Nevers, Guillaume, comte et prince du Poitou, de la famille d'Henri III empereur des Romains, ayant traversé paisiblement le royaume de Hongrie avec le duc de Bavière Guelfe et la noble comtesse Ida de la marche d'Autriche, suivi d'une immense armée de chevaliers, d'hommes de pied et de femmes, forte de plus de cent soixante mille individus, entra en grand appareil sur le territoire des Bulgares. Le peuple, toujours indomptable et incorrigible, ne tarda pas à y commettre des désordres ; le duc des Bulgares, nommé Guzh, essuya toutes sortes d'affronts ; cependant les pélerins arrivèrent avec toutes leurs forces, et sans avoir été attaqués, près de la ville d'Andrinople. Mais, en avant de cette ville, se trouvait un pont que le duc des Bulgares avait occupé à l'avance, et dont il refusa le passage.

Les Pincenaires et les autres corps de Comans, qui faisaient partie de l'Empire Grec, défendirent les abords du pont avec leurs arcs et leurs flèches, tandis que, de leur côté, les Chrétiens ne faisaient pas moins d'efforts pour franchir cet obstacle. On livra de part et d'autre une bataille sanglante. Rodolphe, homme d'une grande noblesse, et parent du prince Guillaume, périt frappé par une flèche : Hartwig de Saint-Médard fut fait prisonnier, ainsi que beaucoup d'autres, qu'il serait trop long d'énumérer. Dans le même combat, et tandis qu'il survenait dans les deux armées des événemens fort divers, le duc des Bulgares tomba lui-même entre les mains de Guillaume et des siens, et fut retenu prisonnier : enfin on tint conseil dans les deux partis, la bonne intelligence fut rétablie, on restitua les prisonniers, et les Pincenaires, ainsi que les Comans, s'apaisèrent.

Le duc des Bulgares et les siens ayant obtenu satisfaction, une parfaite concorde s'établit entre eux et les pélerins, et bientôt le duc ne se borna plus à permettre aux pélerins de passer paisiblement sur le pont, et à leur accorder la faculté d'acheter tout ce dont ils avaient besoin; il alla jusqu'à leur donner une escorte pour les accompagner à Constantinople et les garantir de tout piége et de tout accident. Le prince Guillaume, le duc Guelfe et la comtesse Ida demeurèrent pendant cinq semaines dans cette capitale, informèrent le seigneur empereur Alexis du vœu qu'ils avaient fait de se rendre à Jérusalem, et, s'étant liés à lui par un serment de fidélité, ils furent jugés dignes de recevoir de riches présens, et obtinrent la faculté d'acheter toutes les choses nécessaires à la vie.

Vers le temps de la moisson, les pélerins traversèrent le bras de mer de Saint-George, sur l'invitation et les ordres de l'empereur, et descendirent sur le territoire de Nicomédie. Poursuivant leur marche à travers des villes agréables qui sont en grand nombre dans ce pays, ils dressèrent leurs tentes auprès de Nicomédie et y demeurèrent pendant deux jours. De là ils se rendirent à Stancone, où, ayant épuisé toutes leurs provisions à la suite d'une longue route, ils se trouvèrent livrés à une grande disette et à une soif dévorante, en sorte que les hommes et les animaux furent également malades. Et ce n'est point étonnant, car les Turcs avaient pris les devants sur cette immense multitude de pèlerins et brûlé presque sous leurs yeux toutes les récoltes; ils avaient en outre comblé les puits, les citernes et les sources, afin que les Chrétiens, réduits aux abois par la faim et la soif, pussent être vaincus plus facilement.

Guillaume, Guelfe et leurs compagnons d'armes, voyant la perfidie et les méchancetés des Turcs, attaquèrent avec vigueur les villes qui leur appartenaient, Finimine et Salamie [1], les renversèrent l'une et l'autre et ne se firent pas faute de ravager aussi tous les lieux environnans. Ils descendirent de là vers la ville d'Héraclée pour y trouver un fleuve desiré depuis longtemps avec une vive impatience, et qui devait suffire à tous leurs besoins. Mais Soliman, Doniman, Karajeth et Aganich, princes turcs, conduisant une armée considérable, se présentèrent à l'improviste devant les pèlerins sur l'autre rive du fleuve, repoussèrent par une grêle de flèches les hommes, les chevaux et tous les animaux qui s'avançaient pour s'y abreuver, et les Chrétiens, fatigués de leur longue marche et exténués, ne purent résister à cette nouvelle calamité. A la suite d'un combat terrible et sanglant, livré

---

[1] Probablement Ismil.

sur les deux rives de ce fleuve profond et entouré de marais, les Chrétiens vaincus prirent la fuite et furent massacrés en nombre incalculable par leurs impies ennemis. Quelques-uns d'entre eux, espérant échapper à ce cruel martyre, se séparèrent de la multitude et se dirigèrent vers un pré pour aller se cacher dans les foins, mais ils ne purent se sauver, et périrent frappés de flèches au nombre de trois cents.

L'évêque de Clermont en Auvergne, et tous ceux de sa suite, voyant leurs frères dispersés de tous côtés, et succombant sous les coups de leurs bourreaux, prirent la fuite vers le pied de la montagne d'où sort le fleuve qui arrose la ville d'Héraclée, et abandonnèrent leurs chevaux et tout ce qui leur appartenait; mais il n'y en eut qu'un petit nombre qui parvinrent à se sauver. Le duc Guelfe s'étant dépouillé de sa cuirasse et de ses armes, s'échappa dans les montagnes et eut grand'peine à éviter les ennemis. On dit que plusieurs milliers d'Allemands, de Francs et de Gascons, qui étaient plus éloignés des montagnes, furent entièrement détruits. On ignore complétement jusqu'à ce jour si la comtesse Ida fut emmenée en captivité, ou si elle périt sous les pieds de tant de milliers de chevaux. Quelques-uns disent cependant qu'elle fut transportée en exil perpétuel dans le royaume du Khorazan avec un grand nombre d'illustres matrones.

Le comte de Poitou fuyant avec un seul écuyer à travers les montagnes et par des chemins inconnus, arriva enfin dans une ville nommée Longinach, située près de Tursolt[1], et que gouvernait Bernard, surnommé l'Étranger. Celui-ci l'accueillit avec bonté et lui

[1] Tarse.

fournit toutes les choses nécessaires à la vie. Quelques jours après, Tancrède, prince d'Antioche, ayant appris que l'illustre prince du Poitou, entièrement dépouillé et privé de toute ressource, vivait dans cette ville, pauvre et humilié, eut compassion de son frère en Christ, et ayant tenu conseil, il lui envoya des chevaliers, le fit conduire à Antioche, le reçut avec honneur, lui donna de précieux vêtemens, le nourrit dans l'abondance et le retint quelques jours auprès de lui.

Après la destruction de l'armée des Lombards et la défaite de Guillaume, comte de Nevers, de Guillaume, comte de Poitou, et de Guelfe, duc de Bavière, tous les princes Chrétiens qui s'étaient dispersés de tous côtés, et avaient passé l'hiver, soit à Constantinople, soit ailleurs, laissèrent chacun les débris de leurs corps, et se réunirent à Antioche au commencement du mois de mars. Le comte Albert, Conrad le connétable, Étienne de Blois, Étienne duc de Bourgogne, le comte Raimond, Guillaume comte de Poitou, et Guelfe, duc de Bavière, se trouvèrent ainsi rassemblés. Les évêques Engelram de Laon, Manassé de Barcelonne, et plusieurs évêques d'Italie arrivèrent également par mer au port de Siméon l'Ermite, et allèrent passer quelque temps à Antioche.

Vers le même temps Bernard l'Étranger retint le comte Raimond prisonnier dans ce même port, parce qu'on l'accusait d'avoir trahi et livré à la mort l'armée des Lombards et des autres pélerins qui avaient fait partie de leur expédition ; puis, il le remit à Tancrède, qui le fit garder dans la ville d'Antioche. Les princes réunis s'étant souvenus au bout de quelques jours de ce prince leur frère en Christ, et sachant que Tancrède le retenait dans les fers sans jugement, le supplièrent instamment, et au nom du Christ, de délivrer et de rendre aux siens cet illustre chevalier. Tancrède céda aux prières des pèlerins et fit sortir Raimond de prison, sous la condition qu'il s'engagerait par serment à n'envahir aucune portion du territoire situé dans les environs de la ville d'Acre. Après avoir délivré le comte Raimond, tous les princes prirent congé de Tancrède, sortirent d'Antioche et se dirigèrent vers la ville de Tortose. Ils l'assiégèrent aussitôt et s'en rendirent maîtres ; puis, ayant tenu conseil, ils chargèrent Raimond d'y demeurer et de la défendre, car se confiant en son habileté, ils le jugèrent capable de résister aux ennemis, et eux-mêmes résolurent ensuite de poursuivre leur route vers Jérusalem.

Le duc Guelfe n'assita point au siége de Tortose et se rendit à Jérusalem, pour y faire ses prières, avec Renaud duc de Bourgogne et frère d'Étienne, qui gouvernait ce pays en son absence. Renaud était parti pour Jérusalem avant l'expédition des Lombards, et avait ensuite passé l'hiver à Antioche. Il tomba malade en route, mourut et fut enseveli. Guelfe continua sa marche et arriva seul à Jérusalem : il adora le Seigneur Jésus et son sépulcre, s'embarqua quelques jours après pour s'en retourner, mais il ne dépassa pas l'île de Chypre, et étant tombé malade il y mourut, et y fut enseveli.

Les autres princes déjà nommés, après avoir pris la ville de Tortose, se rendirent en droite ligne à Béryte avec dix mille hommes. Ils y trouvèrent le roi

Baudouin qu'un message avait averti de leur arrivée, et qui se porta à leur rencontre avec une troupe nombreuse, parce que les pèlerins hésitaient à traverser le pays et les villes occupées par les Gentils, sans être accompagnés par ce roi renommé et puissant. Après s'être reposés pendant une nuit, le lendemain ils réunirent toutes leurs forces, et partirent ensemble pour Joppé, où ils arrivèrent quinze jours avant la sainte Pâques; ils y demeurèrent huit jours, et y célébrèrent la fête des Rameaux. Le même jour les pèlerins sortirent de Joppé, et montèrent à Jérusalem. Ils y passèrent sept jours, et le jour du sabbat de la sainte Pâques, et parcoururent la Cité sainte, en faisant des prières et distribuant des aumônes. Conrad, connétable de l'empereur des Romains, et Engelram évêque de Laon, qui s'étaient un peu arrêtés en route, arrivèrent à Joppé après leurs frères, et les rejoignirent ensuite pour la Pâque du Seigneur.

Lorsqu'ils se furent ainsi réunis de divers points dans la ville de Jérusalem, la seconde semaine de Pâques, et après avoir célébré ces saintes solennités avec beaucoup de joie et en grande pompe, les pèlerins se souvenant des maux qu'ils avaient soufferts et des périls auxquels ils avaient échappé, conseillèrent au roi Baudouin d'employer les plus humbles et les plus instantes prières auprès de l'empereur de Constantinople, pour l'attendrir sur les misères des Chrétiens, afin qu'il cessât de les livrer ou de les trahir, qu'il secourût l'Église de Jérusalem, qu'il s'abstînt d'écouter favorablement les Turcs et les Sarrasins, et que plutôt il consentît à accorder aux Chrétiens la pleine et entière faculté d'acheter toutes les choses nécessaires dans les forteresses et les villes, faisant partie de ses États, et s'étendant jusqu'à Jérusalem.

En effet, le bruit s'était répandu parmi le peuple catholique que c'était d'après les conseils secrets et perfides de l'empereur que le comte Raimond et les chevaliers Turcopoles avaient conduit l'armée des Lombards à travers les déserts et dans les solitudes de la Flaganie, où l'on ne trouve aucune route, afin qu'épuisée par la famine et par la soif, elle pût être plus facilement vaincue et détruite par les Turcs. Mais d'après les rapports des hommes véridiques et de naissance illustre, il n'y avait point lieu d'accuser l'empereur d'un si grand crime ; car il avait très-souvent averti les Lombards des maux et des privations qu'ils auraient à souffrir, ainsi que des pièges qu'ils rencontreraient dans les déserts de la Flaganie, et leur avait répété à diverses reprises qu'ils ne pourraient suivre cette route avec sécurité.

Le roi Baudouin se rendit aux vœux de tous les Chrétiens, et chargea Gérard archevêque, et l'évêque de Barcelonne, d'aller offrir en présent à l'empereur deux lions bien domptés et qu'il affectionnait beaucoup, afin de confirmer le traité d'amitié qui les unissait. L'empereur accueillit avec bonté les demandes du roi, et les présens qui lui furent offerts : il se justifia, en prêtant serment sur le nom de Dieu, des soupçons que les Chrétiens conservaient contre lui au sujet du massacre des Lombards, et promit d'être dorénavant miséricordieux pour tous, d'aimer et d'honorer le roi Baudouin. Dans le même temps, l'empereur décida que l'évêque de Barcelonne se rendrait de sa part auprès du pontife romain Pascal, pour le laver de la trahison qu'on lui imputait.

Un chevalier nommé Engelram retourna alors à Jérusalem, chargé de beaux présens de la part de l'empereur, et rapporta ces bonnes nouvelles, savoir, que l'empereur voulait conserver foi et amitié au roi Baudouin, et s'abstenir désormais de toute offense envers les pélerins. Quant à l'évêque il résista à l'empereur, qui voulait le forcer à devenir infidèle aux Français. C'est pourquoi il se rendit à Rome, le cœur plein d'amertume, accusa l'empereur lui-même dans l'église de Bénévent, et ayant reçu des lettres du seigneur apostolique, il adressa de vives plaintes à tous les princes de la France contre ce même empereur.

LIVRE NEUVIÈME.

Depuis ce moment, le nombre des Chrétiens alla diminuant de jour en jour, les uns s'embarquant directement pour retourner dans leur patrie, les autres voulant aussi s'en aller, et se dispersant de divers côtés. Conrad, connétable de l'empereur des Romains, le comte Albert, Étienne de Blois, Étienne prince de Bourgogne, Othon surnommé *Haute-Épée*, Harpin de Bourges, Hugues de Falckenberg, Hugues de Lusignan, Baudouin, Gottman de Bruxelles, Rodolphe d'Alost, situé dans la Flandre, Hugues, Gerbaud, Roger de Rosweid, et beaucoup d'autres hommes nobles et illustres, qui, venus de divers lieux, s'étaient tous rassemblés vers les fêtes de Pâques, et avaient célébré ces saintes solennités en toute dévotion et charité, demeurèrent avec le roi dans la ville de Jérusalem.

Aux approches des fêtes de la sainte Pentecôte, et lorsque les forces chrétiennes ne se trouvaient déjà que trop réduites par le départ de tous les pélerins qui s'étaient embarqués, ou avaient pris la voie de terre, une armée du roi de Babylone, innombrable et telle qu'on n'en avait jamais vu de plus forte, partit d'Ascalon par terre et par mer, avec de grands approvisionnemens d'armes et un nombre infini de chevaux, alla incendier le temple de Saint-George, situé à un mille de distance de la ville de Ramla, et brûla en même temps tous ceux qui s'y trouvèrent enfermés, et qui fuyaient devant elle avec leur gros et leur menu bétail : les récoltes, fruit du nouveau travail des pèlerins et espoir de toute l'armée, furent également détruites dans tous les environs. Robert, évêque de la ville de Ramla, et homme très-chrétien, jugeant bien qu'après avoir brûlé et pillé tout le pays, et s'être emparé de cette ville, cette puissante armée dirigerait sa marche vers Jérusalem pour assiéger ses remparts, ainsi que le roi et le peuple chrétien, monta aussitôt à cheval, et échappant à la poursuite des ennemis, il courut à Jérusalem pour annoncer au roi l'arrivée de l'armée de Babylone, l'incendie des récoltes et la dévastation de tout le territoire de Ramla.

Le roi, toute la maison du duc Godefroi son frère, et tous les autres nobles qui étaient demeurés auprès de lui, coururent aux armes aussitôt qu'ils furent informés de l'approche de tant de milliers d'ennemis, qui venaient pour exterminer le peuple catholique; et s'étant réunis et armés au nombre de sept cents hommes, ils s'avancèrent sur la route royale, faisant résonner les trompettes et les cors, et déployant leurs bannières de pourpre. A peine Baudouin et les siens furent-ils sortis des montagnes de Jérusalem, qu'ils virent dans la vallée et dans la vaste plaine de Ramla les troupes des Arabes, des Sarrasins et des Azoparts s'approcher par milliers, tant cavaliers qu'hommes de pied, dans l'intention de reprendre avec tant de forces la ville de Jérusalem, et d'en expulser le roi et les fidèles du Christ.

Baudouin et tous ceux qui le suivaient, voyant les troupes ennemies arrêtées à peu de distance, déposant toute crainte de la mort, et ne cherchant point à se ménager, s'élancèrent avec impétuosité, et tous ensemble, dans les rangs des Sarrasins, faisant de puissans efforts pour les enfoncer, et portant le carnage de tous côtés. Tandis que ces sept cents hommes, faible troupe, il est vrai, mais composée de chevaliers illustres et vaillans, s'avançaient toujours, massacrant et renversant sous leurs coups les murailles que leur opposaient leurs ennemis, les Azoparts, hommes auxquels on ne peut résister, qui se trouvaient placés au milieu de ces milliers de Gentils, marchèrent à la rencontre du roi et des siens, armés de bâtons garnis, comme des marteaux, avec du fer et du plomb, et frappant vigoureusement les chevaux aussi bien que les chevaliers, soit à la tête, soit sur les autres membres, ils les mettaient ainsi hors de combat. Les autres pendant ce temps enveloppèrent les illustres chevaliers, et les écrasèrent sous les traits de leurs flèches et de leurs frondes, comme si une grêle fût tombée du ciel sans relâche. Enfin ne pouvant résister plus long-temps à de tels efforts, le roi et tous les chevaliers prirent la fuite. Rodolphe d'Alost, Gerbaud, Gérard d'Avesne, Godefroi petit de taille, Stabulon camérier du duc Godefroi, le comte Host du Roure, Hugues de Poitou, un autre Hugues, un autre Gérard, et beaucoup d'autres périrent au milieu des ennemis. Cinquante chevaliers prirent la fuite vers Ramla, et la porte leur fut aussitôt ouverte.

Lithard de Cambrai, Roger de Rosweid, Philippe de Boulogne, Baudouin, Gautier de Berg, Hugues du Bourg et Addon de Chérisi se sauvèrent du côté de Joppé, et rencontrèrent dix mille chrétiens qui venaient en hâte au secours du roi, et qui ayant appris par les chevaliers la défaite et la mort de leurs frères, prirent aussitôt la fuite et rentrèrent à Joppé.

Lorsqu'ils y furent tous réunis avec les chevaliers qui avaient fui, on ferma les portes de la ville, et les Sarrasins qui les poursuivaient retournèrent alors auprès de leurs compagnons : ils allèrent de là assiéger la ville de Ramla et l'investirent de toutes parts. Le roi cependant craignant pour ses jours, et ne se fiant pas aux murailles de la ville, sortit par une brèche avec le seul Hugues, et montant aussitôt à cheval, il s'enfuit avec son écuyer vers les montagnes de Jérusalem. Il erra tout le jour et toute la nuit, et fit beaucoup de chemin inutilement, jusqu'à ce qu'enfin il tomba dans un fort détachement de Sarrasins, qui lui fermèrent la route des montagnes qui devait le conduire à Jérusalem, et le poursuivirent si vivement qu'il ne sut plus bientôt de quel côté se diriger. Le lendemain matin le roi trouvant toujours la route des montagnes fermée, et reconnaissant un peu sa position, se dirigea vers Assur, ville occupée par les Chrétiens, légèrement blessé par l'une des flèches que les Sarrasins avaient lancées sur lui, et qui avait traversé sa cuirasse. Il s'était beaucoup fatigué en errant pendant un jour et une nuit dans les montagnes, et hors de toutes les routes, jusqu'au moment où il arriva enfin dans une plaine, sans avoir pris ni repos ni nourriture, sans avoir fait manger son cheval, et commença à reconnaître les lieux et les chemins. Le matin donc, il entra dans la ville d'Assur. Un chevalier, qui tenait la ville de Caïphe en bénéfice, l'accueillit avec des transports de joie, car il le croyait mort avec les autres. Ainsi le roi échappa au siège de Ramla, et aux Sarrasins qui le poursuivaient, et rentra dans Assur. Les autres, c'est-à-dire Conrad, Harpin, Étienne de Blois, Étienne de Bourgogne, et d'autres illustres chevaliers, entrèrent dans une tour de la ville de Ramla pour se mettre à l'abri des ennemis.

Le lendemain les Sarrasins et les Azoparts réunis en grand nombre, ayant forcé les murailles de la ville, entreprirent de démolir la même tour, en l'attaquant vigoureusement avec des hoyaux et des crochets de fer; dès qu'ils eurent pratiqué une ouverture, ils y allumèrent un grand feu, afin que les chevaliers fussent étouffés par les flammes et la fumée, ou contraints de sortir. Mais le troisième jour ces illustres chevaliers aimant mieux périr honorablement que d'être étouffés d'une manière si misérable, invoquant le nom de Jésus, et se confiant en sa grâce, sortirent de la tour, combattirent face à face, et long-temps avec les Sarrasins, et se vengèrent de leur perte inévitable par le carnage qu'ils firent des ennemis. Conrad, incomparable pour la force et le courage, fut celui qui fit le plus de mal aux Sarrasins, à tel point que tous ceux d'entre eux qui étaient présens, frappés d'admiration autant que de frayeur, se retirèrent loin de lui, et s'abstinrent de l'attaquer : ils lui demandèrent de mettre un terme à cet horrible massacre, de leur donner la main pour l'amour de sa vie, de se remettre ainsi au pouvoir du roi de Babylone, jusqu'à ce que la colère de ce roi s'étant apaisée, un chevalier si illustre et si admirable trouvât grâce devant ses yeux, et reçût des récompenses à la suite de sa captivité. Il fut fait comme il avait été dit; Harpin fut également fait prisonnier et conserva la vie, parce que des témoins véridiques reconnurent qu'il avait été chevalier de l'empereur des Grecs. Tous les autres chevaliers, de même que les deux Étienne, princes souverains, furent décapités.

Cependant le roi Baudouin demeura trois jours à Assur, pour apprendre la suite des événemens. Lorsque la nouvelle de ce cruel désastre arriva à Jérusalem, tous les habitans éprouvèrent une violente terreur, et la ville entière fut remplie de deuil et de lamentations. Tous les cœurs furent abattus, et saisis de frayeur, à tel point que le soir, et au milieu des ténèbres, les habitans se préparaient déjà à sortir de la ville, lorsqu'un nommé Gottman, originaire de Bruxelles, et qui avait eu beaucoup de peine à s'échapper, arriva pour leur apporter quelque consolation, et les invita à diverses reprises à ne point se retirer si promptement, et à attendre du moins de savoir si le roi était encore en vie. Peu après, en effet, on apporta la nouvelle que le roi était sain et sauf, et tous les habitans en furent extrêmement satisfaits et reprirent un peu de courage. Dès ce moment ils allaient tous les jours sur les murailles, pour défendre la ville contre les attaques des Sarrasins, qui dans l'orgueil de leur victoire se réunissaient très-souvent en forts détachemens et venaient harceler les Chrétiens.

Après le massacre des chevaliers enfermés dans Ramla, Conrad et Harpin étant seuls échappés à la mort, et ayant été conduits et mis en prison dans la ville d'Ascalon, l'émir Afdal et tous les puissans de Babylone se portèrent en grandes forces devant la ville de Joppé, livrèrent plusieurs assauts avec des machines à lancer des pierres, et tous leurs instrumens de guerre, et firent beaucoup de mal à ceux qui étaient enfermés dans la place; puis ayant décapité un nommé Gerbodon, et lui ayant coupé les jambes revêtues d'une pourpre précieuse, ils montrèrent cette tête et ces jambes aux défenseurs de la ville, leur disant qu'elles appartenaient au roi Baudouin, parce qu'en effet ce Gerbodon ressemblait au roi; en même temps ils pressèrent vivement les assiégés de sortir de la ville et de se livrer, la vie sauve et les membres intacts, au pouvoir du roi de Babylone. Les Chrétiens, croyant qu'on leur disait vrai, et que c'étaient en effet la tête et les jambes du roi qu'on leur montrait de loin, s'abandonnèrent à un grand désespoir, et se consultèrent entre eux pour voir s'il ne leur vaudrait pas mieux de sortir de la ville avec tous leurs effets, et de se sauver par mer. La reine, épouse de Baudouin, était en ce même moment à Joppé : saisie de terreur, et profondément affligée de la mort de son roi très-chéri, elle méditait comme les autres sur les moyens de prendre la fuite.

Sept jours après, le roi sortit d'Assur et monta sur un petit bâtiment avec Goderic, pirate du royaume d'Angleterre; il attacha sa bannière au bout de sa lance, et, l'élevant dans les airs sous le coup des rayons du soleil, il vogua avec un petit nombre des siens jusques auprès de Joppé, afin que les citoyens chrétiens, reconnaissant ce signal, et jugeant que le roi était encore en vie, fussent moins disposés à se laisser décider par les menaces des ennemis, soit à se sauver honteusement, soit à rendre la place; car il savait que les Chrétiens désespéraient presque entièrement de son salut. Les Sarrasins ayant vu et reconnu ce signal, ceux d'entre eux qui investissaient la ville du côté de la mer, montés sur vingt galères et treize barques, qu'ils appellent vulgairement *Cazh*, se portèrent à la rencontre du roi dans l'intention d'envelopper son petit bâtiment; mais Dieu voulut que les eaux de la mer se soulevassent contre eux, leur opposant ainsi un obstacle, tandis que le léger navire du roi, glissant facilement et volant sur les flots agités, déjoua le projet des ennemis, et se trouva tout à coup dans le port de Joppé, après que le roi eut frappé et blessé de ses flèches six des Sarrasins. Il entra aussitôt dans la ville, se montra sain et sauf aux yeux de tous, et les habitans, qui ne cessaient de gémir et de déplorer sa mort, reprirent courage en voyant le chef et le roi des Chrétiens, le prince de Jérusalem, revenu plein de vie au milieu d'eux.

On était déjà au milieu du jour, lorsque le roi, montant à cheval, sortit des portes suivi seulement de six chevaliers très-illustres, dans l'unique intention de provoquer les Sarrasins qui entouraient la place, et de leur faire voir à tous qu'il était encore en vie et en bonne santé. Aussitôt qu'ils surent le roi sauvé et bien portant, les Gentils levèrent leurs tentes, s'éloignèrent de Joppé, et se rendirent dans les plaines d'Ascalon, où ils demeurèrent pendant trois semaines consécutives pour se donner le temps de savoir si le roi Baudouin recevrait bientôt des secours. Ce prince en effet avait expédié des messagers vers les châteaux, les villes et les contrées diverses, pour solliciter l'assistance de tous ses frères; mais comme Tancrède, Raimond et Baudouin du Bourg étaient trop éloignés pour avoir eu le temps d'arriver, les Sarrasins quittèrent les plaines d'Ascalon, vinrent de nouveau mettre le siége devant Joppé, et y passèrent encore quinze jours.

Pendant ce temps deux cents navires arrivèrent auprès de Joppé, portant des Chrétiens qui se rendaient à Jérusalem pour adorer le Seigneur : on dit que les principaux chefs de cette expédition étaient Bernard Witrazh du pays de Gallice, Hardin d'Angleterre, Othon et Hadewerck, l'un des plus puissans parmi les Westphaliens. Les Sarrasins qui assiégeaient la ville du côté de la mer, voyant arriver cette flotte chargée de tant de Chrétiens, résolurent de leur livrer combat ; mais les vaisseaux des Chrétiens, s'avançant à pleines voiles et à force de rames, à l'aide d'un bon vent, et favorisés par la clémence de Dieu, repoussèrent vigoureusement les Gentils, et abordèrent sur le rivage : les habitans de Joppé et le roi lui-même se portèrent à leur rencontre pour aider à leur débarquement ; ils rentrèrent dans la ville, mais la plupart d'entre eux allèrent ensuite dans la plaine dresser leurs tentes en face des ennemis. On était au troisième jour du mois de juillet, lorsque cette expédition de Chrétiens arriva, par un effet de la protection de Dieu, au secours des assiégés, serrés de tous côtés par mer et par terre. Lorsque les Sarrasins virent que les nouveaux arrivans venaient audacieusement s'établir en face d'eux, et très-près de leur camp, ils levèrent leurs tentes au milieu de la nuit, et se retirèrent à plus d'un mille de Joppé, remettant au lendemain le soin de décider s'ils retourneraient à Ascalon, ou s'ils livreraient de nouveaux assauts à la place.

Depuis ce jour, les Sarrasins demeurèrent immobiles dans leur orgueil, fiers de leur immense multitude, et répandant la terreur chez le peuple chrétien par la force de leurs armes. Enfin, le sixième jour de la semaine, le roi Baudouin sortit de Joppé en faisant résonner les trompettes et les cors, suivi d'un corps nombreux de chevaliers et d'hommes de pied, et livra aux Sarrasins un rude combat pendant lequel on entendait des deux côtés d'horribles clameurs. Les Chrétiens, qui étaient récemment arrivés par mer, suivirent aussi le roi, poussant des vociférations et faisant beaucoup de bruit : ils attaquèrent les Babyloniens avec beaucoup de violence, leur portèrent des coups mortels ; et enfin ceux-ci, fatigués du combat, et ne pouvant résister plus long-temps, prirent la fuite vers Ascalon : d'autres, espérant échapper à ceux qui les poursuivaient, se confièrent à la mer et furent engloutis par les flots que soulevait une horrible tempête. Ainsi la ville de Joppé et ses habitans se trouvèrent dégagés : les Sarrasins perdirent trois mille hommes dans cette journée ; on ne trouva qu'un petit nombre de Chrétiens sur le champ de bataille.

Après avoir glorieusement triomphé de ses enne-

mis, le roi Baudouin passa cette nuit à Joppé dans des
transports de joie, avec tous les pèlerins qui s'étaient
réunis à lui, et qui venaient d'enlever de riches dépouilles. Le lendemain, dès que le jour parut, il se
rendit avec eux à Jérusalem, disposa de toutes choses en parfaite tranquillité et avec puissance, et donna
l'ordre d'ouvrir le temple du sépulcre du Seigneur
aux pèlerins venus pour adorer le Christ, et pour accomplir leurs vœux dans la sainte Cité. Avant ces
événemens, et lorsque cette nouvelle armée n'était
pas encore arrivée à son secours, Baudouin, rempli
de sollicitude, et réduit au désespoir à la suite du
massacre de tant de chevaliers, avait envoyé des
messagers à Antioche auprès de Tancrède, et à
Roha auprès de Baudouin du Bourg, pour leur demander de venir promptement à son secours, leur
faisant annoncer que, sans cela, tout le pays de Syrie et le royaume de Jérusalem seraient bientôt perdus; que les Sarrasins, dans leur audacieuse obstination, avaient remporté la victoire, et qu'un grand
nombre de ses illustres chevaliers avaient succombé
sous leurs coups. Aussitôt Tancrède et Baudouin,
rassemblant une armée, le premier dans les environs
d'Antioche, le second à Roha, se réunirent tous
deux à Antioche au jour convenu, à la tête de sept
cents chevaliers et de mille hommes de pied, prirent
avec eux Guillaume de Poitou, qui était retourné
auprès de Tancrède, après avoir célébré la sainte
Pâque et adoré le sépulcre du Seigneur à Jérusalem,
et, descendant par la vallée de Damas et la plaine de
Camela, laissant derrière eux Tibériade, ils arrivèrent
à Césarée de Cornille, dressèrent leurs tentes et y

4.

passèrent la nuit. Le lendemain ils allèrent camper sur les bords du fleuve d'Assur, et ne se trouvèrent plus qu'à un mille de la ville de Joppé; ils y arrivèrent en automne, au mois de septembre, alors qu'il y a partout une grande abondance de fruits de toute espèce.

Le roi Baudouin était en ce moment dans la ville de Joppé : dès qu'il fut instruit de l'arrivée de ces braves guerriers, il envoya à leur rencontre d'illustres messagers, chargés de leur apporter toutes les choses nécessaires à la vie, du pain, de la viande, du vin, de l'huile, de l'orge, afin de rendre les forces à ces chevaliers et à leurs chevaux fatigués par la longueur de la route. Dagobert, que le roi avait repoussé, s'était mis à la suite de ces princes illustres, et, espérant recouvrer sa dignité de patriarche, il avait résolu de se rendre à Joppé avec Tancrède : celui-ci, Baudouin du Bourg, Guillaume, comte de Poitou, et Guillaume Charpentier, ayant tenu conseil sur les moyens de rétablir le patriarche, envoyèrent une députation au roi pour l'inviter à réintégrer Dagobert dans son siége, faute de quoi ils ne pourraient eux-mêmes se réunir à lui pour venger la mort de ses chevaliers, et se porter vers Ascalon. Le roi, après avoir reçu ce message, accéda, quoiqu'à regret, à leurs prières, conservant toujours une vive indignation contre le patriarche, à raison de l'argent qu'il avait enfoui sous terre. Il se rendit cependant, d'après l'avis des siens, aux vœux de ces illustres intercesseurs, et leur demanda de se rendre d'abord à Ascalon pour résister aux armes et aux chevaliers du roi de Babylone, promettant qu'ensuite il ferait bonne justice au patriarche, et se conduirait en tout point d'après leurs avis.

Il décida en outre que cette affaire serait traitée sous les yeux de Robert de Paris, cardinal, évêque et légat, que le pontife romain, Pascal, avait envoyé quelque temps auparavant, et après la mort de Maurice, pour examiner et réformer toutes les choses illicites dans la sainte église d'Orient.

Tancrède, Baudouin du Bourg, Guillaume de Poitou et Guillaume Charpentier, ayant reçu les promesses et la parole du roi, partirent avec lui, et, suivis de toutes leurs forces, se rendirent à Ascalon. Pendant huit jours les Chrétiens assiégèrent les murailles, livrèrent de fréquens assauts, et dévastèrent les vignes et les récoltes, espérance de toute l'année. Tandis qu'ils attaquaient très-souvent, et avec la plus grande vigueur, les tours et les remparts, un très-noble émir du roi de Babylone, qui se nommait Merdepas, et qui était demeuré dans la ville pour la défendre, sortit subitement avec beaucoup de troupes, et attaqua les Chrétiens le fer en main, et en faisant pleuvoir sur eux une grêle de flèches : mais Dieu, dans sa force et sa grâce, voulut qu'il tombât tout aussitôt sous les coups des Chrétiens. Après la mort de cet émir très-renommé, tous les Gentils, habitans d'Ascalon, furent repoussés et n'osèrent plus résister ; mais ils tinrent leurs portes fermées aux Chrétiens. Le roi, voyant alors que tant d'assauts et de fatigues n'amenaient aucun résultat, abandonna, de l'avis des siens, l'attaque d'une ville qui semblait inexpugnable à toutes les forces humaines : il se rendit à Joppé avec Tancrède, Baudouin du Bourg et les deux Guillaume, et tous ensemble y firent de grands festins avec beaucoup de pompe et d'allégresse.

Ensuite le roi tint conseil dans la même ville avec les évêques, les abbés et tous les membres du clergé régulier ; et, d'après l'avis de tous ceux qui étaient présens, le roi investit de nouveau le patriarche de tous les honneurs et dignités dont il l'avait privé, le ramena à Jérusalem et le réinstalla solennellement dans le siége épiscopal. Le patriarche Dagobert ainsi ramené à Jérusalem et rétabli dans son rang, le lendemain on rassembla un concile dans le temple du sépulcre du Seigneur, et là des témoins compétens et des accusateurs se réunirent en la présence et en l'audience du seigneur cardinal et de toute l'Église, savoir, Baudouin évêque de Césarée et de Bethléem, Robert évêque de Ramla, Arnoul chancelier, et archidiacre du sépulcre du Seigneur, et un grand nombre de clercs. Les uns accusèrent Dagobert, avec fermeté et persévérance, de simonie ; d'autres lui imputèrent un massacre de chrétiens Grecs, commis par les Génois dans l'île de Céphalonie, par suite de ses instigations ; d'autres lui reprochèrent sa trahison envers le roi Baudouin ; quelques-uns l'accusèrent d'avoir enfoui sous la terre les offrandes et l'argent des pélerins. On vit encore dans cette même assemblée Engelram évêque de Laon, l'évêque de Plaisance, l'évêque de Tarse, l'évêque de Mamistra, d'autres évêques et archevêques, au nombre de dix-huit en tout, l'abbé de Sainte-Marie Latine, l'abbé de la vallée de Josaphat, l'abbé du Mont-Thabor et six autres environ venus, à ce qu'on rapporte, du pays de France.

Au milieu de cette assemblée d'hommes si respectables, et en présence du cardinal, tous ces griefs ayant été examinés en parfaite justice, le patriarche fut confondu et convaincu, par des témoins compétens, de perfidie et d'autres crimes, et demeura silencieux. S'étant montré rebelle et obstiné à refuser satisfaction à Dieu et au cardinal, il persista obstinément dans sa mauvaise défense, et fut déposé et frappé d'anathème avec l'approbation de tous les fidèles. Tancrède et les autres princes, voyant que l'issue de ce jugement n'était que le résultat de la pure vérité, ne firent plus aucune résistance ; et, ayant pris congé du roi, ils retournèrent dans les pays d'Antioche et d'Edesse, ramenant avec eux le patriarche rejeté, et, comme on dit, exclu désormais des prières de ces illustres seigneurs. Le roi demeura à Jérusalem, comblé de gloire et de joie. Aussitôt, et d'après l'avis du cardinal Robert et l'élection du clergé et de tout le peuple, un nommé Évémère, clerc de bonne réputation, illustre et distributeur empressé d'aumônes, fut institué patriarche au lieu et place de Dagobert : il servit Dieu dans le temple du sépulcre du Seigneur avec le plus grand zèle pour la religion, se distinguant par sa bonne conduite, son amour pour ses frères et sa charité, et se montrant toujours fidèle auxiliaire du roi Baudouin contre les Sarrasins et les infidèles.

Après le départ de Tancrède et des autres princes, plus de cent quarante mille pèlerins, qui s'étaient réunis cette année à Jérusalem pour adorer le Seigneur, ennuyés de la prolongation de leur séjour, ayant fait enfin préparer les voiles et les rames, prirent congé du roi et se lancèrent sur la mer profonde pour retourner dans leur patrie, les flots exempts d'agitation, et les vents ayant cessé de les soulever. Mais à peine naviguèrent-ils pendant deux jours en parfaite tranquillité : on était près de l'équinoxe d'hiver : le calme fit place à la tempête, des vents horribles commencèrent à souffler, les vaisseaux furent ballottés çà et là par les tourbillons, renversés et brisés par la tempête ; et enfin, pèlerins et matelots, également fatigués et battus par les flots, les uns, ayant perdu leurs voiles et leurs rames, furent précipités dans les profondeurs de la mer; d'autres, dispersés par le souffle impétueux des vents, jetés sur des plages inconnues, arrivèrent enfin à Accon après avoir long-temps erré ; d'autres encore s'étant dirigés vers Saïd et Ascalon, villes occupées par les Gentils, furent pris, massacrés ou engloutis dans les ondes. Les navires qui portaient les Chrétiens pendant cette tempête étaient au nombre de trois cents, et l'on assure qu'il ne s'en sauva qu'un dixième tout au plus. Lorsque l'on apprit cette horrible catastrophe à Jérusalem, le roi et tous les habitans de la ville, tant hommes que femmes, se répandirent en lamentations et versèrent des torrens de larmes, désolés de voir périr tant de milliers de frères d'une mort si cruelle, soit par les flots de la mer, soit par les armes des Gentils.

La troisième année de son règne, lorsque les grands froids de l'hiver furent passés, et que l'on commença à sentir la température du printemps, le roi Baudouin, vivement indigné contre la ville d'Accon, dont les habitans se montraient de plus en plus acharnés à tendre des embûches aux Chrétiens, ou à les attaquer de vive force, rassembla une armée forte de cinq mille hommes, et alla assiéger cette place après l'octave de Pâques, à la même époque où, l'année précédente, il avait livré combat aux Sarrasins dans les plaines de Ramla, et ne leur avait échappé qu'avec beaucoup de peine, ne conservant que quelques-uns de ses chevaliers. Ayant investi de toutes parts la ville d'Accon, le roi l'assiégea pendant cinq semaines de suite avec des instrumens de guerre et des machines fort élevées, et les habitans ne pouvant résister plus long-temps aux efforts des chevaliers chrétiens ni se défendre des grêles de pierres qu'on lançait sur eux, se virent réduits à remettre leur ville entre les mains du roi, en demandant grâce pour leurs personnes. Déjà même trois Sarrasins étaient sortis de cette place à l'insu de tous les autres habitans pour se rendre le roi favorable et chercher à sauver leur vie ; ils avaient raconté la chute et la mort des hommes et des citoyens les plus vaillans, et déclaré que tous les assiégés étaient frappés de terreur, à tel point que si les Chrétiens livraient encore un seul assaut vigoureux, il était hors de doute que les portes leur seraient ouvertes et qu'ils deviendraient les maîtres de la ville. A peine ces trois hommes avaient-ils achevé leur récit et fait entendre au roi ces avis, que le même soir douze galères arrivèrent de Sur ou Tyr et de Tripla ou Tripoli (villes appartenant au royaume de Babylone), transportant beaucoup de chevaliers armés, et suivies d'un navire plus grand, sur lequel étaient montés cinq cents combattans ; pendant la nuit tous ces hommes entrèrent dans la ville et se répartirent sur les remparts et dans tous les quartiers. Aussitôt, et même sans attendre le jour, ils allumèrent des feux avec du soufre, de l'huile, de la poix et des étoupes, et les jetèrent sur la machine du roi, afin d'en chasser ceux des chevaliers qui ne cessaient de lancer des flèches sur les remparts et de livrer de vigoureux assauts.

Un nommé Renaud, chevalier du roi, homme très-habile dans l'art de lancer des flèches et maître des archers, ayant appris l'arrivée des ennemis, et lorsque déjà ceux-ci avaient, à plusieurs reprises, jeté des feux sur la machine, encouragea ses compagnons à opposer une bonne résistance, et lui-même, saisissant une arbalète, il frappa de blessures mortelles plus de cent cinquante Sarrasins. Le matin, au point du jour, le combat devint plus vif et plus général de part et d'autre; les Sarrasins firent plusieurs sorties par les portes de la ville, et attaquant les pélerins chevaliers du Christ avec leurs lances, ils firent aux uns de larges blessures et frappèrent les autres d'une mort prompte. Ce même jour Renaud, qui ne cessait de combattre du haut de la machine, et de faire beaucoup de mal aux ennemis, s'étant imprudemment, et dans l'excès de sa témérité, avancé trop à découvert, fut frappé aussitôt à la tête par une pierre lancée d'une machine et mourut du coup. Le roi ordonna d'enlever son corps, et il fut enseveli sur le Mont-Thabor par les moines religieux. Le roi, voyant que les Sarrasins reprenaient l'avantage depuis qu'ils avaient reçu les renforts de cette odieuse multitude arrivée récemment par mer de Tyr et de Tripoli, et que ses troupes, excédées par les combats et la longueur du siége, n'étaient plus même en état de résister, tint conseil avec ses grands, fit mettre le feu à sa machine, et se retira mécontent et affligé de n'avoir pu obtenir de succès.

Après avoir renoncé au siége d'Accon, le roi se rendit de Joppé à Jérusalem pour se reposer un peu des fatigues de la guerre. Cette même année, et aux approches du mois de juillet, le roi partit un jour pour la chasse, suivi seulement de dix chevaliers. Il entra par la montagne dans les bois contigus à la ville de Césarée, et se livrait déjà à son divertissement, lorsque soixante Sarrasins environ sortirent des villes d'Ascalon et d'Accon, et allèrent se placer en embuscade pour mettre à mort et dépouiller ceux des pélerins qu'ils pourraient rencontrer dans la plaine ou dans les montagnes. Le hasard conduisit en effet auprès d'eux quelques hommes de la foi chrétienne; emportés par leur audace, les Gentils résolurent aussitôt de les poursuivre, de les tuer et de les dépouiller, afin de pouvoir ensuite rentrer dans leur ville victorieux, couverts de gloire et chargés de butin. Poussés par ce cruel dessein, les Sarrasins marchèrent sur les traces des Chrétiens, et bientôt tout le pays fut rempli du bruit de cette expédition et saisi de frayeur, parce qu'on les crut en plus grand nombre qu'ils n'étaient réellement. Baudouin cependant ignorait ce qui se passait, et ne s'occupait que de sa chasse : on alla lui annoncer que les Sarrasins avaient pénétré dans les environs pour se placer en embuscade et massacrer le peuple du Dieu vivant, et qu'il fallait, dans ces circonstances urgentes, qu'il se portât au plus tôt au secours des Chrétiens. Dès qu'il eut entendu ce récit, Baudouin, s'adressant noblement aux dix chevaliers qui étaient avec lui, les invita à se mettre sans délai à la poursuite des ennemis, afin qu'ils ne pussent sortir vivans du pays, et qu'attaqués avec vigueur, ils se virent contraints de rendre le butin qu'ils auraient enlevé. Oubliant aussitôt le divertissement de la chasse, Othon *Haute-Épée*, le comte Albert et les autres chevaliers qui avaient suivi le roi, n'ayant sur eux ni leurs cuirasses ni leurs boucliers, ni leurs lances, armés seulement de leurs glaives et de leurs carquois, mais rejetant toute crainte de la mort, pressèrent leurs chevaux de l'éperon, et, se lançant sur les traces des Sarrasins que le hasard leur fit apercevoir, ils s'avancèrent glaive nu et leurs flèches en main, et attaquèrent sur-le-champ les ennemis. On combattit des deux côtés avec une grande vigueur. Le roi Baudouin se jeta au milieu des Sarrasins avec plus d'ardeur que tout autre : la mort se multipliait sous les coups de son glaive, quand tout à coup il se trouva porté par son cheval rapide tout près d'un petit bois taillis : un soldat sarrasin, qui s'était caché derrière les branches et le feuillage épais des arbres, le frappa à la dérobée d'un coup de lance qui le transperça de la cuisse dans les reins. Aussitôt le sang sortit à gros bouillons de cette cruelle blessure, le roi puissant pâlit, perdit bientôt tout courage et toute force, son glaive cessa de frapper les ennemis, et enfin il tomba par terre du haut de son cheval comme tombe un homme qui vient d'expirer. A cette vue, ses compagnons d'armes, saisis d'une douleur inexprimable, attaquèrent et massacrèrent leurs ennemis avec un redoublement de fureur jusqu'à ce qu'enfin plusieurs d'entre eux étant tués, les autres prirent la fuite et se dispersèrent dans les montagnes et dans des lieux inaccessibles. Alors les chevaliers se rallièrent autour du roi en versant

des larmes, et, le déposant sur un brancard, ils le
transportèrent à Jérusalem au milieu des lamentations
des hommes et des femmes. On fit venir sur-le-champ
des médecins très-habiles, afin qu'ils pussent, par
leur art et leur adresse, guérir cette dangereuse blessure et rendre la vie à l'illustre et vigoureux champion du Christ.

Dès qu'ils apprirent que le roi Baudouin avait été si
rudement frappé, le roi de Babylone et l'émir Afdal
rassemblèrent une armée dans toute l'étendue de
leur royaume, entreprirent une expédition par mer
contre Joppé ; et, ayant jeté l'ancre devant cette ville,
ils l'assiégèrent aussitôt. Les Ascalonites, ayant reçu
les ordres du roi de Babylone, marchèrent à son secours du côté de la terre : la place se trouva ainsi attaquée de toutes parts, on combattit du dedans et du
dehors, et les ennemis livrèrent de fréquens assauts.
Tandis que ces combats se renouvelaient tous les jours
entre les habitans de Joppé et les Ascalonites, deux
navires, l'un plus petit et l'autre plus grand, arrivèrent à l'improviste, portant des Chrétiens qui allaient
à Jérusalem adorer le Seigneur. Le plus grand de ces
bâtimens, qui avait à bord cinq cents hommes, sans
compter les femmes, passa rapidement à l'insu des
Gentils, échappa à la surveillance de ceux qui faisaient
le service de garde, à la faveur de l'obscurité de la
nuit, et entra dans le port et près du rivage de la ville
de Joppé. Mais le vaisseau, fatigué par l'élan trop rapide qu'on lui avait donné pour passer au milieu des
ennemis, et écrasé par le poids excessif des effets et
des hommes qu'il portait, s'entr'ouvrit et s'enfonça
dans le sable. A cette vue, les Sarrasins accoururent

aussitôt par mer pour attaquer les naufragés, leur enlever leurs effets et toutes leurs provisions de bouche et les partager ensuite entre eux. Mais les Chrétiens, qui étaient venus au port et sur le rivage pour voir la fin de cet événement et porter secours à leurs frères, les voyant exposés à un nouveau péril et résistant à une attaque trop forte pour eux, repoussèrent cette multitude importune, et parvinrent enfin, avec la protection de Dieu, à délivrer les pèlerins qui arrivaient.

L'autre navire, plus petit, mal gouverné et errant à l'aventure sous la conduite d'un pilote ignorant, tomba subitement, et pendant l'obscurité de la nuit, au milieu de la flotte ennemie. Dès qu'il s'en fut aperçu, le pilote s'échappa secrètement sur une petite barque avec sept de ses compagnons, et laissa son vaisseau livré sans défense aux Sarrasins. Il y avait sur ce bâtiment cent cinquante hommes, sans compter les femmes, et sept chevaliers avec leurs chevaux et beaucoup d'armes. Les Gentils, ayant reconnu ce navire chargé de Chrétiens, et poussé vers eux par une fatale erreur, l'entourèrent aussitôt de toutes parts et ne cessèrent de harceler pendant la nuit ceux qui y étaient enfermés : ces derniers leur résistèrent avec vigueur, mais enfin le jour venu, ils ne purent se défendre plus long-temps contre les traits et l'attaque de tant de milliers d'hommes, et cessèrent de combattre. Ils furent tous pris et décapités, de même que les sept chevaliers et toutes les femmes : un seul écuyer se jeta témérairement au milieu des flots agités, et se sauva à la nage, non sans de grands efforts. Les Sarrasins enlevèrent les dépouilles des morts et des noyés, et les partagèrent entre eux, se félicitant et se réjouissant à l'envi de la victoire inattendue qu'ils venaient de remporter.

Le roi Baudouin, voyant que le siége de Joppé se prolongeait, au grand préjudice des Chrétiens, et se trouvant lui-même un peu remis de sa blessure, résolut d'aller à Joppé, afin qu'informés de son arrivée, les Sarrasins fissent moins de mal aux assiégés et cessassent d'attaquer la ville aussi vivement. En effet, ces derniers, ayant appris que ce roi puissant était rétabli et se dirigeait vers eux, et pensant qu'il amènerait des troupes avec lui, n'osèrent plus demeurer dans le même lieu, et, prenant prétexte du mois d'octobre et de l'approche de l'hiver, époque où les eaux de la mer sont soulevées par de plus fortes tempêtes, ils firent toutes leurs dispositions pour partir sans le moindre délai. Le roi et les Chrétiens de Joppé résolurent de les poursuivre à force de rames sur leurs légers bâtimens, dans l'espoir de prendre quelques-uns de leurs vaisseaux, naviguant en toute sécurité et avec lenteur. Mais ils ne purent réussir dans cette entreprise, ni obtenir vengeance pour le sang de leurs frères. Le roi et tous les fidèles du Christ qui habitaient à Joppé se réjouirent des glorieux événemens de cette guerre, et s'abandonnèrent aux transports de leur joie; ils dormirent en parfaite sécurité, et cultivèrent paisiblement leurs champs et leurs vignes. Le roi étant rétabli, les Ascalonites n'osèrent plus attaquer aussi fréquemment les habitans de Joppé, et jouissant eux-mêmes de la paix, puisque le roi demeurait en repos, ils s'occupèrent, de leur côté, à cultiver leurs champs et leurs vignes, et y travaillèrent pendant le reste de l'année avec beaucoup d'ardeur.

L'année suivante, qui était la quatrième du règne de Baudouin, et dès les premiers vents du mois de mars, les Pisans et les Génois, qui étaient venus pour adorer le Seigneur à Jérusalem, partirent de Laodicée, après y avoir passé l'hiver, et arrivèrent avec leur flotte devant Gibel. Le comte Raimond, qui était dans la ville de Tortose, courut à leur rencontre, et leur demanda de lui prêter leurs forces et leur assistance pour se rendre maître de Gibel, afin d'exterminer les Sarrasins qui y habitaient, et de faire passer cette ville au pouvoir des Chrétiens. Les Pisans et les Génois se rendirent sans peine aux prières de Raimond ; ils investirent la place avec un grand nombre de vaisseaux, et l'assiégèrent vigoureusement. De son côté, Raimond l'attaqua par terre avec des machines, et livra de fréquens assauts : enfin la ville, vaincue et soumise, tomba entre les mains de Raimond avec tous ceux qui l'habitaient.

Peu de temps après cet événement, les Pisans et les Génois reçurent une députation du roi Baudouin, qui les faisait saluer avec empressement. En même temps il leur demandait, avec de vives instances, d'aller, pour la cause de Dieu et des lieux saints de Jérusalem, assiéger avec toute leur flotte la ville de Ptolémaïs, que l'on nomme maintenant Accon ou Acre, tandis que lui-même l'attaquerait du côté de la terre, avec le secours de Dieu et des fidèles du Christ. Aussitôt qu'ils eurent reçu ce message, les Génois et les Pisans, remplis de joie, allèrent avec toutes leurs forces s'établir devant Acre ou Accon, et le roi dressa son camp sur

la terre ferme, tout autour des murailles de cette ville.
Après avoir employé quelques jours à construire des
machines et des instrumens pour lancer des pierres,
les Chrétiens attaquèrent la place et les habitans avec
la plus grande vigueur et sans aucun ménagement, et
livrèrent de si rudes assauts que bientôt les Sarrasins,
fatigués et épuisés, n'osèrent plus leur résister.

L'émir, voyant que les siens renonçaient à se défendre, et que n'ayant aucun espoir d'être secourus,
ils ne voulaient plus même tenter de s'opposer aux
efforts du roi, demanda une trève, afin de chercher
les moyens de remettre la ville entre les mains de
Baudouin, en assurant en même temps le salut des
habitans. Les propositions de l'émir ayant été accueil-
lies, la trève fut convenue et confirmée des deux
côtés par serment, et le peuple demeura en repos.
L'émir, plein de sollicitude, convoqua alors l'assemblée générale des Sarrasins, tint conseil avec eux et
leur parla en ces termes : « Nous avons défendu cette
« ville long-temps et jusqu'à la mort. Maintenant nous
« ne pouvons espérer de recevoir, comme de coutume,
« quelque secours de notre roi de Babylone, ou des
« villes qui lui appartiennent, puisque nous sommes
« aussi assiégés du côté de la mer. C'est pourquoi,
« si cet avis est agréable à tous les nôtres, il faut,
« dans cette extrémité, ouvrir nos portes et remettre
« la place au roi Baudouin, avant que nous péris-
« sions tous sous l'effort de ses armes, puisque nous
« ne pourrions la sauver, même par notre mort. Si
« l'on juge donc que mes conseils sont bons, et si
« l'on ne peut proposer aucun meilleur moyen, qu'un
« traité soit conclu entre nous et le roi Baudouin,

« avant que nous ouvrions nos portes, afin que nous
« puissions sortir sains et saufs avec nos femmes,
« nos enfans et tous nos effets, et nous en aller en
« paix, sans obstacle, et sans redouter aucun piége. »
Tous les Sarrasins adoptèrent les propositions de l'émir, et firent aussitôt demander au roi Baudouin de s'engager en toute sincérité à laisser sortir les citoyens de la ville, promettant aussi, sous la même garantie, de ne plus lui résister et de lui ouvrir leurs portes. Le roi et le patriarche Evémère, ayant tenu conseil avec les leurs, reconnurent que, s'ils refusaient d'engager leur foi pour ce traité et d'acquiescer à ces demandes, si les assiégés avaient à craindre de ne pouvoir sortir en toute sûreté, les Chrétiens ne parviendraient pas à s'en rendre maîtres sans courir les plus grands dangers et sans perdre beaucoup de monde. Ils acquiescèrent donc à ce vœu, et répondirent que les Sarrasins, après avoir ouvert leurs portes, pourraient sortir paisiblement avec tous leurs effets et sans avoir à redouter aucun péril. Mais les Pisans et les Génois, dévorés du desir de s'emparer des biens des Gentils, déclarèrent qu'ils ne pouvaient consentir à laisser emporter tranquillement les richesses et les trésors inestimables enfermés dans la ville. Le roi et le seigneur patriarche leur firent des remontrances sur cette opposition, et les déterminèrent à consentir enfin à ce qu'on jugeait le plus utile dans l'intérêt des Chrétiens. Le roi s'engagea par serment envers les Sarrasins à maintenir la paix, et les portes de la ville furent ouvertes le jour saint et solennel de l'ascension du Seigneur.

Le roi entra aussitôt avec son armée ; les princes et tous les habitans de la ville sortirent en même temps

paisiblement avec leurs femmes, leurs enfans, leurs
bestiaux et tous leurs effets. Mais les Pisans et les Génois, lorsqu'ils virent emporter tant de biens et des
trésors si considérables, aveuglés par leur violente
avidité, et oubliant les engagemens qu'ils avaient pris
avec le roi, s'élancèrent tout à coup au milieu de la
ville, massacrèrent les citoyens, et leur enlevèrent de
l'or, de l'argent, de la pourpre et toutes sortes d'effets
précieux. Les Chrétiens de Galilée, qui étaient avec le
roi du côté de la terre, voyant les Pisans et les Génois
se répandre dans la ville, tuer les habitans et leur ravir
leurs trésors, s'abandonnèrent aussi à leur avidité,
et oubliant tous leurs sermens, ils passèrent au fil de
l'épée quatre mille citoyens environ, et leur enlevèrent des objets précieux, des vêtemens, des bestiaux
et des richesses innombrables. Cet injuste désordre
étant enfin apaisé, le roi éprouva une vive indignation de l'insulte que lui avaient faite les Pisans et les
Génois, en méconnaissant leurs sermens ; et, afin
qu'on ne pût croire qu'il avait manqué volontairement à sa foi et à ses engagemens en favorisant un
artifice, il assembla ses compagnons d'armes et ses
domestiques, et voulut tirer une vengeance éclatante
d'un si grand crime : enfin le seigneur patriarche in-
tervint, se jeta à diverses reprises aux pieds du roi,
l'apaisa par ses sages conseils, et rétablit la paix et
la concorde entre lui et ses alliés.

Cette même année, après la prise de Ptolémaïs, autrement appelée Accon, et plus vulgairement Acre,
vers le milieu du mois de septembre, et le jour même
de l'exaltation de la sainte croix, cinq cents chevaliers arabes environ, montés à cheval et munis de

5.

leurs armes, sortirent d'Ascalon, se dirigèrent vers Joppé, et au moment où le soleil lançait ses rayons ardens du milieu de l'axe céleste, ils se présentèrent devant les portes de la ville, afin de provoquer et d'attirer au combat les chevaliers catholiques. Othon, surnommé *Haute-Epée*, fils de la sœur du comte Albert, et jeune chevalier rempli d'intrépidité, prit aussitôt son casque et sa lance, et suivi seulement de vingt hommes qui faisaient le service de garde à cette porte, il marcha à la rencontre des cinq cents Arabes. Après les avoir provoqués plusieurs fois à la course, les chevaliers chrétiens attaquèrent témérairement leurs ennemis, et se lancèrent au milieu de leurs rangs, de telle sorte qu'il leur devint impossible de s'en débarrasser et de revenir sur leurs pas, avant qu'Othon eût succombé sous leurs coups, ainsi que cinq de ses frères. Alors les Sarrasins et les Arabes, descendant de cheval, enlevèrent les têtes des morts et les rapportèrent à Ascalon, en témoignage de leur victoire, et afin d'encourager les habitans à quelque nouvelle entreprise.

A peine sept jours s'étaient écoulés, et le jour même de la naissance de l'apôtre et évangéliste Mathieu, soixante chevaliers arabes voulant aussi se faire un nom et acquérir de la gloire par quelques beaux exploits, dirigèrent leur marche vers la ville de Césarée, dans l'espoir de surprendre et d'attaquer des chrétiens à l'improviste ; mais n'ayant rencontré personne, ils enlevèrent les bœufs et les moutons des Chrétiens, qui paissaient sous les murailles de la ville, et les emmenèrent avec eux, afin d'engager les habitans à sortir pour les reprendre, et de pouvoir les punir de leur sortie. Tandis que les Arabes emmenaient ainsi leur butin, les Chrétiens, habitans de Césarée, sortirent de la ville au nombre de deux cents environ, n'ayant avec eux qu'un seul chevalier, lequel avait même été long-temps et fortement malade de la fièvre, et n'était encore que bien imparfaitement rétabli : ils s'avancèrent cependant à la poursuite des chevaliers arabes, armés de leurs arcs, de leurs flèches et de leurs lances, afin de leur enlever et de ramener le butin. Les Arabes les repoussèrent vigoureusement et conservèrent leur butin ; à diverses reprises ils forcèrent les hommes de pied à fuir devant eux, et ayant atteint à la course le chevalier, encore faible et languissant, ils le tuèrent, lui tranchèrent la tête, et l'emportèrent avec eux, la déposant dans l'un des sacs que portaient leurs écuyers, et qui servaient d'ordinaire à enfermer du fourrage pour les chevaux. Le roi Baudouin, qui se trouvait alors à Joppé, ne tarda pas à être instruit que soixante chevaliers d'Ascalon s'étaient portés vers Césarée pour piller les environs. Il n'avait en ce moment avec lui que quarante chevaliers : aussitôt il en détacha trente qu'il envoya dans les montagnes pour occuper le passage des divers chemins par lesquels il présumait que les Arabes pourraient retourner chez eux ; et, prenant avec lui les dix autres chevaliers, Baudouin se mit en marche par le chemin qui va directement de Joppé à Césarée, pour voir si le hasard lui ferait rencontrer les soixante chevaliers ennemis, afin de leur faire expier chèrement les maux qu'ils avaient faits à Césarée. Le roi et les siens, revêtus de leurs cuirasses et de leurs armes, avaient déjà fait un peu de chemin, lorsqu'ils rencontrèrent devant eux les écuyers et les esclaves des Arabes, qui s'avançaient les premiers, conduisant le butin et portant la tête du chevalier chrétien ; le roi ignorait complétement ce fait, et les écuyers ne prévoyaient pas cette rencontre : pendant ce temps les soixante chevaliers ennemis, cuirassés et armés, marchaient par la même route et suivaient de loin leurs écuyers. Le roi et les siens arrêtèrent ces derniers, leur demandèrent d'où ils venaient, et s'étant fait montrer leurs sacs, ils trouvèrent dans l'un la tête du chevalier chrétien. La cruauté des Ascalonites fut alors révélée, et le roi ayant fait saisir les écuyers, les contraignit, à force de menaces et par la crainte des supplices, à déclarer tout ce qui s'était passé, leur annonçant qu'il les ferait tous punir de mort s'ils refusaient de parler. Ils répondirent sur-le-champ que leurs maîtres s'avançaient derrière eux par la même route, ayant résolu de rentrer chez eux en passant par les montagnes de Joppé. En entendant ce rapport, le roi couvrit sa poitrine de son bouclier, et, saisissant sa lance, il partit rapidement avec ses dix compagnons, et se hâta de marcher vers les ennemis, dans la crainte qu'à la première nouvelle de son approche, ils ne se jetassent aussitôt hors de la route. Cependant les soixante Arabes s'approchèrent et se trouvèrent, à l'improviste, en face du roi et des siens, au moment où ils ne comptaient nullement les rencontrer ni tomber dans aucune embuscade. Alors le roi pressant fortement les flancs de son cheval, et tous les chevaliers suivant son exemple, ils s'élancèrent en poussant des cris au milieu de leurs ennemis, transperçant les uns de leurs lances, renversant les autres par terre, et les frappant aussitôt de leurs glaives impitoyables. Enfin le roi et les siens eurent entièrement l'avantage, et tuant et dispersant les Arabes, comme le vent disperse la paille, ils les forcèrent bientôt à prendre la fuite, ne pouvant plus soutenir le combat. Dix d'entre eux furent pris et retenus captifs, sans compter ceux qui périrent par le fer. Les Chrétiens leur enlevèrent, en outre, non moins de quarante chevaux, avec toutes leurs armes et leurs dépouilles; et le roi rentra alors à Joppé, couvert de gloire et ayant vengé la mort de son chevalier. Les habitans de Joppé, et ceux de toutes les autres villes occupées par les fidèles, furent remplis de joie et reprirent courage en apprenant ces nouvelles. Le nom du roi fut illustré sur le territoire des Ascalonites et parmi tous les Gentils, qui étaient frappés de crainte et ne pouvaient assez s'étonner que ce prince, avec dix de ses chevaliers, eût triomphé de soixante Arabes, en frappant les uns à mort, et emmenant les autres en captivité.

Vers le même temps et dans la même année, le comte Raimond, ayant rassemblé un corps de Chrétiens venus de divers lieux et de divers royaumes, alla assiéger la ville de Tripoli, vulgairement nommée Tripla, et employa des jours et des années à l'attaquer par ses armes et ses machines. Après de longs et infructueux efforts devant les murailles de cette place, voyant l'impossibilité de la réduire, même par la famine, attendu qu'elle recevait sans cesse des secours de Babylone, d'Ascalon, de Saïd et de Tyr, et qu'on y apportait des vivres en abondance par la voie des mers, le comte Raimond, ayant tenu conseil avec les siens, résolut de faire construire une nouvelle forteresse, d'où il pût attaquer sans cesse la ville, et dans laquelle les Chrétiens pussent se retirer en toute occasion pour se mettre à l'abri des ennemis. Cette forteresse fut appelée le *Mont des Pélerins*, parce qu'elle était destinée à garantir les pélerins et les chevaliers chrétiens de toutes les forces des Gentils. Mais deux ans après la prise de Ptolémaïs, et la construction de ce nouveau fort, dans le mois de février, et après la Purification de la Sainte Vierge Marie, mère de Dieu, le comte Raimond mourut dans le château qu'il avait fait élever lui-même, et y fut enseveli selon le rit catholique.

Pendant que le roi et les Chrétiens étaient occupés des longs travaux du siége et de la prise d'Acre ou Ptolémaïs, l'empereur de Constantinople, Alexis, qui ne cessait de se méfier de Boémond, craignant qu'il ne finît par l'expulser de ses États, expédia de fréquens messages et adressa plusieurs lettres à Doniman, prince magnifique des Turcs, pour lui offrir deux cent soixante mille byzantins, à condition qu'il lui livrerait le prince de Sicile, Boémond, qu'il retenait encore en captivité, voulant ensuite frapper Boémond d'un exil éternel ou le faire périr, afin de se mettre à l'abri de toutes les tentatives que celui-ci pourrait faire sur son empire.

Soliman, qui avait été auparavant prince de la ville de Nicée, ayant appris que l'empereur faisait offrir une somme aussi considérable pour la rançon de Boémond, expédia secrètement un message à Doniman, son égal en puissance, pour lui demander de l'admettre à participer à cette riche rançon, puisqu'ils avaient été toujours amis dans la guerre et associés pour le butin ; mais Doniman, aspirant dans son avidité à posséder sans partage un si grand trésor, prit un prétexte adroit et rejeta formellement la demande de Soliman. Celui-ci, irrité de ce refus, rompit le traité d'amitié qui l'unissait à Doniman, l'attaqua à diverses reprises, ravagea le pays qui lui appartenait, et après l'avoir battu en trois rencontres, et lui avoir fait beaucoup de mal par ses embuscades, il remporta enfin un avantage décisif et mit Doniman en fuite. Battu et humilié par l'habileté de Soliman, Doniman se répandit en lamentations, poussa de profonds soupirs, et ne cessa de déplorer ses malheurs en présence de tous ses amis, afin d'obtenir d'eux quelques secours et de pouvoir tirer vengeance des affronts qu'il avait reçus.

Boémond, toujours retenu dans les fers, parvint cependant par son adresse à être informé des plaintes de Doniman, prince de la ville de Nixandrie, et s'informa secrètement auprès de ses gardiens et de ceux qui le surveillaient, des motifs qui pouvaient inspirer une telle tristesse à un prince aussi magnifique, et répandre dans sa maison une agitation jusqu'alors inconnue. Un jour Doniman, instruit des questions que faisait Boémond sur ses malheurs, et de l'intérêt qu'il avait témoigné à ce sujet, descendit dans la prison même où le prince chrétien était gardé et chargé de fers : il lui raconta les perfidies de Soliman et les avantages que celui-ci avait remportés sur lui, depuis que lui-même lui avait refusé de l'admettre en partage d'une somme que l'empereur lui avait offerte pour la rançon de Boémond; et comme il connaissait ce dernier pour un homme rempli d'adresse et capable

de donner de bons conseils, Doniman lui fit ce récit dans l'espoir de trouver avec son secours quelque nouveau moyen de se venger avec éclat de Soliman. Boémond lui répondit avec toute la prudence possible sur ce qu'il venait d'apprendre : « Il serait facile de te
« donner un assez bon conseil sur tout ce qui t'ar-
« rive, et tu pourrais bien aisément faire retomber sur
« la tête de Soliman tous les maux qu'il a faits à toi
« et aux tiens, si tu ne t'étais déjà engagé trop légè-
« rement avec l'empereur Alexis, pour recevoir une
« si forte somme et me rendre à lui. » A ces mots, Doniman, uniquement possédé du desir ardent de venger ses injures, pressa vivement Boémond de lui dire ce qu'il jugerait le plus convenable de faire ; et Boémond lui répondit sur-le-champ : « Si tu voulais
« refuser les offres de l'empereur, recevoir de moi la
« moitié de la somme qui t'est proposée, me rendre
« mon ancienne liberté, me délivrer de ces fers aux
« conditions qui te plairaient, je jure par mon Dieu
« que je m'unirais à toi par des liens indissolubles d'a-
« mitié et de fidélité, et que tous les princes Chré-
« tiens s'engageraient de même. Mes amis et mes pa-
« rens, tant ceux qui sont à Antioche que ceux qui
« habitent à Roha, à Jérusalem et dans tous les autres
« lieux, s'allieront avec toi, te donneront également
« leur foi, et s'occuperont sans cesse d'assurer ton
« honneur et ton salut. Mais si tu préfères l'argent qui
« t'est proposé pour amener ma perte, à la foi, à l'a-
« mitié, au service de moi et de mes frères, sois as-
« suré que cet argent se dissipera bientôt entre tes
« mains, et que la haine, l'inimitié, les dangereux
« desseins de mes parens et de mes frères, ne cesse-

« ront jamais de s'élever contre toi et contre ton pays,
« tant qu'un seul d'entre nous demeurera sur cette
« terre. Si au contraire tu te décides pour moi et pour
« le service et l'amitié des miens, si tu repousses
« l'argent de l'empereur, et acceptes celui que je te
« propose, quoique moindre de moitié, sois certain
« de l'amitié de tous mes frères, et ne mets pas en
« doute qu'ils seront toujours prêts à te servir dans
« toutes tes affaires, en toute fidélité et soumission.
« Ainsi amis des deux côtés, et devenus amis sous la
« foi des sermens, non seulement il nous sera facile,
« avec tes forces et les nôtres, de triompher de ce
« Soliman, qui s'élève contre toi dans son orgueil,
« et médite sans cesse les moyens de te nuire; mais,
« après l'avoir battu et expulsé, nous subjuguerons
« le pays qu'il possède, et de plus, nous soumet-
« trons aussi à notre domination tout ce que tu
« pourras demander des terres et des États de l'em-
« pereur. »

Après avoir entendu les paroles et les promesses de
Boémond, Doniman, livré à une grande incertitude,
hésita long-temps en lui-même, ne sachant encore ce
qu'il devait accepter ou refuser. C'est pourquoi il lui
répondit en ces termes : « Tout ce que je viens d'en-
« tendre de ta bouche me convient, si les effets sont
« d'accord avec les paroles et si tu me gardes in-
« violablement ta foi ; mais je ne puis raisonnable-
« ment te donner ma main, sans avoir pris l'avis des
« miens. Ainsi donc je tiendrai bientôt conseil avec
« eux; je leur dirai tes intentions et tes offres ; et
« alors, ou je ferai promptement ce que tu me pro-
« poses, ou je me rendrai aux avis de mes serviteurs,

« sans renoncer cependant à de meilleures résolu-
« tions. » Quelques jours après, Doniman tint en effet
conseil avec les siens; ils approuvèrent, dès qu'ils en
eurent connaissance, tout ce que Boémond lui avait
proposé, et jugèrent qu'il ne fallait point rejeter ses
offres et ses avis, qu'il serait au contraire bon et utile
de les accepter, toutefois sous cette condition indis-
pensable que tous ceux qui suivaient la loi et la foi
de Boémond observeraient dans son entier le traité
d'alliance et d'amitié qu'il avait offert. Les choses ainsi
convenues, Doniman remit même à Boémond plus
de moitié de la somme que l'empereur lui avait pro-
mise, et le prix de sa rançon fut réduit de part et
d'autre à cent mille byzantins. Après la conclusion de
cet arrangement, Doniman adressa un message à l'empereur pour refuser la somme qu'il lui avait offerte.
Boémond, comblé de joie d'avoir, après deux ans de
fers et de captivité, trouvé grâce devant les yeux de
Doniman, et obtenu l'assurance de sa liberté de la clémence miséricordieuse du Ciel, s'adressa à tous ses parens et amis, tant à Antioche qu'à Roha et en Sicile,
pour leur demander de ramasser l'argent nécessaire à sa
rançon, et, après l'avoir ramassé, de le porter sur le territoire de la ville de Mélitène, où il devait être ramené
et remis en liberté, en même temps qu'il conclurait
définitivement un traité d'alliance et de bonne amitié
avec Doniman. Tous ceux qui furent instruits de sa
prochaine délivrance se livrèrent aux transports de
leur joie, et, empressés à exécuter ses ordres, ils ramassèrent de l'argent de tous côtés et le portèrent ensuite au jour et au lieu qui leur avaient été indiqués. Ils y
trouvèrent, comme on le leur avait annoncé, Doniman

avec Boémond ; ils remirent entre les mains du premier et des siens la somme déterminée dans les espèces et le poids convenus, et ayant ensuite conclu de part et d'autre un traité d'alliance et d'amitié, ils se réconcilièrent tous ensemble et devinrent amis. Les domestiques particuliers et les serviteurs de Doniman reçurent et déposèrent l'argent en lieu sûr ; et Boémond ayant donné sa droite à Doniman, et engagé par les liens d'une intime affection, fut renvoyé à Antioche avec tous les siens, quitte de toute rançon. Tous les Chrétiens habitans de cette ville l'accueillirent avec des transports de joie et lui rendirent les plus grands honneurs.

Soliman, en apprenant ces nouvelles, éprouva beaucoup d'humeur de n'avoir eu aucune part au prix provenant de la délivrance de Boémond. C'est pourquoi il parla contre Doniman et souleva contre lui le soudan, roi du Khorazan et de Bagdad (qui est la ville principale et la capitale du royaume des Turcs), ainsi que tous les autres princes des Gentils, afin d'enlever désormais à Doniman la faveur et l'assistance de ce roi, puisqu'il avait délivré, à l'insu de celui-ci, Boémond, homme de guerre, habile en toutes choses et toujours disposé à tendre des embûches aux Turcs et à faire du mal à leur empire ainsi qu'à celui des Grecs. Les messagers de Soliman portèrent bientôt ses accusations au roi des Turcs ; ce roi en éprouva une grande colère, et son indignation fut partagée par tous les seigneurs turcs. Doniman ne tarda pas à en être informé, et les diverses menaces qu'il entendit proférer le remplirent de frayeur, de même que tous les siens, et lui inspirèrent de vives sollicitudes. Un jour Soliman lui écrivit une lettre conçue en ces termes : « Doniman, « frère et fils de la race des Turcs, jusqu'à présent tu « as été un homme illustre à la guerre et agréable « au roi et à tout le royaume des Turcs par les vic- « toires que tu as remportées. Mais voici, ton nom est « rabaissé, et maintenant tu t'es extrêmement avili « aux yeux du roi du Khorazan et de toute ta race, et « tu es devenu odieux à tous, pour avoir si légèrement « consenti à la rançon de Boémond, et avoir méprisé « et repoussé nos avis au sujet de cette délivrance. « Mais si tu veux expier ce crime et apaiser la colère « du roi et des grands du Khorazan, tu inviteras ce « même Boémond, que nous redoutons plus que tous « les autres Chrétiens, à se rendre dans le lieu que « j'aurai désigné, comme pour te porter secours, et « ayant alors dressé une embuscade, je l'envelopperai « tout à coup et l'enleverai. Si tu ne le veux, sache « que tu ne pourras jamais recouvrer la faveur du roi « ni échapper aux mains et à l'indignation des Turcs. » Mais Doniman n'acquiesça point à ces propositions, de peur que sa parole et celle de tous les Turcs ne parussent avilies aux yeux des Chrétiens et des autres Gentils.

Après que Boémond, délivré de ses fers et de son exil, fut retourné à Antioche dans le mois de mai, et l'année même de la prise de Ptolémaïs ou Acre, Geigremich, prince illustre des Turcs, parent de Corbahan et frère de Sochoman, qui, après avoir envahi injustement le royaume de Jérusalem, se l'était vu enlever par les armes du roi de Babylone, et qui, lors de la première arrivée de l'armée chrétienne, s'était

retiré à Damas pour se mettre sous la protection des
Turcs, Geigremich, dis-je, l'un des plus puissans
princes du royaume du Khorazan, leva une armée de
soixante mille Turcs, et partit, dans son orgueil et sa
force, pour aller mettre le siège devant la ville de Roha,
autrement nommée Édesse.

Baudouin du Bourg, que le roi Baudouin avait institué prince de cette même ville, étonné de l'arrivée
imprévue de cette multitude et du tumulte qui accompagnait sa marche, convoqua aussitôt tous ceux qu'il
avait auprès de lui et à sa solde, et fit toutes ses dispositions pour se défendre. Puis il sortit de la ville,
et envoya des messagers à Boémond et à Tancrède
pour leur demander des secours, les suppliant instamment, au nom du Seigneur, de ne pas souffrir
que les Turcs, dans leur arrogance, prissent quelque
avantage sur leurs frères en Christ. Aussitôt qu'ils eurent reçu ce message, les princes rassemblèrent, dans
tous les environs et dans les châteaux du pays d'Antioche, environ trois mille chevaliers et sept mille hommes de pied, et les conduisirent au lieu qui leur avait
été désigné, savoir, dans les plaines de la ville d'Arrhan
ou Carrhes, où Baudouin attendait leur arrivée avec
tout le peuple qu'il avait pu rassembler. Là le comte
Baudouin, Boémond et Tancrède furent informés par
un arabe que l'armée turque s'avançait rapidement
pour attaquer les murailles et renverser les fortifications de la ville de Roha. En apprenant la prochaine
arrivée de tant de milliers d'ennemis, les Chrétiens
levèrent leur camp et se portèrent avec toutes leurs
forces sur le fleuve Cobar, qui vient du royaume de
Babylone, et, ayant dressé leurs tentes, ils passèrent

la nuit sur les bords de ce fleuve. Le lendemain, au point du jour, ils partirent de ce lieu et allèrent s'établir dans la plaine de la ville de Racha : là, ils firent la confession de leurs fautes et de leurs transgressions devant le patriarche d'Antioche et Benoît évêque de la ville de Roha ; ils convertirent toute discorde en charité ; et ayant ensuite organisé vingt corps, chacun d'eux prit position à droite ou à gauche pour résister aux ennemis et pour secourir leurs frères chrétiens, afin de soutenir plus aisément le combat. A peine ces dispositions étaient-elles terminées, que Sochoman s'avança sur la droite en faisant résonner horriblement les trompettes pour engager la bataille, à la tête de trente mille hommes, vigoureux combattans et redoutables archers. Boémond, Tancrède et tous les chevaliers d'Antioche marchèrent à leur rencontre avec non moins d'ardeur, munis de leurs armes, couverts de leurs cuirasses et de leurs casques, formant une tortue avec leurs boucliers, poussant des cris et faisant résonner fortement les trompettes et les cors. Sur la gauche, Baudouin du Bourg, et Josselin de Courtenai ou de Turbessel, que Baudouin lui avait donnée en bénéfice, s'avancèrent cuirassés, armés de leurs lances, de leurs glaives et de leurs boucliers, montés sur des chevaux rapides, faisant résonner fortement les trompettes et les cors, et combattant avec ardeur. Boémond et Tancrède, qui luttaient contre les ennemis sur la droite, remportèrent d'abord l'avantage par la miséricorde de Dieu ; ils attaquèrent et renversèrent les Turcs, et ceux-ci se trouvant enfin affaiblis prirent la fuite. Les Turcs perdirent environ cinq cents chevaliers dans le combat que Boémond leur livra sur la droite, et les Chrétiens eurent à peu près deux cents hommes tués. Baudouin du Bourg, Josselin de Courtenai et les autres illustres chevaliers qui se trouvaient avec leur corps d'armée à plus d'un mille de Boémond, ayant appris que celui-ci et Tancrède avaient engagé le combat et remporté l'avantage, poussèrent rapidement leurs chevaux afin de rompre et de renverser les bataillons serrés qu'ils avaient en face, et d'aller ensuite se réunir à Boémond et Tancrède, pour en recevoir des secours, lorsque tout à coup dix mille Turcs sortirent d'une embuscade, armés de leurs arcs et de leurs flèches, se présentèrent brusquement en face des Chrétiens, les attaquèrent à coups de flèches, et mirent enfin tout ce corps d'armée en fuite. Un grand nombre de ceux qui le composaient furent faits prisonniers et tués, et un plus grand nombre encore furent emmenés en exil perpétuel.

Au milieu de ce cruel désastre, dix-huit clercs et trois moines, qui s'avançaient avec les armes spirituelles pour fortifier les chevaliers du Christ, furent décapités; Benoît l'évêque fut pris et emmené, et Baudouin lui-même, prince de Roha, trop avide de carnage et s'exposant témérairement, sans attendre les aigles victorieuses de Boémond, fut également vaincu, fait prisonnier et emmené par les ennemis. Tancrède, après avoir remporté une glorieuse victoire et fait un grand carnage de Turcs, apprenant les mauvaises nouvelles de la gauche, vola aussitôt avec tous les siens à la poursuite des Turcs qui se retiraient après avoir vaincu et détruit le corps de Baudouin, dans l'intention de leur enlever leurs prisonniers, mais les ennemis s'échappèrent par une marche rapide. L'évêque et trois chevaliers furent seuls délivrés et ramenés auprès de leurs frères. Enfin la nuit s'approchant et le jour étant près de se retirer, Boémond et Tancrède rentrèrent dans leur camp avec leurs troupes, pour se reposer des fatigues excessives de cette journée.

Au premier chant du coq, et dès qu'on eut reconnu l'absence de Baudouin, les Chrétiens, saisis d'une frayeur subite, prirent tout aussitôt la fuite et se dirigèrent vers la ville de Roha, afin de défendre ses murailles, et dans la crainte que les Turcs, poursuivant leur victoire, ne prissent les devants et ne cherchassent à s'en rendre maîtres. Les habitans de Roha, tous chrétiens, ayant appris la défaite de leurs frères et la captivité de leur illustre prince, se répandirent en lamentations et versèrent des torrens de larmes ; mais ils reprirent un nouveau courage pour soutenir les chevaliers chrétiens. C'était un jour de dimanche, jour à jamais célèbre pour le peuple du Christ. Le lendemain, dès l'aurore, les Arméniens, habitans de Roha, ayant tenu conseil avec tous ceux qui s'étaient rassemblés pour pleurer leur illustre prince, chargèrent Tancrède d'occuper sa place jusqu'à ce qu'ils eussent pu trouver quelque moyen de délivrer ou de racheter Baudouin ; et, dès que Tancrède eut été institué pour défendre la ville et la principauté, Boémond retourna à Antioche avec tous les siens.

Huit jours après, et tandis que Tancrède veillait soigneusement à la défense des remparts de Roha, Geigremich et les siens, fiers de leur victoire et de la prise de Baudouin, espérant obtenir de plus grands succès, et parvenir désormais facilement à expulser Tancrède et tous les Français du pays et de la ville de Roha, et toujours animés d'une vive indignation contre ceux-ci, rassemblèrent des forces plus considérables encore dans tout le royaume des Turcs, et, les conduisant dans la vaste plaine de cette place, ils dressèrent leurs tentes sur un espace immense, pour assiéger les remparts. En voyant tant de milliers de tentes et d'ennemis armés de diverses manières, Tancrède éprouva de vives craintes, car il n'avait avec lui qu'un petit nombre de chevaliers français, trop faibles pour résister à de si grandes forces. Cependant, ayant tenu conseil et chargé les fidèles de la garde de la ville, il ranima le courage des citoyens, en leur promettant de livrer combat sans le moindre retard à ces nombreux ennemis, et de se conduire avec la plus grande vigueur. En entendant ces paroles consolantes, tous les citoyens de Roha, et les chevaliers qui connaissaient Tancrède pour un homme rempli d'audace et d'intrépidité, se portèrent en foule sur les remparts, et, résistant aux ennemis, ils les repoussaient au loin, et prenaient soin en même temps de renforcer par toutes sortes de moyens les portes et les clôtures de leur ville.

Tandis que l'on combattait ainsi des deux côtés, Tancrède, homme rempli d'adresse en toute affaire de guerre, expédia secrètement à Antioche un message conçu en ces termes : « À son seigneur et « noble Boémond, prince magnifique, institué à « Antioche par Dieu, Tancrède souhaite toute prospérité et santé. Depuis que tu t'es retiré de nous, « me laissant pour gardien et défenseur de la ville « de Roha, à la place de notre fidèle frère Baudouin, Geigremich et Sochoman ont rassemblé

6.

« leurs forces et leurs troupes, et sont venus subite-
« ment assiéger la ville de Roha, afin de s'emparer
« de ses tours et de ses remparts, de massacrer les
« citoyens, de piller la ville, et de m'emmener cap-
« tif, comme Baudouin, chez les nations barbares.
« C'est pourquoi, prenant en considération l'amour
« que tu as toujours témoigné pour les fidèles du
« Christ, nous avons résolu de te faire connaître nos
« tribulations et nos périls, afin qu'apprenant les maux
« et les angoisses que nous éprouvons, tu convoques
« au plus tôt tes compagnons et tes amis d'Antioche
« et d'autres lieux ; que tu te hâtes de venir au se-
« cours des assiégés et des opprimés, que tu rabattes
« la jactance des Turcs qui nous menacent, et que tu
« leur fasses lever ce siége pour l'amour du nom du
« Christ ; car tu dois considérer que nous ne sommes
« qu'un petit nombre sur cette terre de pélerinage,
« et que nous ne pouvons en aucune manière nous
« laisser jamais aller au découragement, ni renon-
« cer à combattre ces ennemis, qui veillent toujours
« avec zèle, et font les plus grands efforts pour nous
« attaquer et nous détruire. Dans la bonne comme
« dans la mauvaise fortune, nous devons toujours
« supporter la charge les uns des autres, résister
« ensemble, triompher ensemble, mettre en com-
« mun nos adversités aussi bien que nos prospé-
« rités. Si nous nous abandonnons à la paresse, si
« notre colère est molle et lente, si nous négli-
« geons de voler au secours de nos frères, je ne vois
« pas que nous ayons rien de mieux à faire que de
« sortir de cette terre, et de nous retirer sans délai
« devant les ennemis qui s'élèvent contre nous ; car

« il est évident, en raison de notre petit nombre, que
« si nous nous divisons, ou si nous cédons aux dé-
« goûts, nous ne pourrons vivre ni subsister devant
« nos puissans adversaires. » Ayant reçu ce message,
Boémond rassembla en toute hâte trois cents chevaliers
et cinq cents hommes de pied, et partit pour aller
délivrer son neveu et les habitans catholiques de la
ville de Roha; mais la difficulté des chemins et des
montagnes, qu'il avait à traverser, l'ayant fait demeurer sept jours en marche, ceux qui pendant ce temps
étaient exposés tous les jours aux assauts et aux combats que leur livraient les Turcs, jugèrent que Boémond était bien en retard.

Aussi Tancrède, ses compagnons d'armes et les
citoyens, attendant de jour en jour, et avec une
grande impatience, la venue de Boémond, et voyant
qu'il n'arrivait pas le jour qu'ils avaient compté, désespérèrent entièrement de recevoir ses secours, et résolurent unanimement de mourir plutôt que de se laisser transporter dans le royaume du Khorazan, et d'être
livrés à toutes sortes de tourmens entre les mains des
impies. Les citoyens et les chevaliers s'étant donc
réunis en un seul corps, formèrent le projet de livrer
une bataille, de sortir en forces et en armes dès le
premier crépuscule du matin, de marcher en silence
sur le camp des Turcs, et, lorsqu'ils en seraient tout
près, de faire fortement résonner les trompettes et
les cors, d'attaquer à l'improviste les ennemis encore
accablés par le sommeil et dormant en sécurité, et
d'en faire ainsi un terrible carnage; sans leur laisser
le temps de se reconnaître et de prendre les armes.
En effet, accomplissant sans retard leur résolution,

ils sortirent le lendemain dès le point du jour, munis de leurs armes, et avec autant de monde qu'ils en purent rassembler, et ils attaquèrent subitement le camp de leurs adversaires, en faisant un grand fracas et poussant des cris terribles. Les Turcs, encore ensevelis dans le vin qu'ils avaient bu la veille, et attaqués à l'improviste, tombèrent de tous côtés sous le tranchant du glaive, et bientôt la plaine fut couverte de cadavres et inondée de torrens de sang. A mesure que le jour grandit, les troupes de Tancrède prirent de plus en plus l'avantage; les ennemis furent saisis d'une plus grande frayeur, et enfin, épouvantés du carnage qui se faisait autour d'eux, ils prirent rapidement la fuite, et se retirèrent vers les tentes des princes de l'armée. Geigremich et Sochoman, voyant toutes leurs troupes battues et dispersées, eurent à peine le temps de monter à cheval avec ceux qui avaient campé auprès d'eux, et, abandonnant leurs tentes, tous leurs effets, leurs richesses et leur argent, ils se hâtèrent de fuir, poursuivis toujours par Tancrède qui ne cessait de faire un grand carnage.

Tandis que les Turcs se dispersaient et se sauvaient rapidement, ayant toujours Tancrède à leur poursuite, Boémond, par la volonté et la clémence de Dieu, arriva ce même jour avec toute sa suite, et rencontra les ennemis en déroute; il savait que ceux-ci avaient occupé la plaine avec toutes leurs forces la nuit précédente, mais il ignorait entièrement que Tancrède leur eût livré bataille dès le matin. Lorsqu'il vit l'orgueil des Turcs abattu, et leurs troupes dispersées, tandis que les Chrétiens victorieux les poursuivaient en poussant des cris, Boémond éprouva une vive joie, et aussitôt, en homme habile et qui connaît toutes les lois de l'art de la guerre, il réunit ses forces à celles de ses frères, se mit à la poursuite des fuyards, et ne cessa, dit-on, pendant toute la journée, de les massacrer ou de leur enlever des prisonniers. Au milieu de cette déroute générale des Turcs, Geigremich et Sochoman eurent beaucoup de peine à s'échapper avec un petit nombre des leurs. Une très-noble matrone du royaume du Khorazan, qui s'était rendue à l'armée avec une grande suite et des forces considérables, fut faite prisonnière par Tancrède et ses compagnons d'armes, et demeura entre leurs mains. Après avoir remporté cette grande victoire par la clémence de Dieu et du Seigneur Jésus-Christ, Boémond, Tancrède et les autres chevaliers chrétiens enlevèrent paisiblement les immenses dépouilles des Turcs, et rentrèrent ensuite à Roha comblés de gloire et de joie.

Quelques jours après, Geigremich et les plus puissans seigneurs du royaume du Khorazan adressèrent un message à Boémond et à Tancrède, qui se trouvaient tous deux à Roha, pour traiter de la rançon de l'illustre matrone, offrant de renvoyer en échange Baudouin du Bourg qu'ils retenaient en prison, ou de donner quinze mille byzantins. La nouvelle de la captivité de cette illustre matrone et du message de Geigremich étant parvenue à Jérusalem, le roi Baudouin expédia aussitôt un autre message à Boémond et à Tancrède pour les supplier, avec les plus vives instances, de racheter la liberté de leur frère Baudouin, prince de Roha, en rendant cette matrone, leur représentant qu'ils ne pouvaient ni ne devaient

préférer à ces offres une somme d'argent quelconque. Les princes répondirent avec bonté à la demande du roi: « A leur seigneur Baudouin, roi très-Chrétien de Jé-
« rusalem, Boémond et Tancrède, hommage à ja-
« mais. — Nous avons résolu avec plaisir d'obéir à tes
« ordres au sujet du rachat de Baudouin, notre ami
« et notre compagnon d'armes, et nous en avons fait
« et en faisons toujours l'objet de notre sollicitude.
« Mais en ce moment il nous faut encore dissimuler
« et garder le silence, parce qu'il peut se faire que
« nous arrachions quelque argent en sus de la li-
« berté de ton frère Baudouin, pour prix de la ran-
« çon de cette matrone, car nous avons un très-
« grand besoin de cet argent, afin de pouvoir ré-
« compenser les chevaliers qui ne cessent de se livrer
« avec nous à des fatigues continuelles. » Ainsi cette réponse était assez bonne et assez flatteuse, mais elle n'était ni vraie ni sincère, et ceux qui la faisaient n'avaient aucune intention de racheter le prisonnier, entraînés qu'ils étaient par leur ambition, et voulant garder la ville de Roha et en percevoir les tributs, qui s'élèvent tous les ans à quarante mille byzantins, pour les seules affaires et les échanges qui se font dans l'enceinte même de cette ville, sans compter les revenus qui proviennent des nombreux châteaux et les autres places faisant partie de son territoire. Après avoir satisfait à la demande du roi par cette réponse et ces promesses amicales, Boémond retourna à Antioche, et Tancrède demeura à Roha pour fortifier et défendre ses murailles.

L'année qui suivit celle où Baudouin du Bourg fut fait prisonnier, et qui était la cinquième du règne de

Baudouin, Boémond partit pour aller en Italie et même en France solliciter des secours, et soulever les princes contre l'empereur des Grecs, Alexis, et Tancrède se rendit à Antioche, à la place de son oncle, pour veiller à la sûreté de cette ville, après avoir laissé à Roha des forces suffisantes à sa défense. Dans le même temps Brodoan, prince magnifique de la ville d'Alep et allié des Turcs, saisit le premier prétexte pour rompre le traité d'alliance et d'amitié qui l'unissait avec Tancrède, et porta la dévastation dans les lieux et les villes qui dépendent de la cité d'Antioche : il mit en fuite l'évêque d'Albar, renversa un grand nombre d'églises de Dieu, et non content de tant de pillage et de destruction, il rassembla sur son territoire dix mille cavaliers et vingt mille hommes de pied, et partit dans son orgueil et dans sa jactance pour aller assiéger Antioche et en expulser Tancrède. Celui-ci ayant appris que Brodoan avait levé des forces plus considérables, fut d'abord saisi de frayeur, aussi bien que tous les siens. Cependant il expédia sans le moindre retard des messagers à Turbessel, à Roha, à Marrah pour convoquer tous les hommes catholiques qui habitaient dans ces pays, et leur assigna la ville d'Antioche pour point de ralliement. Lorsqu'ils se furent rassemblés au nombre de mille chevaliers et de neuf mille hommes de pied, l'évêque leur adressa un discours pour les inviter à ne point redouter le nombre de leurs ennemis, à leur résister en se confiant au nom et à la puissance de Dieu, et en se tenant pour certains de la victoire par le secours du Seigneur. On prescrivit, en outre, d'après l'avis du pontife, et l'on célébra un jeûne de trois jours. Tancrède descendit ensuite auprès du pont du Fer, avec ses dix mille hommes, tant chevaliers qu'hommes de pied, et ils passèrent la nuit en ce lieu. Le lendemain dès le point du jour, Tancrède et les siens ayant formé leurs corps et déployé leurs bannières, et s'étant armés de leurs cuirasses, de leurs boucliers et de leurs lances, partirent pour Artasie, où Brodoan avait déjà occupé tout le pays avec sa nombreuse cavalerie et dans tout l'appareil de la guerre. Le prince turc informé de l'approche des Chrétiens et de Tancrède, organisa ses corps d'armée et ses escadrons, et vers la troisième heure du jour, le combat s'engagea des deux côtés. La bataille et le carnage se prolongèrent jusqu'à la neuvième heure ; enfin, et par le secours du seigneur Jésus, les troupes chrétiennes ne purent être vaincues, et les Gentils, au contraire, battus et dispersés, prirent la fuite. Tancrède et les siens les poursuivirent, tuant les uns, retenant les autres prisonniers, et leur enlevant leurs armes et leurs chevaux. Le lendemain Tancrède, après avoir rassemblé et distribué les dépouilles et les armes des vaincus, retourna à Antioche en triomphe, et dans l'ivresse de la victoire. Tous les fidèles du Christ, habitans de la ville, ainsi que le seigneur patriarche et évêque, se livrèrent aux transports de leur joie, et rendirent des actions de grâces à Dieu et au seigneur Jésus-Christ, dont la bonté et la protection faisaient triompher le prince catholique de la multitude de ses ennemis.

La seconde année après la prise de la ville d'Accon, une armée considérable du roi de Babylone partit au mois d'août, tant par terre que par mer, pour aller assiéger Joppé. Tandis que la flotte s'avançait vers ces parages, l'armée de terre campa dans les plaines d'Ascalon, afin de pouvoir envahir subitement tout le pays, par terre aussi bien que par mer, et de triompher plus sûrement du roi Baudouin et de ses chevaliers. Ce roi se trouvait alors à Joppé; dès qu'il vit arriver l'armée navale, il devina les projets et les artifices des Turcs, et jugea qu'ils n'étaient venus à l'avance investir la ville du côté de la mer, qu'afin que le roi et les siens fussent exclusivement attentifs à se défendre de ce même côté, tandis que le reste de leurs forces quitterait les plaines d'Ascalon et viendrait subitement attaquer la place. Mais le roi connaissant cet artifice, et sachant que les Turcs, arrivés et campés depuis trois semaines dans les plaines d'Ascalon, avaient grand soin de cacher leurs projets, et ne parlaient nullement d'aller attaquer Joppé, ne s'endormit pas lui-même pendant ce temps, et se hâta de convoquer ses compagnons et de rassembler ses forces, afin de se trouver tout prêt à combattre et à marcher même à la rencontre des ennemis, quelque jour qu'ils voulussent choisir pour se porter sur la place. Hugues de Tibériade, Rorgius de Caïphe, Godefroi de la tour de David, Hugues de Saint-Abraham, Eustache Garnier, Gottman de Bruxelles dans le Brabant, Lithard de Cambrai, ville de France, Piselle de Tournai, Baudouin de Flandre, convoqués tous par le roi, marchèrent à son secours, après avoir réuni leurs troupes, tant en chevaliers qu'en hommes de pied. On vit encore dans l'armée du roi un jeune et brave Turc, nommé Mahomet, qui arriva tout armé et suivi de cent archers : il avait été expulsé, par l'avidité et les artifices de ses compatriotes, du patrimoine de ses pères et du pays de Damas, et avait ensuite conclu un traité avec le roi, s'engageant à lui demeurer fidèle et à le servir avec empressement comme son chevalier. Lorsque les Sarrasins eurent reconnu que le roi Baudouin avait découvert leurs artifices, et dans sa prévoyance rassemblé de toutes parts une armée de Chrétiens, ils levèrent leur camp, quittèrent la plaine d'Ascalon et se portèrent dans leur orgueil et leur multitude jusqu'au lieu appelé Ibelin.

Le roi ayant appris d'une manière certaine que les ennemis s'étaient rapprochés, expédia un message au seigneur patriarche de Jérusalem, pour l'inviter à rassembler sans délai un corps de fidèles, et à les mener en hâte contre les ennemis, afin d'augmenter encore ses forces. Le patriarche ayant reçu ce message, leva et arma cent cinquante hommes de pied, et se dirigea avec eux vers Ramla, ainsi que le roi le lui avait prescrit. Ensuite le roi et tous les fidèles s'étant réunis, se fortifièrent par la communion du corps et du sang du Seigneur, et sortirent de Joppé au nombre de six mille hommes, le sixième jour de la semaine, laissant dans cette ville Lithard de Cambrai, homme sage et fidèle, qu'ils chargèrent de la défendre contre l'armée navale avec trois cents chrétiens. Le roi descendit vers Ramla avec toutes ses forces et bannières déployées, et y passa le jour du sabbat, attendant l'arrivée du seigneur patriarche Evémère, et du corps qu'il devait conduire. Le patriarche étant arrivé avec les fidèles de Jérusalem, le dimanche matin au point du jour, le roi forma cinq corps composés de chevaliers et d'hommes de pied, pour combattre les ennemis, et prit pour lui le commandement du dernier de ces corps, afin de soutenir au besoin et d'encourager tous les siens par sa vaillance. Il ne garda avec lui que cent soixante chevaliers, et il n'est pas étonnant qu'ils fussent en si petit nombre; car on avait perdu dans le pays une grande quantité de chevaux. Après que Baudouin eut fait ces dispositions, et que le seigneur patriarche eut béni tous les Chrétiens par le signe de la sainte croix, les drapeaux et les bannières furent élevés dans les airs, les trompettes et les clairons retentirent, le roi et les siens se disposèrent à marcher sur le camp des ennemis, afin d'être les premiers à engager le combat, et de ne pas souffrir que les bataillons des infidèles se portassent plus avant. Les Gentils, dès qu'ils virent que le roi s'approchait avec ses troupes, sortirent aussi de leur camp avec leurs armes, leurs drapeaux et leurs chevaux, faisant résonner leurs horribles trompettes, et formant une armée de quarante mille hommes, non moins empressés que les Chrétiens à livrer combat. Les deux armées s'avancèrent ainsi dans la plaine ; des deux côtés les cors retentirent avec force, et les bataillons des fidèles et des infidèles engagèrent une rude bataille, qui dura depuis le matin du jour du dimanche, qui était le dernier du mois d'août, jusqu'à la neuvième heure. Enfin, par la grâce et la miséricorde de Dieu, les Sarrasins furent battus et prirent la fuite devant les Chrétiens, qui les massacrèrent et les poursuivirent jusqu'à ce qu'ils fussent rentrés dans la ville d'Ascalon.

Les Gentils eurent sept mille hommes tués dans ce combat, parmi lesquels on compta l'émir d'Ascalon. L'émir d'Accon et l'émir d'Assur, qui, après avoir reçu la vie des mains du roi et rendu leurs villes, s'étaient retirés l'année précédente à Ascalon, furent faits prisonniers avec toutes leurs richesses. Le roi, après avoir remporté cette victoire par l'assistance de Dieu et du Seigneur Jésus-Christ, rentra à Joppé couvert de gloire et chargé des dépouilles des ennemis. Il ne perdit que cent hommes de son armée et un illustre chevalier, Renaud de Verdun, que le roi et toute l'Église pleurèrent amèrement, et dont ils firent célébrer les obsèques selon le rit catholique. Cependant l'armée navale bloquait encore l'un des côtés de la ville, espérant toujours, après la victoire des Sarrasins et la destruction des pèlerins, pouvoir s'emparer de la place sans coup férir. Mais lorsqu'ils virent la tête de l'émir d'Ascalon, et qu'ils furent instruits de la fuite et du massacre des Ascalonites et des Babyloniens, les gens de la flotte, tristes et désespérés, quittèrent leur station à force de rames, allèrent chercher un refuge vers Tripoli, et après y avoir passé la nuit, le lendemain ils retournèrent par mer à Ascalon et à Babylone. Depuis la mort du comte Raimond son oncle, le comte de Saintonge, nommé Guillaume, possédait à titre héréditaire le territoire et les villes de la plaine de Camela ; après le décès de Raimond, Guillaume assiégea et attaqua fréquemment cette même ville de Tripoli, en partant de la nouvelle forteresse, appelée le Mont des Pèlerins, que Raimond avait lui-même fait construire et fortifier ; mais il fut impossible à Guillaume de faire aucun mal à l'armée navale, qui alla passer la nuit auprès de Tripoli, tant parce qu'elle était maîtresse de la mer, que parce que la nombreuse population de cette ville se porta en foule sur le rivage et la protégea par sa présence. Le comte fit tous les efforts possibles pour inquiéter sa marche après son départ, à l'aide de ses frondeurs et de ses archers ; mais comme la mer était libre, les ennemis arrivèrent à Ascalon sans obstacle, et sans avoir essuyé aucun échec.

A la suite de la victoire que le roi avait remportée à Ibelin, lieu situé entre Ascalon et Ramla, le pays de Jérusalem demeura tranquille, et les Ascalonites et les Babyloniens furent frappés de crainte ; car le roi les avait vaincus et mis en fuite à diverses reprises avec un petit nombre d'hommes, et ils n'avaient plus aucune espérance de lui résister ni de vivre devant sa face. Ils demeurèrent long-temps dans cette tristesse et ce désespoir, et passèrent huit mois en repos, cultivant leurs vignes, se réjouissant quelquefois de voir le roi déposer les armes, cherchant avec ardeur à l'apaiser, en maintenant la paix et en lui offrant des dons ; mais faisant toujours d'inutiles tentatives, tant qu'ils ne remettaient pas entre ses mains la ville d'Ascalon. Enfin, les mois du printemps arrivèrent, pendant lesquels les grains, les diverses productions de la terre et les vignes, espérance de toute l'année, commencèrent à porter des fleurs et des fruits et promettant des récoltes prochaines. Déjà ces récoltes se présentaient sous les plus belles apparences, et l'on était bientôt au moment de s'en occuper dans les plaines d'Ascalon, lorsque le roi ayant rassemblé à Jérusalem, et dans tous les lieux qui lui prêtaient secours, ses chevaliers et ses nombreuses troupes, alla à l'époque des Rogations, temps où toutes les récoltes sont dans ce pays près de leur maturité, occuper le territoire des Ascalonites, fit couper sans ménagement les vignes, les figuiers, les arbres de toute espèce, et livra aux flammes tous les produits de la terre que les chevaux, les chameaux et les autres bestiaux ne purent consommer, afin que cette perte irréparable disposât cette race endurcie et indomptable à se soumettre enfin à son joug. Après avoir ainsi dévasté tout le pays par la main des hommes et par les flammes, le roi se prépara à retourner à Jérusalem avec une partie de son armée. Tous ceux qui étaient de son escorte suivirent le chemin des montagnes, et faisant résonner fortement les trompettes et les cors, ils répandirent la terreur dans toutes les montagnes et les vallées qu'ils traversaient. Frappés de stupeur et d'effroi en entendant les clameurs et le fracas qui accompagnaient la marche de cette nombreuse armée, les animaux sauvages sortaient en foule de leurs antres et de leurs retraites, et erraient çà et là dans des chemins et des lieux inconnus. Les oiseaux même qui volaient dans les airs ne pouvaient supporter le tumulte et les vociférations de cette populace; étonnés et confondus, ils tombaient au milieu de ces rassemblemens, et cessaient de s'élever dans les airs. Tandis que les animaux sauvages remplis de frayeur erraient loin de leurs tanières, étonnés de ces clameurs inaccoutumées, par malheur un daim timide sortit aussi des montagnes, et alla par une fatale erreur se jeter au milieu des Chrétiens. Dès que les hommes qui marchaient en avant le virent arriver, ils se lancèrent de tous côtés à sa poursuite, de toute la rapidité de leurs chevaux, les uns pour l'arrêter et s'en rendre maîtres, d'autres pour participer du moins au divertissement de cette chasse.

L'écuyer d'un jeune homme très-noble nommé Arnoul, brave chevalier et prince du château d'Oudenarde, se lança vivement à travers les montagnes sur les traces de l'animal; tandis qu'il pressait sa course, la sangle de son cheval se rompit, et l'écuyer tombant par terre fut obligé de renoncer à sa proie. Mais son cheval effrayé par les vociférations de ceux qui l'entouraient se sauva rapidement dans les montagnes, ne se laissant ni prendre ni même approcher, et parvenu enfin dans les défilés, il disparut. Beaucoup de Chrétiens coururent sur ses traces pour ramener l'animal fugitif, et Arnoul y courut aussi. Mais l'ayant cherché long-temps sans le trouver, et fatigués par la difficulté des chemins, tous les Chrétiens retournèrent sur leurs pas: Arnoul seul, inquiet de son cheval, et qui d'ailleurs ne pouvait se passer des soins et des services de son écuyer, continua de courir sur les traces de l'animal, afin de le ramener; il le rencontra sans doute, mais atteint lui-même par la fortune ennemie, l'illustre jeune homme ne revint plus auprès de ses frères. Il tomba dans une embuscade d'Arabes qui étaient venus d'Ascalon dans ces montagnes isolées, pour voir l'incendie et la dévastation du pays, et tirer quelque vengeance de ceux des Chrétiens que le hasard leur ferait rencontrer à l'improviste. Ils virent le noble jeune homme errant sur les montagnes et les collines, seul et sans armes, et ils l'attaquèrent aussitôt en poussant des cris. Arnoul tirant son glaive, chercha long-temps, mais vainement, à se défendre; fatigué d'une longue résistance, la poitrine et le cœur percés de flèches et de coups de lance, il tomba enfin de cheval noyé dans son sang; les Arabes achevèrent de le tuer, et emportèrent sa tête à Ascalon, en témoignage de leur victoire. Son cheval courut long-temps à travers les défilés et les précipices, sans que les Gentils pussent jamais s'en emparer; il sortit enfin des montagnes et rejoignit l'armée du roi, tout couvert du sang de son maître, de celui qui le montait toujours, et donnant ainsi à tous une preuve certaine de la mort de ce dernier. Aussi dès que le roi et les Chrétiens virent cet animal arriver auprès d'eux, encore tout inondé de sang, ils ne doutèrent point qu'Arnoul n'eût succombé par son imprudence sous les armes des Ascalonites. Ils parcoururent aussitôt les montagnes pour rechercher et poursuivre les ennemis; mais ils ne trouvèrent que le corps d'Arnoul, sans tête et étendu sur la terre, et ne purent rencontrer aucun Arabe. Ils enlevèrent aussitôt le cadavre, le transportèrent à Jérusalem, firent célébrer ses obsèques selon le rit catholique, dans la vallée de Josaphat, et l'ensevelirent avec honneur dans l'église Latine de Sainte-Marie, mère du Seigneur Jésus. Le jour de cette cérémonie le roi et tous les princes de l'armée versèrent d'abondantes larmes; la noble épouse de Baudouin, comte de Hainaut, pleura amèrement sur ce jeune homme, qui l'avait accompagnée dans son voyage, depuis les terres lointaines de la France jusqu'à Jérusalem, où ils étaient venus adorer le Seigneur. Que l'on ne s'étonne point si la perte de ce jeune homme excita les gémissemens et les lamentations de tant de grands princes; il était rempli d'affabilité et connu de tous les Chrétiens, et jamais il n'était sorti d'un combat sans avoir mérité de nouveaux éloges. Trois jours après que l'on eut donné la sépulture aux restes de cet illustre chevalier, les Ascalonites renvoyèrent à Jérusalem sa tête qu'on leur avait fait demander par des négociateurs, et ils adressèrent en même temps une lettre suspendue par un cheveu à cette même tête, et conçue dans les termes suivans : « Les Asca-« lonites renvoient au roi Baudouin la tête du très-« noble chevalier qu'ils ont tué, non par un motif « d'affection, mais, au contraire, afin que sa douleur « et la douleur de ceux qui la verront soient renou-« velées et accrues ; et afin qu'ils sachent que si la « perte d'un tel homme ne peut être comparée aux « maux et à l'incendie qu'ils ont soufferts eux-mêmes, « cependant les Ascalonites, après avoir décapité cet « illustre chevalier, ne veulent plus se souvenir ni « s'affliger de tout ce qu'ils ont perdu. »

LIVRE DIXIÈME.

Dans le même temps, et la septième année du règne de Baudouin, une forte armée navale, composée d'environ sept mille hommes du pays d'Angleterre et d'un autre corps de Danois et d'habitans de la Flandre et d'Anvers, vint jeter l'ancre dans le port de Joppé, et ceux qui faisaient partie de cette expédition résolurent d'attendre en ces lieux que le roi leur donnât la permission de se rendre à Jérusalem pour adorer le Seigneur, et leur accordât une escorte de sûreté. Les plus illustres et les plus éloquens d'entre eux se rendirent donc auprès du roi, et lui parlèrent en ces termes : « Vive le roi en Christ, et que son royaume
« prospère de jour en jour ! Nous, hommes et cheva-
« liers attachés à la foi chrétienne, venus des lointains
« pays de l'Angleterre, de la Flandre et du Danemarck,
« nous avons traversé l'immensité des mers avec l'as-
« sistance de Dieu pour venir à Jérusalem adorer et
« visiter le sépulcre du Seigneur. Maintenant nous
« nous sommes réunis pour implorer ta clémence,
« afin que nous puissions, par ta faveur et avec ton
« escorte, nous rendre paisiblement à Jérusalem, y
« adorer et nous en retourner. »

Le roi, accueillant avec bonté les prières des étrangers, leur accorda une escorte d'hommes forts et bien armés qui les conduisirent jusqu'à Jérusalem et vers les lieux saints, en marchant avec eux par des chemins bien connus, à l'abri des attaques et des embûches des Gentils. Ces nouveaux pèlerins, étant arrivés, accomplirent leurs vœux au Seigneur dans le temple du sépulcre, et retournèrent ensuite à Joppé comblés de joie et sans rencontrer aucun obstacle. Ils y trouvèrent le roi, et lui promirent de le secourir en toutes les choses qu'il aurait résolues dans son esprit. Le roi, les traitant avec bonté, prescrivit de leur donner des logemens, et leur déclara qu'il ne pouvait leur répondre si promptement ni sans avoir auparavant fait convoquer ses grands par le seigneur patriarche, et tenu conseil avec eux pour examiner ce qu'il serait le plus utile et le plus convenable d'entreprendre, afin de ne pas employer en vains efforts une armée si bien disposée. Peu de jours après, le roi ayant appelé le seigneur patriarche, Hugues de Tibériade, Geoffroi gardien de la tour de David, et les autres principaux chefs de ses chevaliers, il leur assigna un rendez-vous dans la ville de Ramla pour se concerter avec eux sur ce qu'il convenait de faire.

Au jour fixé, les seigneurs se réunirent, et à la suite de propositions et d'opinions diverses, tous tombèrent d'accord que le siége de la ville de Saïd ou Sidon serait l'entreprise la plus utile, espérant, avec le secours de Dieu et les forces de la nouvelle armée, pouvoir s'en emparer, en l'attaquant par terre et par mer. Tous ceux qui étaient présens et qui demandèrent cette expédition, principalement parce que la ville de Sidon était l'une des villes des Gentils qui résistait le plus obstinément, furent approuvés par le roi, qui les invita à retourner chacun chez soi et à se pourvoir pour cette entreprise d'armes et de toutes les provisions nécessaires. Tous en effet se retirèrent chez eux, entre autres Hugues de Tibériade, guerrier toujours prêt à résister aux ennemis, et qui, tant qu'il vécut sur la terre des Gentils, ne se montra jamais, ni la nuit ni le jour, fatigué des combats et de tous les hasards de la guerre. Le roi expédia en même temps un message pour prescire aux Anglais de demeurer, avec toutes leurs forces et leur flotte, auprès de la ville de Joppé, et d'attendre patiemment ses ordres. Il leur fit connaître également qu'il avait résolu, de concert avec ses grands, d'assiéger par terre et par mer, et de prendre la ville de Sidon, en y employant le secours de leurs bras; qu'il allait, en conséquence, avec le seigneur patriarche, se rendre dans la ville d'Accon pour faire construire des machines et d'autres instrumens de siége, et qu'eux-mêmes auraient à demeurer à Joppé jusqu'à nouvel ordre. Tous les gens de la flotte promirent de se conformer aux volontés du roi, d'attendre à Jaffa de nouveaux messages, et d'être obéissans en toute chose et jusqu'à la mort.

Le roi descendit alors à Accon avec le patriarche et toute sa maison : il y demeura pendant quarante jours, faisant construire des machines et toutes sortes d'instrumens, et veillant avec beaucoup de soin à tous les préparatifs nécessaires pour assurer le succès de son entreprise. Cependant les habitans de Sidon, informés des dispositions que prenait le roi, et sachant qu'une armée considérable était arrivée à Joppé pour lui porter secours, furent saisis d'une violente frayeur, craignant d'être vaincus et passés au fil de l'épée, comme avaient été vaincues et soumises les autres villes, telles que Césarée, Assur, Accon, Caïphe et Tibériade. Aussitôt, ayant tenu conseil, ils employèrent des émissaires secrets pour faire offrir au roi une forte somme en byzantins, promettant en outre de lui payer tous les ans un tribut considérable, à condition qu'il renonçât à les assiéger, et consentît à épargner leurs jours. Ces négociations continuèrent avec beaucoup d'activité, et les citoyens de Sidon, empressés de racheter leur ville et leur liberté, faisaient de jour en jour de plus fortes offres. Le roi, qui desirait avec une vive sollicitude trouver les moyens d'acquitter la solde qu'il devait à ses chevaliers, aurait bien voulu pouvoir recevoir cet argent; mais il redoutait les reproches des fidèles du Christ, et n'osait encore prendre une telle détermination.

Pendant ce temps, Hugues de Tibériade, que l'on avait convoqué pour cette expédition, se porta, avec deux cents chevaliers et quatre cents hommes de pied, sur le territoire du *Gros-Paysan*, dans le pays nommé la Suete, très-riche en or et en argent, ainsi qu'en gros bétail, et limitrophe du pays de Damas; il y enleva des trésors incalculables et beaucoup de bestiaux, afin de pourvoir à tous ses besoins pendant le siége de Sidon, et d'en distribuer généreusement au roi et à ses compagnons d'armes. Après avoir enlevé de tous côtés ce riche butin, il le fit conduire jusqu'à la ville de Bélinas, autrement nommée Césarée de Philippe. Les Turcs qui habitaient à Damas, et les Sarrasins qui occupaient le pays en ayant été instruits, se rassemblèrent en foule pour se mettre à la poursuite des troupes de Hugues et leur enlever leurs richesses, et ils s'avancèrent vers les montagnes que les hommes de pied de la suite de Hugues traversaient alors en conduisant leur butin. Aussitôt s'engagea des deux côtés un rude combat, les uns faisant tous leurs efforts pour retenir ce qu'ils avaient pris, et les autres cherchant à l'enlever; enfin les Turcs remportèrent l'avantage, reprirent et emmenèrent tout le butin. Hugues et ses chevaliers, qui suivaient le flanc des montagnes, en ayant été informés, lancèrent aussitôt leurs chevaux à travers les défilés étroits et couverts de rochers, et allèrent combattre les ennemis et porter secours à leurs frères; mais ils furent également malheureux. Hugues s'étant lancé au milieu des périls sans cuirasse, et, selon son usage, attaquant et frappant les Gentils avec vigueur, fut lui-même frappé d'une flèche qui l'atteignit dans le dos et lui traversa la poitrine, et il expira bientôt au milieu des siens. Les Gentils emmenèrent alors leur butin, et se dispersèrent dans les sentiers étroits et inconnus de ces montagnes inaccessibles, et les chevaliers de Hugues ayant déposé son corps sur un brancard, le transportèrent dans la ville de Nazareth, située auprès du Mont-Thabor. Ce prince illustre, ce vaillant champion fut enseveli avec honneur, et selon le rit catholique, au milieu des pleurs et des lamentations des Chrétiens : son frère nommé Gérard était dans le même lieu, retenu par une maladie grave; la nouvelle de la mort de Hugues augmenta encore son mal, et Gérard succomba aussi huit jours après : il fut enseveli, selon l'usage des fidèles, auprès de la tombe de son frère.

Après les déplorables obsèques de ces princes si renommés, le roi saisit le prétexte de leur mort, et consentit à recevoir secrètement les sommes que les habitans de Sidon lui offraient pour écarter le siége de leur ville : il ne dit point cependant qu'il eût fait la paix avec les Sarrasins, et annonça seulement qu'il voulait ajouter de nouvelles dispositions à celles qu'il avait déjà prises. En conséquence, il expédia des messagers à Joppé pour inviter les chevaliers anglais à se rendre par mer à Accon pour conférer et se concerter avec lui au sujet du siége de Sidon : empressés à exécuter les ordres du roi, les Anglais déployant sur les mâts élevés de leurs navires leurs voiles de pourpre peintes de diverses couleurs, et dressant dans les airs leurs bannières de soie et de pourpre, se mirent en route et allèrent jeter leurs ancres sur le territoire d'Accon. Le lendemain, le roi ayant rassemblé ses secrétaires et ses compagnons d'armes, exposa aux chefs des Anglais et des Danois la douleur qu'il éprouvait de la mort de Hugues et de son frère, en qui il avait toujours eu une entière confiance pour tout ce qui se rapportait à la guerre, et leur annonça que ce malheur le forçait à remettre à un autre temps le siége de la ville de Sidon et à renvoyer l'armée qu'il avait convoquée. Dès que cette détermination du roi fut connue parmi le peuple, tous les Chrétiens se dispersèrent, et les Anglais, les Danois et les Flamands ayant pris congé de Baudouin, préparèrent de nouveau leurs voiles et leurs rames, et retournèrent par mer vers les lieux de leur naissance.

Le roi ayant reçu quinze mille byzantins pour la délivrance de la ville de Sidon, se rendit alors à Tibériade avec tous les chevaliers de sa maison, pour y établir un poste d'hommes vaillans, avec la charge de défendre cette ville et son territoire, d'en éloigner les ennemis et de leur interdire le passage par les montagnes, de même que Hugues l'avait fait, depuis que le roi lui avait fait don de cette place. Gervais, originaire du royaume occidental de la France, homme illustre, très-noble et habile à la guerre, fut désigné par le roi pour remplacer Hugues, et Baudouin connaissant sa fidélité et son zèle à combattre les Gentils, les Sarrasins, les Turcs et les habitans de Damas, lui donna le commandement de la ville de Tibériade et de tous les pays environnans.

Tandis que Baudouin était retenu par ses affaires, les Ascalonites instruits de son absence, de la retraite de la nouvelle armée, et de la mort de Hugues et de son frère, envoyèrent en toute hâte des messages à Sur ou Tyr, à Saïd ou Sidon, et à Béryte, pour inviter les habitans de ces villes à prendre les armes, à se réunir en un seul corps un jour convenu, et à aller attaquer avec impétuosité les villes de Ramla et de Joppé, afin de surprendre les Chrétiens, de massacrer les uns et d'emmener les autres en captivité. Ils se réunirent en effet de toutes parts d'après l'invitation des Ascalonites, et formant un corps de sept mille cavaliers, ils s'élancèrent dans leur force et leur violence et en poussant des cris terribles vers les plaines d'Assur et de Ramla. On était au mois d'octobre, le quatrième jour de la semaine, et le jour même de la naissance du bienheureux martyr Denis; les Gentils rencontrèrent, sur les bords du fleuve qui coule entre Assur et Ramla, des pélerins qu'ils surprirent à l'improviste, au moment où ils ne se doutaient nullement de l'approche d'un corps si nombreux, et, les attaquant vigoureusement à coups de flèches et avec la lance, ils en massacrèrent et décapitèrent environ cinq cents.

Après avoir, dans leur puissance et la force de leurs armes, donné la mort à tant de Chrétiens, les Ascalonites et les autres Gentils du royaume de Babylone, enivrés de leurs succès, se rendirent dans les plaines de Ramla pour attaquer la ville et faire la guerre à ses habitans, s'ils voulaient tenter de sortir, et leur opposer, selon leur usage, une vigoureuse résistance. Mais ce jour-là les habitans et les chevaliers étaient pris au dépourvu et sans moyens de défense, et il ne se trouva dans la ville que huit chevaliers. Ceux-ci et leur chef, nommé Baudouin, effrayés et croyant que toutes les forces du roi de Babylone venaient d'arriver, montèrent aussitôt à cheval, sortirent de la ville en toute hâte et se rendirent à Joppé, pour annoncer à leurs frères chrétiens et à Roger, qui commandait dans cette dernière place, que les Ascalonites et toute l'armée de Babylone occupaient les plaines de Ramla, et marchaient certainement sans aucun délai sur la ville de Joppé. A cette nouvelle, tous les chevaliers et les hommes de pied qui se trouvaient à Joppé, prirent les armes sur les ordres de Roger, sortirent de la ville et se portèrent en avant du côté des ennemis, afin de les empêcher, par tous les moyens possibles, de se rapprocher de leurs murailles.

Mais les Ascalonites et les Arabes ayant caché leurs forces dans les défilés des montagnes situées en face de Joppé, envoyèrent en avant des cavaliers habiles à manier la lance et l'arc, afin que, s'élançant avec rapidité vers les portes de la ville, ils fissent ensuite un mouvement de retraite pour attirer les Chrétiens à leur suite, jusqu'au lieu de l'embuscade où ils pourraient être enveloppés de toutes parts, attaqués à l'improviste, et massacrés ou emmenés en captivité. Roger et ses compagnons, bien armés, se portèrent à la rencontre des Arabes et n'hésitèrent point à les attaquer. Ils combattirent une bonne partie de la journée, faisant beaucoup de manœuvres et d'évolutions, recevant de nombreuses blessures et s'épuisant de fatigues. Enfin les Chrétiens ayant pris l'avantage, se lancèrent au loin à la poursuite des Arabes, qui se retiraient eux-mêmes peu à peu et avec intention, et pendant ce temps les troupes ennemies sortirent de divers côtés de la montagne et s'avancèrent avec toutes leurs forces. Les Chrétiens reconnurent aussitôt l'armée du roi de Babylone ; mais inaccessibles à la crainte, ils résistèrent vigoureusement, mettant toutes leurs espérances dans le seigneur Jésus, pour le nom et l'amour duquel ils avaient quitté tous leurs parens selon la chair et le sang.

Sur ces entrefaites, un chevalier de la maison du roi Baudouin, nommé Gérard, qui recevait une partie des revenus de la ville de Joppé pour prix de ses services, s'élança de toute la rapidité de son cheval au milieu des escadrons Chrétiens, et leur annonça que les ennemis avaient des forces considérables, et tellement supérieures aux leurs, qu'il serait absolument impossible à ceux-ci de leur résister, et qu'ils n'avaient en conséquence rien de mieux à faire que de se retirer, chevaliers et hommes de pied, à l'abri de leurs remparts pour en défendre l'approche. En entendant ces paroles, témoignage de crainte, les uns, remplis d'une vive indignation, rappelaient ceux qui se laissaient intimider et les exhortaient à tenir ferme et à repousser les ennemis; d'autres cédant à leur excessive frayeur, s'écriaient qu'en l'absence du roi il fallait se rendre aux avis de Gérard. Dans cette dissidence d'opinion, les Chrétiens troublés et dispersés prirent enfin la fuite vers Joppé, comme on voit d'ordinaire les abeilles s'envoler et se disperser à l'approche d'un ouragan.

Cependant les Sarrasins et les Arabes voyant que les Chrétiens, saisis de terreur, s'enfuyaient rapidement, lancèrent aussitôt leurs chevaux à leur poursuite, et les frappèrent horriblement de leurs flèches et de leurs lances, à l'exception de ceux qui trouvèrent moyen de leur échapper par la porte de la ville. Roger, Gérard et les autres chevaliers, entraînés par la rapidité de leurs chevaux, foulaient aux pieds, dans le mouvement de leur fuite, les malheureux fantassins plus lents dans leur marche, et nul ne pouvait s'arrêter ni trouver une place pour se mettre à l'abri de ceux qui poursuivaient les fuyards. La porte de la ville était le seul point où l'on pût chercher un refuge, et tous s'efforçaient d'y parvenir. Tandis qu'ils étaient si vivement poursuivis, et qu'ils se hâtaient en foule autour de la porte, un certain nombre de Chrétiens qui avaient marché plus lentement, trouvèrent en arrivant cette porte fermée, et succombèrent aux pieds des murailles sous les armes impies des Gentils: quarante hommes furent décapités en ce lieu.

Dès que les Ascalonites eurent remporté cette victoire, ils ne s'arrêtèrent point à attaquer les murailles de la place ; mais emportant aussitôt les têtes de leurs victimes, et se réjouissant de leurs succès, ils retournèrent sur le territoire de Ramla, en faisant résonner les trompettes et les clairons, et allèrent, dans leur orgueil, assiéger le château d'Arnoul : ce château avait été construit dans les montagnes, sur la route de Jérusalem, par l'ordre du roi catholique, qui voulant en faire un point de défense pour tout le pays, l'avait fait entourer de murailles et de remparts. Les Gentils l'assiégèrent pendant deux jours, en menaçant d'employer les machines et les autres instrumens de guerre, et ils effrayèrent ceux qui étaient enfermés, si bien que Geoffroi, gardien de la tour de David, à Jérusalem, et qui en ce moment commandait aussi dans le château d'Arnoul, demanda et obtint avec peine la vie sauve, tendit la main aux Sarrasins, leur fit sa soumission et leur ouvrit les portes du fort ; ils y entrèrent aussitôt, renversèrent les murailles et passèrent au fil de l'épée tous les Chrétiens qu'ils y trouvèrent, n'épargnant que Geoffroi, qui fut emmené captif à Ascalon.

Le sixième jour de la semaine, après le jour de la naissance de saint Denis le martyr, les Ascalonites tout glorieux de leur triomphe, équipèrent huit galères sur lesquelles ils embarquèrent des hommes très-vigoureux et bons archers, pour se rendre par mer devant Joppé, croyant que les Chrétiens se porteraient à leur rencontre sur leurs navires, et voulant leur prendre leurs vaisseaux ou les submerger. Ils arrivèrent en effet dès le matin devant Joppé, avec beaucoup de fracas et faisant résonner les trompettes, et virent de loin, dans le port, un très-grand vaisseau, chargé de beaucoup d'effets et de toutes sortes de denrées ; ils l'attaquèrent de tous côtés, pillèrent tout ce qui s'y trouva, et tuèrent à coups de flèches les deux hommes qui étaient demeurés pour le service de garde. Les citoyens Chrétiens de Joppé, voyant que les Sarrasins avaient pris l'avantage, enlevé tout ce qu'il y avait sur le navire, et mis à mort les deux hommes de garde, se hâtèrent d'aller attaquer les ennemis avec leurs lances, leurs arcs et leurs frondes, et parvinrent à reprendre sur eux ce grand navire ; mais les Sarrasins enlevèrent le bateau qui était toujours attaché auprès du vaisseau pour lui servir de décharge, et l'emmenèrent avec toutes les richesses qu'il contenait.

Cependant les Chrétiens ayant, à deux ou trois reprises, éprouvé ces rudes échecs, la renommée agile porta ces terribles nouvelles aux oreilles du roi Baudouin qui se trouvait alors dans le pays et la ville de Tibériade. Le roi fut vivement ému de tout ce qui venait d'arriver depuis que, renvoyant ses alliés et ses troupes, il avait ménagé les villes des Sarrasins qui avaient voulu le séduire et le tromper en lui offrant de l'argent. Aussitôt il se rendit à Joppé, et, rassemblant cinq cents chevaliers munis de cuirasses et de casques, et six mille hommes de pied, il résolut de marcher sur Ascalon pour venger ses frères, et s'avança jusqu'au lieu dit des Palmiers, limitrophe du château de Béroard, lequel est situé à deux milles d'Ascalon. Là, ayant tenu conseil avec les siens, il reconnut qu'il ne lui servirait de rien en ce moment d'assiéger cette place ni de détruire les récoltes, les

vignes et les arbres, puisqu'il avait déjà, à plusieurs
reprises, dévasté tous les environs par le fer et le feu,
sans rien laisser subsister en dehors des murailles, et
qu'alors même les habitans et les chevaliers arabes
n'avaient pas seulement permis qu'un seul de leurs
hommes sortît de la ville ; en conséquence, le roi renonça en ce moment à sa colère et à son desir de venger
ses frères, et retourna à Jérusalem avec le patriarche.
Cette même année Rorgius, à qui le roi avait donné
la ville de Caïphe et qui y commandait, tomba et demeura long-temps dangereusement malade ; mais enfin
son mal ayant beaucoup augmenté, il cessa de vivre
et fut enseveli avec honneur, et selon le rit catholique, sous le portique de l'église du Sépulcre.

A l'époque où le roi Baudouin abandonna le siége
de la ville de Sidon, et renvoya l'armée des Anglais, et
où Hugues de Tibériade périt sous la flèche d'un Turc,
un prince de la ville nommée Famiah[1], lequel exerçait
un immense pouvoir sur une vaste étendue du territoire qui environne cette ville, et qui se montrait toujours généreux et bien disposé pour les Chrétiens et
les guerriers pélerins, s'attira la haine et les ressen-
timens d'un certain sarrasin nommé Bother, qui le
suivait à titre de chevalier et recevait de lui une
solde. Enfin un jour, Bother ayant trouvé une occasion de satisfaire sa méchanceté, invita le prince à
souper, et, l'ayant enveloppé dans sa perfidie, il le fit
mettre à mort par ses complices. Les habitans de la
ville, instruits de cet horrible attentat, furent remplis
d'une violente indignation contre Bother, et cherchèrent, à diverses reprises, l'occasion de venger leur

[1] Ou Hamah, l'ancienne Apamée.

prince et de faire périr ceux qui avaient osé porter les mains sur lui.

Bother, enfermé dans une tour très-bien fortifiée, et se méfiant des habitans, surtout parce qu'ils étaient Chrétiens, expédia secrètement des messagers à Brodoan, prince d'Alep, pour l'inviter à venir avec des troupes prendre possession de la ville de Famiah, lui proposant de conclure un traité et de partager avec lui le commandement de la ville et du pays environnant. Les Chrétiens Arméniens, instruits de ces messages, éprouvèrent une vive terreur, se voyant au moment de retomber sous la domination d'un Gentil, du tyran Brodoan. Livrés en ce moment entre les mains du traître Bother, ils adressèrent des exprès à Tancrède, parce qu'il était Chrétien et guerrier redoutable, pour l'inviter à rassembler des troupes et des compagnons d'armes, à se rendre auprès d'eux et à venir s'emparer de la ville et de tout le pays, et y commander désormais. Aussitôt Tancrède, prenant avec lui sept cents chevaliers et mille hommes de pied, se porta devant la ville de Famiah; mais il ne put y entrer, car Bother, traître et scélérat, avait séduit les principaux habitans par des promesses flatteuses et de riches présens, et ses menaces avaient frappé de terreur toute la population.

Tancrède, voyant tous les citoyens de la ville tournés contre lui, dressa ses tentes sous les murailles de la place et y demeura pendant trois semaines consécutives, livrant sans cesse de nouveaux assauts et ne pouvant obtenir aucun résultat, car le traître repoussait toutes les attaques. On était déjà au milieu du carême, et Tancrède, ne pouvant réussir en ce moment dans son entreprise, leva son camp et se rendit à Laodicée et de là à Antioche. Peu de temps auparavant il avait assiégé la première de ces villes, et s'en était emparé après avoir expulsé les troupes de l'empereur des Grecs qui la défendaient. Tancrède célébra pendant huit jours les fêtes de la sainte Pâque selon les cérémonies en usage chez les Chrétiens, et, rassemblant ensuite ses troupes et ses compagnons d'armes, il se rendit de nouveau devant Famiah, dans l'espoir de parvenir enfin à s'en rendre maître, à l'exclusion de Brodoan, et de punir les habitans et le traître Bother.

Tandis qu'il livrait de fréquens assauts et faisait de vains efforts avec ses machines de guerre, sans pouvoir triompher des habitans et perdant son temps inutilement, les deux fils du prince tué par la perfidie de Bother, qui, après la mort de leur père, s'étaient sauvés, non sans beaucoup de peine et à la faveur de la nuit, des mains de Bother, et réfugiés à Damas, où ils vivaient auprès de leurs parens, redoutant également Brodoan et Bother, apprirent que Tancrède assiégeait la place de Famiah, et que Brodoan ne faisait aucune tentative contre lui ; ils adressèrent un message au prince chrétien pour lui offrir de marcher à son secours et d'aller venger le sang de leur père, si lui et les siens jugeaient convenable d'accepter ces propositions. Tancrède reçut les députés avec bonté, et les renvoya après avoir accepté leurs offres et réglé par un traité tout ce qu'il voulait faire au sujet de la ville et contre Bother et les habitans. Les deux jeunes gens amenèrent, selon leurs promesses, cent chevaliers arabes et turcs, se rendirent devant Famiah au camp de Tancrède, et lui parlèrent en ces termes : « Cette

« terre et cette ville ont été la résidence de notre père
« et de nos ancêtres ; mais nous en avons été exilés
« par la haine et l'avidité de Bother, et maintenant
« nous cherchons auprès de toi un refuge et du se-
« cours ; nous te demandons ta foi et nous t'assurons
« la nôtre. Si nous recouvrons ces remparts, nous ne
« chercherons point à les retenir ; nous n'en formons
« point le vœu, mais nous te les concédons en toute
« bienveillance ; et après cela, nous demeurerons au-
« près de toi pour te servir en qualité de chevaliers,
« et tu nous accorderas en retour ce que ton cœur
« t'inspirera. » Lui ayant alors présenté la main, ils
trouvèrent Tancrède rempli de bienveillance et empressé d'accepter leurs offres.

Aussitôt on livra de nouveaux assauts, et l'on ne
cessa de lancer des pierres dans la place ; mais tous
ces efforts furent inutiles jusqu'au moment où l'on eut
creusé un fossé tout autour de la ville, afin que personne ne pût plus en sortir, et que les citoyens, pressés par la famine, de même que le traître qui y était
enfermé, fussent enfin forcés de se livrer entre les
mains de Tancrède. L'événement justifia ce calcul. Les
habitans et le traître Bother, réduits par la disette, et
ne pouvant plus résister aux attaques des assiégeans,
demandèrent grâce de la vie et s'engagèrent à ouvrir
leurs portes. Tancrède ayant tenu conseil avec les
siens, et considérant qu'ils étaient déjà très-fatigués
de ce siége qui s'était prolongé jusqu'au mois d'août,
consentit aux demandes de Bother et des assiégés, et
s'engagea à traiter avec Bother, à épargner les citoyens, et à entrer paisiblement dans la ville. Elle lui
fut en effet livrée, et il en prit possession.

8.

Les fils du prince mort, indignés de ce traité, allèrent trouver Tancrède, et lui représentèrent avec de vives instances qu'un homme si criminel, un traître si détestable ne devait point être ménagé ni épargné, et qu'il fallait le mettre à mort. Tancrède leur répondit avec douceur : « Il ne conviendrait point aux Chré-
« tiens de violer la parole que j'ai donnée à cet hom-
« me, quoique je le connaisse pour un parjure et un
« méchant; il est de notre devoir de nous montrer
« en toute bonne foi et vérité envers tous les peu-
« ples; c'est pourquoi j'accorde à cet homme la vie, et
« je lui garantis la conservation de sa personne. Mais
« que ses complices, auxquels nous n'avons point fait
« grâce, soient livrés entre vos mains pour la vie ou la
« mort, et vous servent à venger le sang de votre père,
« aussitôt que nous aurons quitté cette ville et que
« notre armée sera sur le point de partir. Mon bras ne
« vous manquera point dans toutes les occasions où
« il pourra vous être utile. »

Après ce discours, Tancrède ayant pris possession de la ville, et y ayant laissé une garde composée de ses fidèles, retourna à Antioche, conduisant à sa suite Bother et les autres otages auxquels il avait engagé sa parole. Les fils du prince mort reçurent de lui le commandement de la plupart des lieux situés dans le même pays; ils y demeurèrent après le départ de Tancrède, et firent périr les complices de Bother, coupables de la mort de leur père : d'autres, qui avaient eu également connaissance de cet assassinat, ou qui y avaient participé d'une manière quelconque, tombèrent successivement dans divers piéges et perdirent quelques-uns de leurs membres, ou furent étranglés par le lacet.

Cette même année, qui était la huitième de son règne, le roi Baudouin, après la mort de Hugues, célébra le jour de la naissance du Seigneur à Tibériade, dans le pays de Suète, et se rendit de là à Ptolémaïs pour se reposer de ses fatigues. Il ne tarda pas à être informé que le prince et roi de la ville de Damas, de la race des Turcs, rassemblait des forces pour aller assiéger Tibériade et en expulser Gervais (qui avait remplacé Hugues), sans craindre les secours que le roi pourrait lui donner. Aussitôt Baudouin, prenant avec lui quarante chevaliers environ, partit pour aller s'opposer à la marche des Turcs ; il quitta les bords de la mer, et, choisissant quinze jeunes chevaliers, habiles à manier les armes et les chevaux, il s'avança audacieusement avec eux pour faire une reconnaissance sur l'armée turque : celle-ci était forte de trois mille combattans ; après s'être assuré de leur nombre et avoir examiné leurs tentes, Baudouin retourna auprès des siens, en prenant toutes ses précautions et passant par des sentiers détournés qui lui étaient connus.

Vers le soir, à peine les Chrétiens avaient-ils déposé les armes et dégagé les chevaux de leurs selles et de leurs brides, qu'ils virent arriver dans leur camp cinq Turcs députés par les autres, et venant traiter avec eux de diverses affaires et du rétablissement de la paix. Accueillis avec bonté, comblés de présens en vêtemens précieux, en vases d'argent et en byzantins, et recevant du roi des paroles amicales, les Turcs retournèrent dans leur camp à la suite d'une longue conférence. La bienveillance que le roi leur témoigna, et les honneurs qu'il leur fit rendre, disposèrent les cinq Turcs en sa faveur : dès qu'ils furent rentrés dans leur camp et au milieu de leurs compatriotes, ils exaltèrent et exagérèrent beaucoup les forces et les préparatifs de l'armée du roi, afin de le récompenser dignement des biens et des présens qu'ils en avaient reçus. Les Turcs et leurs chefs ayant appris ces détails, et croyant une bonne partie des choses qui leur étaient rapportées, furent saisis d'une grande frayeur et prirent la fuite, tandis que la nuit enveloppait de tous côtés le ciel et la terre.

Le roi ayant appris cet événement par ses espions, se mit à la poursuite des Turcs dès le point du jour, et marcha sur leurs traces jusqu'à ce qu'ils fussent enfin parvenus sur le territoire et dans l'enceinte de la ville de Damas : ils s'y enfermèrent et se mirent ainsi en sûreté ; alors le roi revint sur ses pas, et arriva quelques jours après à Bethléem où il avait été couronné solennellement le jour de l'Épiphanie. Il y demeura pendant huit jours occupé de diverses affaires militaires, et se rendit de là à Joppé et ensuite à Naplouze, autrement appelée Samarie, dont il s'empara sans aucun appareil de guerre : il fit dans ces deux villes les dispositions nécessaires pour les mettre à l'abri de toute surprise et attaque. Neuf jours après, ayant convoqué ses compagnons d'armes dans tous les environs, il retourna à Jérusalem à l'époque du mois de février : le temps du jeûne commençait ; selon l'usage des Chrétiens le roi se rendit sur la montagne, couvrit sa tête de cendres qu'il reçut des mains de Baudouin, évêque de Césarée de Corneille, et célébra les fêtes du carême.

Peu après, un Syrien, nommé Théodore, ayant appris que les Turcs, au nombre de trois mille hommes, s'étaient rendus de Damas dans l'antique vallée de Moïse pour occuper un château fort, et fermer ainsi la route aux gens du roi, ce prince, qui en fut informé par le Syrien, prit avec lui cinq cents chevaliers, et se mit en marche pour aller détruire ce château que les Turcs avaient construit sur la demande et du consentement des Arabes, dans l'intention de fermer ce passage à tous les Chrétiens. Le roi marcha pendant huit jours le long des eaux empestées de Sodome et de Gomorrhe, à travers des déserts et des montagnes d'un accès difficile ; il eut à souffrir, ainsi que tous ses compagnons, toutes sortes de privations ; ils arrivèrent ensuite dans un lieu habité par quelques Syriens chrétiens chez qui ils furent tous accueillis et logés, et se remirent assez bien de leurs fatigues. Instruit que ses hôtes étaient chrétiens, le roi fit appeler leur prêtre pour lui demander des renseignemens sur le nouveau château et sur les projets des Turcs, et il prit conseil de lui sur tout ce qu'il y avait à faire. Au point du jour le prêtre se mit en marche avec le roi, et pendant trois jours il lui servit de guide dans le pays, le conduisant en toute bonne foi et sincérité : enfin le roi arriva avec lui dans un lieu sûr, non loin du château occupé par les Turcs.

Le lendemain, dès que le jour parut, le prêtre se leva, partit seul, se rendit au camp des Turcs, et leur fit un récit tout différent de la réalité, leur parlant en ces termes : « Le roi Baudouin est descendu « de Jérusalem avec une nombreuse armée, et a dé- « vasté les petites habitations qui nous appartenaient : « nous sommes dispersés ; je me suis sauvé seul au-

« près de vous, non sans avoir eu beaucoup de peine
« à m'échapper, pour vous inviter à ne pas attendre
« l'arrivée des troupes du roi, qui, en ce moment,
« ne sont pas éloignées de plus d'un mille. » A peine
avaient-ils entendu ce récit que, frappés de terreur
par la volonté de Dieu, les Turcs abandonnèrent
leurs tentes sans le moindre délai, et prirent la fuite en
toute hâte. Dès que les ténèbres furent dissipées, et
le matin au point du jour, le roi Baudouin descendit
dans la vallée au bruit des trompettes et du retentissement des armes, mais il ne trouva point de Turcs ;
il ne tua et n'emmena prisonnier aucun ennemi, car
ceux-ci, ayant pris la fuite, n'avaient cessé de marcher pendant toute la nuit.

Les Arabes, qui avaient appelé les Turcs de Damas, craignant alors pour eux-mêmes, s'enfermèrent
dans les cavernes des montagnes et dans leurs retraites obscures, et disparurent subitement comme
des souris qui rentrent dans leurs trous, emmenant
avec eux leur gros bétail, et emportant aussi tous
les approvisionnemens et instrumens qu'ils avaient
amassés pour aider à la construction du château.
Lorsque le roi fut descendu dans le vallon avec son
armée, il visita les embouchures des cavernes qui se
trouvent dans ce pays, et fit dresser ses tentes devant
toutes ces issues pour les assiéger ; mais, n'ayant pu
contraindre ceux qui y étaient renfermés à en sortir,
il fit allumer de grands feux à l'entrée de ces grottes,
et les flammes et la fumée forcèrent enfin les Arabes
à se présenter : les uns périrent par les armes ; d'autres, au nombre de soixante, furent pris et emmenés ;
on enleva dans les cavernes toutes leurs dépouilles,

et l'on y trouva beaucoup d'ânes, de bœufs, de moutons et de boucs.

Après le succès de cette expédition, le roi se remit en marche avec son armée et tout le butin qu'il avait enlevé, et retourna sur les bords du Jourdain; il rassembla dans tous les environs les Syriens, frères et chrétiens comme lui, et les emmena, au nombre de soixante, pour les soustraire aux Arabes. Le butin fut partagé, dans le même lieu, entre le roi et les chevaliers. Deux jours après, le roi retourna à Jérusalem avec le tiers de ce butin qui lui était échu en partage, et tous les pélerins et les habitans de la sainte Cité se portèrent à sa rencontre, et l'accueillirent avec des transports de joie. Quatre jours après, Baudouin descendit à Joppé et y fit quelque séjour; il se rendit de là à Accon, où il traita quelques affaires de son royaume, et, comme la Pâque s'approchait, il repartit pour Jérusalem le jour même de la Cène du Seigneur, et célébra la sainte solennité de la Résurrection le jour où il avait été couronné avec beaucoup de pompe et au milieu des cérémonies de l'Église catholique. Huit jours après il se remit en route, se rendit d'abord à Ptolémaïs, en traversant plusieurs villes et châteaux forts, et partit de là pour Tibériade afin de porter des renforts à ses chevaliers, sans cesse exposés aux menaces et aux entreprises artificieuses des Turcs.

Les Ascalonites, se réjouissant de son absence, sortirent alors au nombre de trois mille hommes, et se portèrent dans les plaines de Ramla; mais, ne pouvant y obtenir aucun succès, et animés d'une grande colère, ils allèrent assiéger Joppé. Après avoir été à

Tibériade, le roi, de retour à Ptolémaïs, apprit en ce lieu la fâcheuse nouvelle de cette expédition, et aussitôt il fit partir par mer soixante chevaliers bien armés et vaillans à la guerre, pour porter secours aux habitans de Joppé, et leur annoncer qu'il marcherait sans retard sur leurs traces dès qu'il aurait rassemblé ses forces. Les citoyens ayant appris que le roi leur envoyait par avance un détachement, et que lui-même serait bientôt auprès d'eux, ouvrirent leurs portes et sortirent pour aller à la rencontre des ennemis : on combattit de part et d'autre ; les Sarrasins perdirent dix-huit hommes, et les Chrétiens treize : mais les premiers, croyant que le roi était arrivé, et que sa présence seule avait redoublé l'audace des gens de Joppé, prirent la fuite, et le Seigneur Jésus favorisa encore les siens. Les Chrétiens poursuivirent les ennemis avec vigueur et leur tuèrent seulement soixante chevaux à coups de lances et de flèches, mais ils ne firent point de prisonniers. Aussitôt après, le roi, fidèle à ses promesses, arriva à Joppé avec une suite nombreuse ; mais Dieu, dans sa miséricorde, avait déjà accordé la victoire aux assiégés, et Baudouin ainsi que tous les siens jouirent d'un repos vivement desiré.

Après avoir demeuré quatre jours dans cette ville, le roi retourna à Jérusalem pour régler les affaires de son royaume, et retrouver un peu de calme ; mais tout à coup il fut informé que les Ascalonites avaient de nouveau fait venir et pris à leur solde les Turcs de Damas, dans l'intention de construire une forteresse, afin de pouvoir aller attaquer et détruire le château dit de Saint-Abraham : ce château était alors défendu par un nommé Gautier, surnommé Mahomet, à qui le roi l'avait donné après la mort de Rorgius. Dès qu'il eut appris cette mauvaise nouvelle, Baudouin, choisissant et prenant avec lui soixante-dix braves chevaliers, se mit sur-le-champ en marche, et alla le même soir coucher à Saint-Abraham. Le lendemain matin, le sixième jour de la semaine, le roi et ses chevaliers lançant leurs chevaux avec une grande impétuosité, poussant des cris et faisant retentir les cors, se jetèrent sur le camp des Ascalonites, et ceux-ci, pris à l'improviste et tout stupéfaits de cette attaque inopinée, ne tardèrent pas à prendre la fuite.

Mais les Chrétiens, aveuglés par leur avidité et uniquement occupés d'enlever les dépouilles des ennemis dans leurs tentes et de les emporter, oublièrent la guerre et les armes. Les Ascalonites et les Turcs, les voyant plus empressés à s'emparer du butin qu'à les poursuivre dans leur déroute, se reformèrent de tous côtés et vinrent engager un nouveau combat, dans lequel périrent cinq des plus illustres chevaliers du roi, et entre autres Hugues de Cassel et Albert surnommé l'Apôtre. Mais le roi, avec le secours de Dieu, parvint, non sans peine, à rallier ses forces, reprit l'avantage et remporta enfin la victoire. Trente ennemis succombèrent sous son glaive, soixante furent faits prisonniers, et les autres ne lui échappèrent qu'en fuyant. Baudouin et les siens ramenèrent à Jérusalem trente-trois chameaux, soixante-huit chevaux, beaucoup de butin et un grand nombre de tentes, et ils rentrèrent dans la Cité sainte, remplis de joie et triomphans de ce nouveau succès.

Cependant les Ascalonites, se souvenant toujours de leur inimitié, inondaient de leurs troupes les environs de Jérusalem, et s'amusaient pendant le jour à faire manœuvrer leurs chevaux et à jouer à la course avec leurs serviteurs. Cinq d'entre eux cependant furent, dit-on, enlevés prisonniers au milieu de ces exercices, avec leurs chevaux et leurs armes. D'un autre côté les Chrétiens, hommes de pied, s'étant avancés pour résister aux ennemis, il y en eut sept, dit-on, qui furent décapités. On parvint cependant à repousser les Gentils, malgré leurs menaces et la terreur qu'ils répandaient.

Quelques jours après on annonça au roi que des marchands de Babylone devaient venir traverser le fleuve du Jourdain dans l'ombre et le silence de la nuit, et descendre par Tyr, Béryte, Sidon, pour porter des marchandises à Damas, et on lui assura qu'il lui serait facile de faire sur eux un butin considérable qui servirait à soulager la misère de son peuple. Ayant entendu ce rapport dans tous ses détails, le roi prit avec lui soixante chevaliers, partit de nuit et se rendit sur les bords du fleuve. Mais voyant que les marchands étaient trop en forces, il renonça à les attaquer de front et se cacha d'abord à leurs yeux; puis s'élançant avec impétuosité et en poussant des cris sur ceux qui marchaient les derniers, il en fit périr onze par le glaive, retint quarante prisonniers, leur enleva onze chameaux chargés de sucre, quatre qui portaient des [1] . . . . . . et d'autres parfums et effets précieux, dix-sept qui étaient chargés d'huile et de miel, et les Chrétiens emmenèrent toutes ces prises à Jérusalem.

[1] Il y a ici une lacune.

Tout le pays occupé par les pèlerins fut enrichi par
ces abondantes dépouilles.

Après cela, et dans la huitième année du règne de
Baudouin, Josselin de Turbessel, chevalier très-fidèle
à qui Baudouin du Bourg avait donné ce pays et son
territoire en échange de ses services, racheta Baudouin des mains de Geigremich, Turc très-puissant,
pour le prix de cent mille byzantins. A force de soins
et de prières, Josselin était parvenu à ramasser cette
somme en s'adressant à tous les princes et à tous les
Chrétiens, grands et petits, et en parcourant tous les
lieux et toutes les villes où il put trouver des fidèles.
Aussitôt que Baudouin eut recouvré sa liberté, il
rentra à Roha où on le reçut avec tous les honneurs
possibles, et Tancrède sortit de cette ville qu'il avait
gardée jusqu'alors : mais l'inimitié qui s'était élevée
entre ces deux princes ne cessa de s'accroître, et en
vint enfin au point que l'un et l'autre levèrent des
troupes et ne craignirent point de chercher à se nuire
réciproquement, en se tendant des embûches et en
s'enlevant à l'envi du butin.

Un jour entre autres ils partirent, l'un d'Antioche,
l'autre de Roha, à la tête de leurs forces et dans tout
l'appareil de la guerre, et se livrèrent un rude combat. Baudouin fut battu, il eut un grand nombre
d'hommes tués, et perdit encore plus de prisonniers.
Lui-même ne s'échappa qu'avec beaucoup de peine, et
se retira dans la ville de Tulupa, où il fut aussitôt assiégé par Tancrède et les siens. Josselin, qui s'était
sauvé non sans de grandes difficultés, ayant appris
que Baudouin venait d'être assiégé par Tancrède, se
rendit auprès de Geigremich, et le supplia avec les

plus vives instances de conclure un traité d'alliance avec Baudouin, de marcher à son secours pour faire lever le siége, et de délivrer par là ce prince si renommé et parent du roi de Jérusalem. Geigremich convoqua aussitôt quarante mille Turcs, et fit publier dans tout le pays qu'il marcherait à un jour fixe pour aller délivrer Baudouin, afin que ses troupes se réunissent de tous côtés sur le même point. Tancrède, voyant les Turcs bien déterminés à secourir Baudouin, abandonna le siége de Tulupa, et Baudouin, oubliant ses malheurs passés, retourna à Roha, et y entra avec une vive allégresse.

Dans le même temps Conrad, connétable de Henri III, empereur des Romains, homme illustre par ses exploits de chevalier, fut délivré de ses fers et de sa prison, à la suite d'une députation que l'empereur des Romains avait adressée à l'empereur des Grecs, et d'une seconde députation que ce dernier adressa à son tour au roi de Babylone : celui-ci le rendit en témoignage d'amitié et avec réciprocité d'échange, et le renvoya à Alexis, très-grand roi des Grecs. Le souverain se réjouit infiniment de voir Conrad arriver auprès de lui, plein de vie et en bonne santé; il l'honora par des présens magnifiques, le renvoya à Henri empereur des Romains, chargé d'or et d'argent, de pourpre et de pierres précieuses, et ne trouvant rien d'assez beau ni d'assez riche pour lui.

La seconde année, après la délivrance de Conrad, Boémond ayant levé une armée de Chrétiens dans les royaumes de France et d'Italie, arriva par mer à Valone, s'en empara subitement, et soumit également de vive force tous les lieux circonvoisins qui faisaient partie de l'Empire Grec. De là il se rendit à Durazzo, ville grande et puissante, remplie de richesses et d'un grand nombre d'habitans et de chevaliers, et, ayant dressé ses tentes tout autour des murailles, il l'assiégea avec une grande armée composée de douze mille chevaliers, et de soixante mille hommes de pied tous propres au combat.

Conrad, après avoir quitté l'empereur des Grecs, alla séjourner en Italie à cause des graves différends qui s'étaient élevés à cette époque entre le seigneur empereur Henri et son fils qui fut le roi Henri v, par suite de la haine et des conseils des méchans ; car Conrad craignait, en se prononçant en faveur de l'un des deux, d'offenser l'autre mortellement.

Boémond ayant mis le siége devant Durazzo à l'époque du printemps, fit construire des machines et d'autres instrumens à lancer des pierres. Il attaqua et battit en brèche pendant long-temps les murailles et les tours, et fatigua les citoyens et tous ceux qui étaient enfermés dans la place par les violens assauts qu'il leur livra. De leur côté, les assiégés jetaient dans son camp, et à l'aide de leurs machines, des pots à feu remplis de diverses matières inflammables sur lesquelles l'eau n'avait aucune prise, et ils résistaient de toutes leurs forces avec leurs flèches et leurs frondes, car il y allait pour eux de la vie.

Tandis que Boémond continuait à désoler la ville et ses habitans par des attaques réitérées qui se prolongèrent ainsi pendant tout l'été, l'empereur des Grecs ayant levé une armée innombrable, descendit dans les plaines de la ville de Bothilie, pour marcher au secours de Durazzo et forcer Boémond et ses troupes à abandonner le siége. Lorsque l'empereur eut dressé ses tentes dans ces plaines qui se trouvent à une journée de marche de Durazzo, ses chevaliers, c'est-à-dire non seulement les Français étrangers qui servaient sous ses ordres en recevant une solde, mais encore les Turcopoles, Comans et Pincenaires, s'étant réunis au nombre de dix mille hommes, cuirassés et armés de leurs lances et de leurs flèches, résolurent d'aller attaquer Boémond dans son camp. Mais ce prince, informé de leur projet par ses espions, se porta dans la plaine à leur rencontre, les attaqua avec impétuosité, leur tua mille hommes, tant par le glaive que par la lance et les flèches, mit tous les autres en fuite et les repoussa jusqu'aux tentes de l'empereur. Il revint ensuite recommencer avec une nouvelle vigueur le siége de Durazzo, et fit manœuvrer toutes ses machines et ses instrumens de guerre, afin que les assiégés, effrayés par la dernière victoire qu'il venait de remporter, ne tardassent plus à se rendre. Mais ceux-ci ne purent être affaiblis ni détournés de leur devoir par ces menaces et ces attaques réitérées, et continuèrent à résister avec les plus grands efforts et en employant toutes les ressources de la guerre.

Un jour, comme les troupes de Boémond manquaient de vivres et leurs chevaux de fourrages, trois cents chevaliers et sept cents hommes de pied se portèrent sur le territoire des Grecs pour enlever du butin. Un corps nombreux de Turcopoles, de Comans et de Pincenaires, chevaliers de l'empereur, marcha à leur rencontre, et à la suite d'un rude combat les trois cents chevaliers de Boémond furent tués, et les Grecs enlevèrent un plus grand nombre de prisonniers.

Un an s'était presque écoulé depuis que, de part et d'autre, on commettait ces actes d'inimitié : on se tendait des embûches, on s'attaquait tous les jours, on se livrait des batailles sanglantes. L'armée de Boémond était déjà excédée de la longueur du siége, un grand nombre d'hommes se sauvaient, les forces navales se réduisaient sans cesse, ceux qui composaient la flotte, n'ayant ni pain ni denrées pour se nourrir, traversaient la mer pour se rendre en Italie, et, pendant ce temps, l'armée navale de l'empereur avait des vivres et des armes en grande abondance. Sur ces entrefaites, Gui, fils de la sœur de Boémond, Guillaume Claret et les autres princes de l'armée, séduits par l'argent et les caresses de l'empereur des Grecs, ne cessaient de faire de sévères représentations à Boémond, tantôt au sujet du défaut de vivres, tantôt à l'occasion de la dispersion du peuple chrétien et de l'armée navale, d'autres fois à propos des approvisionnemens de toute espèce que l'empereur faisait parvenir dans la ville assiégée, et ensuite ils employaient tous leurs efforts pour déterminer Boémond à renoncer à ce siége et à rentrer en bonne intelligence avec l'empereur.

A la fin, voyant que les siens lui échappaient de tous côtés, qu'un grand nombre d'entre eux passaient au service de l'empereur, et que chaque jour lui enlevait les moyens de continuer le siége, Boémond se rendit aux conseils de ces princes et se réconcilia avec l'empereur, en recevant de lui d'immenses présens en or, en argent et en pourpre précieuse. Après avoir reçu tant de cadeaux et de trésors, il monta sur un vaisseau et retourna dans la Pouille, trompant dans leur attente et abandonnant, sans aucune récompense, tous ceux qui avaient supporté avec lui les longues fatigues de la guerre et le poids de cette expédition. Ceux-ci, lorsqu'ils furent instruits de la perfidie et du départ de Boémond, implorèrent la clémence de l'empereur, pour obtenir la permission de continuer paisiblement leur marche à travers ses États et jusqu'à Jérusalem. L'empereur, qui était retourné à Constantinople, aussitôt après avoir conclu la paix, accorda à tous les Chrétiens la faculté de traverser ses États sans redouter aucun obstacle, ainsi qu'il s'y était engagé par serment envers Boémond et tous les princes de la France et de l'Italie, lorsqu'ils étaient encore dans son pays, et au moment où l'on concluait le traité.

Cette même année, et aux approches de l'automne, le roi Baudouin ayant rassemblé une armée de terre et de mer, composée de peuples divers venus du royaume d'Italie, Pisans, Génois, Vénitiens, Amalfitains, et autres encore, qui vont comme des brigands attaquer et dépouiller tous ceux qu'ils rencontrent sur mer, alla, dans le courant du mois d'août, assiéger la ville de Sidon par terre et par mer. Sur terre, il fit dresser contre les murailles, et tout autour de la place, des machines et de petits mangonneaux : du côté des eaux on éleva vigoureusement dans les airs les mâts des vaisseaux garnis de leurs tours et tout disposés pour les combats : la ville fut assiégée pendant long-temps, et le roi, assisté de tous les siens, livra fréquemment de terribles assauts.

Quelques jours après que Baudouin eut fait tous ses préparatifs d'attaque, des espions vinrent lui rapporter qu'une dame noble et très-riche du royaume d'A-

rabie, traînant à sa suite des troupeaux innombrables
de chameaux, de bœufs, de moutons et de boucs,
s'était établie sur les montagnes situées au-delà du
Jourdain et couvertes d'excellens pâturages, et que
cinq cents Arabes environ, riches aussi en gros et en
menu bétail, s'étaient de même mis en sûreté auprès
de cette dame et de toute sa suite. Le roi, faisant aussitôt appeler en secret Guillaume, fils du prince Robert de Normandie, l'envoya à Jérusalem avec l'ordre
de prendre dans la ville les chevaliers qui y étaient
demeurés pour le service de garde et les hommes de
pied, de passer rapidement le Jourdain, d'aller attaquer à l'improviste les Arabes Sarrasins qui paissaient
leurs troupeaux sans défiance, et d'enlever les hommes, les femmes, et tous les bestiaux. Guillaume,
conformément aux ordres du roi, se rendit en hâte à
Jérusalem, prit avec lui deux cents chevaliers et cinq
cents hommes de pied, alla passer le Jourdain au gué,
et se jeta subitement, avec toute sa troupe, sur les
gardiens des chameaux. Ceux-ci résistèrent vigoureusement, et se défendirent, eux et leurs troupeaux,
avec leurs arcs et leurs flèches. Mais enfin Guillaume
et les siens eurent le dessus ; ils ne perdirent que deux
hommes de marque, massacrèrent un grand nombre
de Gentils, firent encore plus de prisonniers, et
enlevèrent les jeunes filles, les jeunes garçons, ainsi
que la noble dame dont j'ai déjà parlé. Ils conduisirent à Jérusalem quatre mille chameaux et tous les
autres bestiaux, butin d'une valeur immense, qui fut
ensuite échangé contre une grande quantité d'or, et
distribué aux chevaliers par suite des ordres du roi.

Le roi cependant assiégeait l'une des tours de la

ville de Sidon avec des soins tout particuliers, et faisait les plus grands efforts pour la renverser à coups de pierres ; déjà même il était sur le point de la transpercer, lorsque Arnoul, clerc et chancelier, parvint à ralentir l'ardeur de Baudouin et à lui persuader de ne pas en venir jusqu'à renverser cette tour, après l'avoir si souvent ébranlée, disant qu'un si bel ouvrage ne pourrait être rétabli pour moins de deux mille byzantins, et que, sous peu de jours, elle tomberait entre les mains des Chrétiens, entière et sans qu'il fût besoin de l'attaquer ni de la détruire. Il y avait une autre tour dans laquelle on avait placé des hommes de la Provence et de la suite du comte Raimond, apostats de la foi chrétienne. Ils défendaient cette tour et insultaient, par leurs railleries, au bois du Seigneur que le roi avait apporté de Jérusalem pour protéger le peuple de Dieu, et faisant eux-mêmes une autre croix qu'ils plantèrent sur le sommet de la même tour, ces hommes insensés et méchans ne craignaient pas d'outrager cette croix, de leurs crachemens et de leur urine. Le roi rempli de piété et tout le peuple chrétien, affligés à cette vue, invoquaient en pleurant le Dieu des cieux, lui demandant d'ouvrir les sources de sa miséricorde et de montrer à ces apostats et à ces insensés de Sarrasins combien ils étaient coupables d'oser se répandre en blasphêmes contre la majesté divine. Bientôt leurs prières furent exaucées, et sans que la main des hommes y prît aucune part, le soir, à l'approche de la nuit, cette même tour fut ébranlée et renversée, de telle sorte qu'il n'en resta pas pierre sur pierre, et que les incrédules qui l'habitaient, entraînés dans sa chute, furent écrasés sous ses décombres. Le roi et les siens, admirant la puissance de Dieu, se préparaient déjà à entrer dans la ville par cette tour ; mais, comme la nuit s'avançait, ils tinrent conseil entre eux et résolurent de remettre cette entreprise au lendemain matin.

Cette même nuit, une nombreuse armée de Babyloniens qui venaient au secours de la ville de Sidon, montés sur cinquante navires et huit trirèmes, arriva auprès de Ptolémaïs au bruit des trompettes et des cors, après avoir été retardée pendant la journée par les vents contraires : le gouverneur d'Accon, informé de leur arrivée, envoya aussitôt un message au roi, afin de prévenir toute surprise. Le lendemain matin, une autre flotte considérable, chargée d'hommes et d'une grande quantité d'armes, et partie de Tripoli, alla se réunir à celle des Babyloniens pour entreprendre d'enlever de force le port de Sidon, d'en chasser la flotte des fidèles et de faire lever le siége. Les Chrétiens, voyant ces peuples divers arriver en forces et de plusieurs côtés, sortirent eux-mêmes du port pour s'opposer à leur marche, et s'élançant sur eux avec impétuosité, ils leur livrèrent un combat naval et le soutinrent long-temps avec des chances diverses. A la fin cependant, les Chrétiens, ne pouvant résister au choc de tant d'ennemis, prirent la fuite et se sauvèrent avec beaucoup de peine vers le rivage, sans pouvoir rentrer dans le port. Trois de leurs vaisseaux furent pris; tous ceux qui s'y trouvaient furent mis à mort et décapités, et les Sarrasins s'emparèrent alors du port avec toutes leurs forces.

Le lendemain, les chevaliers Sarrasins, cuirassés et bien armés, sortirent de la ville avec leurs troupes, et s'avancèrent jusque vers les tentes du roi, espérant le mettre en fuite. Mais Baudouin, prévenu de leur approche, marcha à leur rencontre, suivi seulement de cinq cents chevaliers et de quatre mille hommes de pied ; il leur livra un rude combat, leur tua environ quinze cents hommes, mit en fuite le reste de leur armée, qui pouvait s'élever à quarante mille hommes, et les poursuivit jusque sous les murailles de la place. On rapporte que le roi perdit cinq cents hommes dans cette journée, parmi lesquels était Gilbert, homme illustre et brave chevalier, qui combattit pendant longtemps avec beaucoup de valeur : le roi et tous les siens déplorèrent sa mort et lui firent donner la sépulture due aux fidèles. Le soir venu, et les Sarrasins étant rentrés dans la ville, le roi se maintint sain et sauf dans la plaine et en possession de sa victoire, lorsqu'il reçut un message par lequel on l'invitait à ne pas attendre en ces lieux la journée du lendemain, à cause de l'approche d'un corps de quinze mille Turcs environ que les Sidoniens faisaient venir de Damas à leur secours, moyennant une somme de trente mille byzantins.

Le roi, plein de confiance pour le messager fidèle qui lui apportait ces avis, se rendit à ces conseils ; il fit d'abord partir tous les blessés et les envoya à Accon ; et lorsque la nuit approcha, il mit le feu à ses propres navires, à toutes ses machines et à ses tentes, et pendant que les flammes les dévoraient, il attendit dans la plaine le retour de la lumière. Dès que le jour parut, Baudouin abandonna le siége et partit pour Accon ; il passa cette journée dans les montagnes, se livrant au divertissement de la chasse, et, selon son usage, poursuivant les sangliers avec ses chiens ; il en prit cinq, et oublia, dans cet amusement, ses sollicitudes et la mort de ses fidèles.

Pendant ce temps les habitans d'Accon, hommes et femmes, étaient dans le deuil et la désolation ; car ils ignoraient entièrement si le roi était sauvé ; ils avaient seulement entendu dire qu'un grand nombre de Chrétiens avaient péri, et que l'on avait mis le feu à tous les navires et à tous les objets enfermés dans le camp. Enfin, après s'être arrêté quelque temps, le roi quitta la chasse, sortit des montagnes et se rendit à Ptolémaïs. Tout le peuple Chrétien l'accueillit avec des cris d'allégresse, et en versant des larmes de joie, comme s'il fût revenu à la vie, et chacun s'empressait de lui baiser la tête et les mains.

Après que le roi eut abandonné le siége de Sidon, et fut rentré dans Accon, au milieu des hommages et de la joie publique, les Turcs de Damas arrivèrent avec leur nombreuse cavalerie sous les murs de Sidon ; mais ils trouvèrent les portes fermées, et ne purent entrer dans la ville. Alors un nommé Dochin[1], gouverneur de Damas, et prince des Turcs, demanda aux chefs et aux habitans de Sidon le paiement des trente mille byzantins qu'ils lui avaient promis en l'appelant à leur secours, puisque le roi Baudouin, dès qu'il avait appris son arrivée, s'était empressé de lever le siége ; mais les citoyens et les principaux habitans de la ville déclarèrent qu'ils ne pourraient jamais se procurer une telle somme, et refusèrent formellement de tenir leurs engagemens, disant qu'ils n'avaient promis tant de milliers de byzantins que dans l'excès de leurs craintes, et afin de mieux déterminer les Turcs

---

[1] Le Doldequin de Guillaume de Tyr, ou Toghteghin.

à venir à leur secours. Cette réponse enflamma d'une violente colère les Turcs et leur prince, et, pendant dix jours de suite, ils ne cessèrent d'attaquer la ville, tantôt de vive force, tantôt en menaçant de rappeler le roi Baudouin pour mieux assurer leur perte. Enfin les Sidoniens, accablés par ces fréquens assauts, et désespérés de tant de menaces, offrirent aux Turcs neuf mille byzantins. Ceux-ci les refusèrent à diverses reprises; cependant, vaincus par l'ennui, et craignant d'attirer sur eux les forces du roi de Jérusalem, ils finirent par se contenter de cette petite somme et retournèrent à Damas.

Avant que l'on eût entrepris le siége de Sidon, aux approches des Rogations, et par conséquent avant la Pentecôte, ces mêmes Turcs étaient sortis de la ville de Damas, au nombre de quatre mille cavaliers cuirassés, et s'étaient rendus dans le pays de Tibériade : après avoir disposé des embuscades de divers côtés, ils envoyèrent en avant trois cents hommes montés sur des chevaux rapides, et chargés d'aller, selon leur usage; provoquer les Chrétiens enfermés dans la place, et les attirer à leur suite, jusqu'à ce qu'ils fussent arrivés vers les lieux où les autres s'étaient cachés en embuscade. Gervais, homme très-renommé et très-noble du royaume de France, à qui le roi avait donné la ville et la forteresse de Tibériade, et qui y commandait alors, ayant appris l'arrivée des Turcs, rassembla aussitôt ses compagnons d'armes au nombre de quatre-vingts chevaliers environ, couverts de leurs cuirasses et bien équipés, et prenant en outre deux cents hommes de pied, pleins de courage dans les combats, il se lança à la poursuite des Turcs avec une ardeur plus qu'ordinaire, sans que personne pût le déterminer à attendre l'arrivée des hommes de pied qui ne pouvaient suivre que de loin.

Les Turcs feignant de prendre la fuite, retournèrent vers le lieu où étaient placées les embuscades, et attirèrent Gervais au milieu de ses ennemis, à travers des rochers et dans des montagnes presque impraticables : les chevaliers et les fantassins Chrétiens y arrivèrent excédés de cette course démesurée. Aussitôt les Turcs, sortant de leurs retraites, enveloppèrent de toutes parts Gervais et les siens, les accablèrent à coups de flèches et les empêchèrent surtout de retourner en fuyant vers les montagnes. Effrayé à la vue de cette multitude d'ennemis, Gervais voulut prendre la fuite avec sa petite troupe à travers une plaine dont le terrain était tout bourbeux ; mais fatigués et hors d'haleine à la suite de leur première course, ne pouvant même marcher sur cette terre remplie d'eau et de fange, les Chrétiens furent de nouveau enveloppés par les Turcs, qui, reprenant leur avantage, les frappèrent encore de leurs flèches et de leurs glaives : Gervais et les siens, désespérant de leur salut et se voyant déjà entourés par les Turcs, lancèrent vigoureusement leurs chevaux dans les rangs opposés, et, quoiqu'ils fussent en petit nombre, ils se vengèrent du moins en répandant beaucoup de sang, renversèrent une foule de Turcs, et moururent d'une mort honorable au milieu de leurs féroces ennemis. Nul d'entre eux ne s'échappa, si ce n'est deux écuyers qui allèrent à Tibériade raconter ce désastre ; tous les autres furent pris ou tués. Gervais, fait prisonnier, fut conduit à Damas, chargé de chaînes et déposé en lieu de sûreté. Tous ceux qui apprirent ce cruel événement, la défaite de cet illustre chevalier et la mort de tous les siens, furent saisis d'une vive douleur, et versant des larmes en abondance, et se répandant en lamentations, ils déplorèrent long-temps cette catastrophe. Le roi Baudouin lui-même, quoiqu'il se montrât toujours farouche comme le lion ou le sanglier, et inébranlable par l'adversité, éprouva alors dans le fond de son ame une profonde consternation; mais son visage demeura souriant, et il sut encore dissimuler sa douleur.

Quelques jours après, des députés des Turcs se rendirent à Accon auprès de Baudouin, et lui parlèrent en ces termes : « Nous tenons Gervais prisonnier et
« vivant : si tu veux le revoir encore sain et sauf,
« remets entre nos mains trois villes, Ptolémaïs,
« Caïphe et Tibériade; sinon, sache que rien ne peut
« le soustraire à la mort. » A la suite de ce message le roi tint conseil avec les siens, et répondit aux messagers : « Si vous desiriez de l'or, de l'argent ou des
« objets précieux pour la vie et la rançon de Gervais,
« ne doutez point que vous pourriez obtenir de nous
« plus de cent mille byzantins. Quant aux villes que
« vous redemandez, eussiez-vous dans vos fers mon
« propre frère, tous mes parens et tous les princes du
« peuple Chrétien, jamais elles ne vous seraient ren-
« dues pour racheter leur vie; encore moins le seront-
« elles pour la vie d'un seul homme. Si vous le tuez,
« nos forces n'en seront point diminuées, et il n'est
« pas impossible que Dieu, notre Seigneur, nous
« fournisse en un autre moment l'occasion de venger
« sa mort. »

Après avoir reçu cette réponse, les Turcs perdirent tout espoir de recouvrer les villes qu'ils avaient redemandées ; et alors ayant fait conduire Gervais au milieu de la ville de Damas, et l'accablant d'insultes, ils le percèrent à coups de flèches et le firent enfin périr. Après la mort de cet illustre chevalier, Soboas, l'un des puissans parmi les Turcs, donna l'ordre de lui couper la tête, d'enlever de dessus cette tête la peau avec sa belle chevelure blonde, qui depuis long-temps n'avait été coupée, et de la faire sécher, afin de les attacher ensuite à l'extrémité d'une lance, en témoignage et en souvenir de cette victoire, et pour animer de plus en plus la douleur des Chrétiens.

La même année que le roi Baudouin abandonna le siége de Sidon, le seigneur Évémère, patriarche de Jérusalem, revint de Rome, où il s'était rendu auprès du Saint-Siége, pour se disculper des plaintes et des inculpations que le roi et le chancelier Arnoul avaient portées contre lui. Ce dernier l'accusa au milieu de l'Église romaine, et en présence du seigneur apostolique ; mais le patriarche lui ferma la bouche et le contraignit à se taire : d'après la décision de la sainte Église romaine, il fut renvoyé auprès du roi, avec des lettres revêtues du sceau même du seigneur apostolique Pascal, afin qu'il reprît possession du siége patriarchal, et l'occupât avec honneur et sans craindre de nouvelle insulte. Mais le roi ne voulut admettre ni le message ni les lettres revêtues du sceau du seigneur apostolique ; il se refusa à rétablir le patriarche, et celui-ci demeura dans la ville d'Accon, attendant une occasion favorable pour apaiser la colère du roi avec le secours de Dieu.

Enfin, le roi continuant, d'après les avis d'Arnoul, à se prononcer de plus en plus contre le patriarche, et refusant constamment de permettre qu'il reprît possession de son siége, on parvint, après avoir employé beaucoup de personnes, à obtenir que le patriarche renoncerait à tout espoir de rentrer jamais dans ses dignités, sans qu'il fût besoin d'assemblée ni de jugement, afin de ne pas laisser la sainte jeune église de Jérusalem livrée à tant de haines et de querelles, et dépourvue plus long-temps de la vigilance d'un pasteur. Dès ce moment Évémère se vit contraint de renoncer à toute espérance, et un clerc nommé Gobelin[1] fut élevé à sa place, par le choix du roi, d'Arnoul le chancelier et de toute l'Église. Tous les Chrétiens s'écrièrent en même temps qu'il fallait nommer Évémère archevêque de Césarée de Corneille, ville qui se trouvait depuis peu de temps veuve de son pasteur. Quoique ce changement fût irrégulier, avant que l'un des deux contendans eût été condamné canoniquement, et par une sentence régulière, le seigneur apostolique l'autorisa cependant, parce que l'église de Jérusalem était encore jeune et à peine renaissante. Ainsi l'un et l'autre des deux pontifes fut élevé en honneur, par la volonté du roi et avec l'assentiment de tous les fidèles.

A l'époque où ces contestations existaient encore entre le roi et le patriarche, celui-ci refusant de donner de l'argent, et le premier lui demandant d'en fournir ou de prendre des chevaliers à sa solde, un Chrétien envoyé par Roger, frère de Boémond, partit de la Pouille et se rendit auprès de Baudouin. Il attesta,

[1] Gibelin, élu patriarche de Jérusalem en 1107.

en présence de toute l'Église, que peu de temps auparavant il avait apporté au patriarche une somme de mille talens d'or, afin que cette somme fût employée pour le rachat de ses péchés et pour le repos de son ame, et des ames des siens, et divisée fidèlement en trois parts égales, dont « l'une serait destinée à être
« présentée en offrande sur le sépulcre du Seigneur,
« pour le service des frères dévoués, en ce lieu, au
« service de Dieu ; la seconde tournerait au profit de
« l'hôpital des malades et de tous les infirmes ; et
« la troisième serait remise au roi, pour soutenir et
« récompenser les chevaliers qui auraient perdu leurs
« effets et leurs armures. » — Le patriarche, aveuglé par son avidité, avait retenu cette somme pour lui seul, sans faire aucune des distributions prescrites ou du moins convenues avec lui, et lorsque des témoins irréprochables l'eurent convaincu, en présence du roi, de cette fraude insigne et de cet acte d'infidélité, ne sachant comment se justifier, il avait gardé le silence. Aussi fut-il dès ce moment, et sans aucun retard, dépouillé de son pouvoir et des offrandes faites sur le sépulcre du Seigneur ; et ses officiers et domestiques furent en même temps arrêtés et mis en prison.

LIVRE ONZIÈME.

Tandis que le roi Baudouin renonçait au siége de Sidon, Guillaume, comte de Saintonge, livra bataille au roi de Damas, nommé Hertoldin[1], et après l'avoir battu, lui et ses troupes, dans la plaine voisine du château-fort appelé le Mont des Pélerins, Guillaume s'en retourna avec mille chevaliers cuirassés, chargé de butin et comblé de gloire. Il alla alors assiéger la forteresse d'Archas, que le duc Godefroi n'avait pu prendre dans le cours de sa première expédition, malgré les plus grands efforts : depuis lors Guillaume n'avait cessé de porter, chaque année, la dévastation dans le pays environnant, et de détruire toutes les récoltes et les productions de la terre ; enfin, averti par un Sarrasin que les habitans de cette place étaient tourmentés par une grande disette, il alla l'attaquer avec toutes ses forces.

Pendant trois semaines de suite, Guillaume ne cessa de combattre les défenseurs de cette ville, avec ses machines et ses instrumens à projectiles ; il empêchait surtout que personne n'en sortît ou n'y entrât, afin de réduire par la famine et de faire tomber ainsi entre ses mains cette citadelle, que la nature avait fortifiée, au point de la rendre inexpugnable aux forces humaines. En effet, après trois semaines de

[1] Toghteghin, le même qu'Albert d'Aix vient d'appeler Dochin.

siége, les habitans n'ayant plus aucune ressource, percèrent leurs murailles du côté de la montagne, par où leur ville n'avait pu être cernée, et l'abandonnèrent, emmenant leurs bestiaux, emportant leur argent et leurs effets les plus précieux, et laissant cependant beaucoup d'armes. Un homme de l'armée de Guillaume, s'étant aperçu qu'on n'opposait aucune défense vers ce côté des murailles, monta secrètement par dessus les barbacanes et sur les remparts, pour s'assurer du fait, et n'ayant vu ni entendu personne, il alla tout aussitôt en rendre compte à son seigneur et prince Guillaume, et à ses compagnons d'armes. Alors les Chrétiens, enfonçant les portes, s'emparèrent des tours et des remparts, les fortifièrent encore, et dès qu'ils furent en possession de cette place, ils allèrent tous les jours parcourir et dévaster tout le pays voisin jusques à Damas.

Cette même année[1], à l'époque du carême et au commencement du mois de mars, Bertrand, fils du comte Raimond, ayant levé de tous côtés, dans son pays, des corps nombreux d'hommes de guerre et de chevaliers cuirassés, partit de la ville de Saint-Gilles, avec quarante galères et quatre mille hommes, chacune de ces galères portant cent hommes de guerre, sans compter les matelots, et alla par mer débarquer à Pise, ville d'Italie. Là, ralliant les Génois, qui avaient également fait vœu de se rendre à Jérusalem, et qui étaient montés sur quatre-vingts galères, il conclut avec eux un traité, et tous, partant alors ensemble, allèrent descendre dans la ville d'Amiroth, appartenant à l'empire des Grecs, et enlevèrent de vive force,

[1] En 1109.

dans les environs, les vivres et toutes les choses dont ils avaient besoin.

L'empereur ne tarda pas à apprendre que Bertrand, fils du comte Raimond, venait d'envahir, avec une nombreuse armée, le territoire des Grecs, et qu'il n'avait pas craint de le dévaster. Aussitôt il l'invita, par des députés, à se rendre auprès de lui, à se confier aux princes de son palais, à venir ouvrir des conférences amicales, afin que l'empereur pût lui offrir en don tout l'argent qui lui serait nécessaire, l'admettre, à la place de son père, au rang de ses amis et de ses fidèles, et lui donner l'autorisation de traverser ses États avec toute sa suite. Empressé de se rendre aux ordres de l'empereur, Bertrand traversa le bras de mer avec quelques hommes choisis dans son escorte, arriva au palais de l'empereur, s'entretint avec lui, se lia à lui par serment et devint son sujet. Après avoir reçu de riches présens en or, en argent et en pourpre, Bertrand se remit en mer et fit voile jusqu'au port de Saint-Siméon, que Tancrède tenait alors en son pouvoir.

Dès qu'il fut arrivé, Bertrand, d'après l'avis des siens, envoya des députés à Tancrède, les chargeant de le saluer de sa part, de lui annoncer son arrivée et celle de l'expédition qui le suivait, et d'employer les plus vives instances pour que Tancrède ne refusât pas de s'entretenir avec lui. Tancrède, instruit que Bertrand se présentait avec une nombreuse armée, convoqua de tous côtés ses chevaliers, partit d'Antioche, et se rendit sans retard au port de Saint-Siméon. Les deux princes s'étant donné réciproquement le baiser de paix, passèrent cette nuit dans une

grande allégresse, et le lendemain matin Tancrède
demanda à Bertrand le motif de son voyage.

Après qu'ils eurent échangé beaucoup de paroles
de bienveillance, Bertrand supplia très-humblement
Tancrède de ne pas se refuser à lui rendre cette portion de la ville d'Antioche que son père avait occupée
le premier, lorsque les Chrétiens s'en étaient rendus
maîtres. Tancrède ne repoussa point cette demande,
et imposa seulement pour condition que Bertrand lui
prêterait ses forces et son secours pour aller assiéger
et reprendre la ville de Mamistra, qui lui avait été enlevée naguère par la trahison d'un Arménien, et rendue à l'empereur, déclarant que, sans l'accomplis-
sement de cette condition, il ne pouvait répondre
à l'autre demande. Mais Bertrand était dans l'impossibilité d'acquiescer aux prières de Tancrède, au sujet de l'attaque de Mamistra, puisqu'il se trouvait forcé
de reconnaître qu'il s'était lié de fidélité envers l'empereur ; en même temps il annonça à Tancrède qu'il
irait, s'il le desirait, assiéger et prendre la ville de
Gibel, qui appartenait aux Sarrasins. Tancrède lui
demanda de nouveau d'aller assiéger Mamistra, et
garda le silence sur Gibel. Mais Bertrand déclara que,
s'étant engagé par serment, il ne ferait rien contre
l'empereur ni contre une ville qui lui aurait appartenu.

Alors Tancrède, vivement indigné, dédaigna Bertrand, et l'invita à sortir sans délai, avec toute son
armée, du pays soumis à sa domination, de peur qu'il
n'arrivât quelque grand malheur à lui et à tous les
siens, et aussitôt il fit donner l'ordre dans toute la
contrée que tous ceux qui tenaient à leur vie eussent
à s'abstenir soigneusement de vendre des vivres à Ber-

trand ou aux hommes de sa suite. En apprenant cette nouvelle, Bertrand et les siens remontèrent sur leurs vaisseaux et allèrent aborder devant la ville de Tortose, que le comte Raimond avait assiégée et prise enfin, et qui était en ce moment au pouvoir de Guillaume de Saintonge : l'entrée de la ville ne lui fut point refusée, il y descendit avec tous les siens et y trouva des vivres en abondance.

Le lendemain matin, Bertrand envoya des députés à Guillaume son parent, lui faisant demander, s'il tenait à conserver son hommage et son amitié, de ne pas lui refuser le territoire de Camela, dont son père s'était emparé lors de la première expédition. Guillaume répondit qu'il lui serait difficile de le satisfaire en ce point, que depuis la mort de Raimond il tenait ce pays par droit d'héritage, et qu'il l'avait défendu pendant long-temps contre les ennemis, à travers mille périls et par de grands efforts. Cependant, inquiet de ce message, Guillaume tint conseil avec les siens, et envoya aussitôt des exprès à Tancrède pour l'inviter à lui prêter secours contre Bertrand son parent, lui promettant de remettre entre ses mains et ses troupes et son territoire, et de le servir désormais comme son chevalier. Tancrède, ayant accepté ses propositions, promit de marcher au secours de Guillaume, et désigna le jour où il se rendrait à Tortose pour réunir ses armes à celles de Guillaume et travailler avec lui à expulser Bertrand et son armée du territoire de cette ville.

Informé des projets et de l'alliance de ces deux princes, Bertrand partit en hâte de Tortose et alla, le troisième jour de sa navigation, assiéger la ville de

Tripoli avec toutes ses forces, par terre comme par mer. Dès qu'il eut investi cette place, il envoya des députés à Baudouin, roi de Jérusalem, pour l'informer de son entreprise et lui apprendre que Guillaume de Saintonge et Tancrède lui avaient refusé de lui rendre les villes qui avaient appartenu à son père, qu'ils s'étaient alliés et préparés à lui faire la guerre, qu'il avait, en conséquence, grand besoin des secours du roi pour se venger de ces affronts, et qu'il voulait, quant à lui, se dévouer à son service. Baudouin écouta ces députés avec bonté, et leur promit du secours. Il fit aussitôt appeler Pains de Caïphe et Eustache surnommé Grenier, et les chargea d'aller porter à Tancrède et à Guillaume un message conçu en ces termes : « Sachez
« que Bertrand, notre frère en Christ, fils du comte
« Raimond, nous a demandé secours à la suite des
« affronts que vous lui avez faits au sujet des territoires
« toires et des villes qui ont appartenu à son père,
« chose qui ne saurait subsister ainsi. Toute l'église
« de Jérusalem desire que vous vous rendiez auprès
« de nous à Tripoli, et que vous fassiez restitution des
« villes que vous avez injustement enlevées tant à Ber-
« trand qu'à Baudouin du Bourg et à Josselin de Tur-
« bessel, afin qu'après avoir tenu conseil lors de cette
« réunion, nous puissions rétablir la concorde entre
« nous, sans quoi il nous serait tout-à-fait impossible
« de conserver le pays dans lequel nous sommes en-
« trés, et de nous maintenir contre les ennemis qui
« nous environnent, Turcs et Sarrasins. »

Le roi se rendit alors devant Tripoli avec cinq cents chevaliers et autant d'hommes de pied, et passa paisiblement à Tyr, à Sidon et à Béryte ; car, après que le siége de Sidon eut été abandonné, les habitans de ces villes donnèrent au roi beaucoup d'or et en obtinrent la promesse d'une paix solide et inviolable, afin de pouvoir cultiver sans trouble leurs terres et leurs vignes. Bertrand fut comblé de joie en voyant arriver le roi avec son escorte, il lui rendit hommage, et lui engagea sa fidélité par serment. Il assiégeait la ville depuis trois semaines lorsque le roi y arriva ; mais ni ses machines ni ses instrumens à projectiles n'avaient pu ébranler les murailles ou porter la terreur parmi les habitans, au point de les déterminer à lui ouvrir leurs portes avant que le roi se fût présenté.

Tancrède, ayant reçu le message et appris les volontés du roi, apaisa la colère de Guillaume et le détourna de toute entreprise avant qu'ils se fussent rendus à Tripoli et eussent eu une conférence avec Baudouin. Ils rassemblèrent donc sept cents hommes, illustres chevaliers, et partirent pour Tripoli : peu après leur arrivée, Baudouin de Roha et Josselin de Turbessel se présentèrent aussi d'après les ordres du roi, suivis de nombreux chevaliers. Après qu'ils furent tous rassemblés, et que tous eurent exposé leurs griefs en présence du roi et de ses fidèles, Baudouin du Bourg et Tancrède se réconcilièrent, et celui-ci rendit avec bienveillance au premier tout ce qu'il lui avait injustement enlevé. Bertrand et Guillaume s'accordèrent également, sous la condition que Guillaume garderait la ville d'Archas et tout ce qu'il avait conquis lui-même, et que, d'un autre côté, personne ne contesterait à Bertrand les conquêtes de son père. Le roi rendit alors à Tancrède la ville de Caïphe, le temple du Seigneur, Tibériade et Nazareth, avec tous les revenus qui en dépendent, et Tancrède préta serment de fidélité à Baudouin, et s'engagea à demeurer désormais constant dans son service et son attachement.

Les Sarrasins ayant appris la réconciliation de ces grands princes, ne pouvant dès ce moment résister à leurs efforts réunis, et desirant la paix, résolurent de ne remettre leur ville qu'entre les mains du roi, qui leur inspirait plus de confiance pour la conservation et la sûreté de leurs personnes; car ils craignaient que les Pisans et les Génois, violant le traité, ne vinssent les attaquer à main armée, comme ils avaient fait à Ptolémaïs, et les empêcher de sortir paisiblement de la ville. Le roi ayant reçu leur soumission, leur promit par sa droite qu'ils sortiraient sains et saufs, mais sans emporter plus d'effets qu'ils ne pourraient en charger sur leurs épaules. Alors les portes furent ouvertes, les Pisans, les Génois et tous les autres Chrétiens y entrèrent, ils se répandirent dans tous les quartiers et prirent possession des remparts et des tours.

Cinq cents chevaliers armés et cuirassés que le roi de Babylone avait envoyés au secours de Tripoli, ayant appris le traité que les habitans venaient de conclure avec les Chrétiens pour leur livrer la ville, se cachèrent dans un souterrain, ouvrage de l'art, entouré de belles murailles, et échappèrent ainsi aux regards des pèlerins lorsqu'ils entrèrent dans la place et se dispersèrent dans tous les quartiers. Ils avaient juré et s'étaient promis mutuellement de ne point se livrer au sommeil au commencement de la nuit et jusqu'au moment où il leur serait possible de sortir

de leur retraite, de se jeter avec impétuosité et en poussant des cris sur les Chrétiens endormis et reposant en pleine sécurité, et de les massacrer tous. Mais une femme, que les Chrétiens avaient faite prisonnière au premier instant de leur entrée dans la ville, et qu'ils torturaient horriblement pour lui arracher de l'argent, se voyant déjà cruellement accablée et sur le point de mourir, parla en ces termes à ses bourreaux : « Si vous vouliez épargner ma vie, vous abste-
« nir de me faire endurer de nouveaux tourmens, me
« rendre la liberté et me délivrer de ces fers, je pour-
« rais aussi, sans aucun doute, pourvoir à votre salut
« et à celui de vos frères, et vous découvrir un secret
« dont la connaissance vous sauverait tous, tandis
« que vous pouvez, quoique vous soyez en sécu-
« rité, succomber bientôt victimes d'une fraude et
« d'un artifice inouï. Si je vous trompe en rien sur ce
« que je dois vous dire, inventez et faites-moi subir
« les supplices les plus cruels que vous connaissiez,
« et ne souffrez pas que je vive une heure de plus sur
« cette terre. » Les chevaliers, étonnés du langage et de la fermeté de cette femme, tinrent conseil entre eux, et lui engagèrent leur parole d'épargner ses jours, si le secret qu'elle avait à déclarer était conforme à la vérité. Alors cette femme leur rapporta les faits tels qu'ils étaient et l'artifice des Gentils, disant :
« Les citoyens de cette ville ont décidé, dans un con-
« seil secret tenu avant la remise de la place et le
« traité qui a assuré leur salut, que cinq cents cheva-
« liers cuirassés, exceptés du traité conclu avec les
« Chrétiens, se cacheraient tout armés dans un sou-
« terrain situé au-dessous de l'enceinte de cette ville,

« et que, lorsque la terre serait couverte de ténèbres,
« et tandis que vous dormiriez en sécurité, ces che-
« valiers sortiraient de leur retraite avec impétuosité,
« et en faisant beaucoup de fracas, pour vous mas-
« sacrer tous, en vous prenant entièrement au dé-
« pourvu. » Dès que cette femme eut fait connaître à
quelques chevaliers catholiques la conspiration pré-
parée pour la ruine des Chrétiens, ces chevaliers allèrent en informer le roi et les autres princes : aussitôt le roi convoqua tous les fidèles ; ils accoururent
de tous côtés avec leurs armes auprès de l'obscur souterrain, ils l'investirent de toutes parts, et les hommes
qui y étaient enfermés n'ayant opposé qu'une faible
résistance, les nôtres parvinrent enfin à s'en emparer
de vive force, et les ayant enchaînés et conduits en
dehors, ils les passèrent tous au fil de l'épée, sans en
épargner un seul. La femme, selon la promesse que
les fidèles lui avaient faite, fut délivrée de la prison
et des fers, et on lui rendit sans difficulté tout ce qui
lui appartenait, tant en bâtimens qu'en effets mobi-
liers.

Très-peu de temps après, Guillaume de Saintonge
ayant eu une querelle avec son écuyer, celui-ci, sen-
sible à l'affront qu'il avait reçu, l'attaqua en cachette
et lui lança une flèche qui lui traversa le cœur. Guillaume étant mort, Bertrand prit possession à lui seul
du château d'Archas et de tous les autres lieux que
son parent avait conquis et qu'il occupait. Après la
prise de la ville de Tripoli, le roi Baudouin en donna
le commandement à Bertrand, fils du comte Raimond.
L'année suivante, le roi convoqua, d'après l'avis de
ce même Bertrand, tous les hommes portant le nom

de Chrétiens, et alla, dans le mois de décembre, au milieu des rigueurs de l'hiver, assiéger la ville de Béryte. Elle est située au milieu des montagnes, dans un défilé étroit et presque impraticable, et sur une route qui conduit les voyageurs auprès du rivage de la mer profonde. Bertrand et les Pisans s'embarquèrent à Tripoli pour aller l'attaquer du côté de la mer, tandis que le roi et les siens dressèrent leurs tentes dans la plaine, avec une nombreuse armée de Français, tant chevaliers qu'hommes de pied, bien disposés à livrer de fréquens assauts. Baudouin assiégea la place pendant long-temps : tous les jours ses machines lançaient des pierres contre les tours et les murailles, et les ébranlaient par leur choc continuel, et ceux qui les défendaient ne pouvaient trouver un seul moment de repos; le roi fit aussi couper les vignes et dévaster les champs, et les habitans furent frappés d'une grande terreur.

Quelque temps après que l'on eut entrepris ce siége, et lorsque déjà le souffle du printemps commençait à se faire sentir, des messagers de Baudouin du Bourg arrivèrent de Roha et vinrent annoncer au roi que des princes turcs du royaume du Khorazan, Arangald, Armigazi et Samarga étaient venus, sur l'instigation de Tancrède, et suivis d'une nombreuse armée, assiéger la ville d'Édesse, qu'ils portaient la désolation dans tout le pays environnant, livraient de fréquens combats à Baudouin, et que la ville était sans cesse exposée à de terribles assauts. Les députés ajoutèrent que Baudouin et les citoyens d'Édesse se trouvaient réduits aux dernières extrémités, tant par la famine que par la difficulté de se défendre, et qu'ils auraient incessamment besoin de recevoir des secours contre tant de milliers de Turcs, si l'on ne voulait que la ville et tout ce qu'elle renfermait tombassent entre les mains des ennemis, et que Baudouin et tous les siens fussent frappés de mort. Après avoir entendu ces rapports, le roi ordonna aux députés, sous peine de perdre la vie, de garder le silence sur ces cruels événemens, et lui-même enferma ce secret dans son cœur, de peur que les Chrétiens, en apprenant cette tentative audacieuse des Turcs, ne fussent frappés d'épouvante et moins disposés à poursuivre la destruction de la ville qu'ils assiégeaient. Ainsi le roi se tut, et les députés imitèrent son exemple. En tenant cette conduite, Baudouin n'avait d'autre intention que de continuer à livrer des assauts à Béryte et à l'attaquer avec ses machines et ses engins jusqu'à ce que les Sarrasins, domptés enfin, lui eussent ouvert les portes de leur ville et fourni les moyens de les punir par le glaive ou de les emmener captifs.

Enfin l'émir, voyant que les murailles et les portes, malgré leurs fermetures, commençaient à être fortement ébranlées, s'embarqua au milieu de la nuit et se rendit dans l'île de Chypre, qui fait partie de l'empire des Grecs, avec un grand nombre des siens, réduits au désespoir et ne comptant plus pouvoir sauver leur vie ni résister dans la citadelle, attendu que, depuis long-temps, le roi de Babylone ne leur envoyait aucun secours. Lorsque l'émir et les principaux capitaines eurent pris la fuite, les habitans de Béryte, convaincus qu'ils ne pourraient plus se défendre contre le roi de Jérusalem, accablés par la longueur du siége et par les combats qui leur étaient livrés sur terre et sur mer, et se trouvant hors d'état de résister davantage, demandèrent à traiter, sous la condition d'avoir la vie sauve, et promirent d'ouvrir leurs portes et de sortir de la ville. Ces propositions furent acceptées. Les citoyens sortirent en paix, et la place fut ouverte et occupée par les Chrétiens, le sixième jour de la semaine qui précède le sabbat de la sainte Pentecôte. Bertrand et les Pisans mirent à mort environ vingt-et-un mille habitans de Béryte qui furent trouvés dans l'enceinte de la ville, s'étant follement obstinés à ne pas en sortir, malgré les termes du traité. Les Chrétiens ne trouvèrent que bien peu de vêtemens précieux ou d'ornemens de quelque valeur; car les habitans, dans leur désespoir, avaient placé au milieu de la ville et livré aux flammes tout ce qu'ils possédaient de plus beau, et l'or, l'argent et les vases précieux avaient été peu à peu clandestinement transportés hors de la place par des issues secrètes et envoyés dans l'île de Chypre.

Après avoir pris possession de Béryte et y avoir établi des défenseurs, le roi retourna à Jérusalem et y célébra la fête de la Pentecôte. Alors seulement il annonça à Bertrand et à tous les Chrétiens de sa maison et de Jérusalem le siége de la ville d'Édesse ou Roha, et les malheurs de Baudouin du Bourg, tels que ses messagers les lui avaient rapportés, et il parla en ces termes à tous les fidèles : « Grâce à Dieu et à notre
« Seigneur Jésus-Christ, nos desirs ont été accomplis,
« et nous avons triomphé de la ville de Béryte, après
« l'avoir long-temps assiégée. Maintenant je vous de-
« mande toute votre bonne volonté pour aller au se-
« cours de Roha et de Baudouin qui y est enfermé.

« Que personne ne s'y refuse, car ils sont nos frères,
« et nous les avons toujours vus prêts à nous secourir
« dans toutes nos nécessités. C'est un devoir de cha-
« rité, auquel nous ne saurions manquer, d'aller au
« secours de nos frères et amis, et ne point hésiter
« à exposer notre vie pour eux. » Après ce discours
du roi, tous ceux du royaume de Jérusalem qui
étaient présens se disposèrent volontairement à entreprendre l'expédition de Roha, afin de secourir leurs
frères en Christ, de faire la guerre aux Turcs et d'exposer leur vie pour l'amour des Chrétiens. Oubliant
toutes les fatigues qu'ils avaient récemment supportées autour des murailles de Béryte, ils firent de nouveaux préparatifs, et au commencement du mois de
juin, ils se mirent en route pour Roha, armés de leurs
cuirasses et de leurs casques, au nombre de sept cents
chevaliers d'élite et de trois cents hommes de pied,
habiles surtout à manier l'arc et la lance. Le roi partit
donc avec Bertrand, suivi de ses troupes, et quitta
Jérusalem, en y laissant une garde de chevaliers fidèles et vigilans, de même que dans toutes les autres villes soumises à son pouvoir. Ils descendirent
dans les plaines et le pays d'Arménie, et furent en
marche pendant un mois entier avant d'arriver à Roha.
Sur toute la longueur de leur route, les Chrétiens,
tant Français qu'Arméniens, dès qu'ils apprenaient
leur approche, accouraient de tous les lieux et de
tous les châteaux environnans, par détachemens de
cent, de soixante ou de cinquante, et venaient se
réunir à l'armée qui, lorsqu'elle fut arrivée au bord
de l'Euphrate, se trouva ainsi portée à quinze mille
hommes tous propres au combat.

Lorsque les Chrétiens eurent atteint avec toutes leurs forces les limites du territoire de Roha, leurs bannières et leurs casques resplendissant sous les rayons ardens d'un soleil d'été, leurs trompettes retentissant au loin, et ce nombreux rassemblement d'hommes s'avançant avec fracas, les Turcs, instruits de leur approche par leurs éclaireurs, enlevèrent leurs tentes, abandonnèrent le siége, et, se retirant sur le territoire de la ville de Carrhes, située à six milles d'Édesse, ils y établirent leur camp, pour se donner le temps de mieux examiner s'il leur serait possible d'aller attaquer les troupes du roi de Jérusalem. Lorsqu'ils se furent ainsi éloignés de Roha à une journée de marche, Baudouin du Bourg, rempli de joie en apprenant l'arrivée du roi, sortit de la ville et se porta à sa rencontre avec quatre cents chevaliers, hommes belliqueux, et dix mille Arméniens. Il informa le roi que les Turcs s'étaient retirés vers Carrhes, mais qu'ils attendaient en ce lieu de mieux connaître les projets des Chrétiens, et qu'ils étaient pleins de confiance en leurs quatre cent mille cavaliers. Il ajouta que c'était d'après les conseils et à l'instigation de Tancrède que les Turcs étaient venus mettre le siége devant Roha, et que ce prince se montrait en toutes choses son plus dangereux ennemi.

Après avoir entendu les plaintes de Baudouin contre Tancrède, le roi, de l'avis des siens, envoya un messager à Antioche pour inviter Tancrède à se rendre auprès de lui et des princes de l'armée chrétienne, lui annonçant que, si lui-même avait souffert quelque injustice de la part de Baudouin, il était tout prêt à mettre un terme à ces différends en présence de tous

les Chrétiens, soit par un jugement équitable, soit par l'intervention amicale des grands. Tancrède hésita d'abord à se rendre à cet appel; enfin, vaincu par les siens, il partit avec quinze cents chevaliers cuirassés, afin de fournir sa réponse sur les accusations que Baudouin du Bourg porterait contre lui, et d'exposer publiquement les griefs qu'il avait lui-même à faire valoir. Dès son arrivée, il alla saluer le roi, et le roi l'accueillit avec bonté. Ensuite, et en présence de l'assemblée des fidèles, le roi lui demanda quels motifs l'avaient porté à soulever les Turcs contre ses frères en Christ, tandis qu'il eût dû au contraire marcher au secours de ceux-ci. Ne pouvant se justifier, Tancrède répondit qu'il n'était pas allé au secours de ses frères, parce que Baudouin, gouverneur de la ville de Roha, ne lui témoignait aucun respect, quoiqu'il fût certain qu'avant cette époque la ville de Roha et beaucoup d'autres encore avaient fait partie du royaume d'Antioche, et, à titre de sujettes, payé des tributs annuels à celui qui commandait dans cette dernière. Le roi, cherchant alors à apaiser Tancrède sur ce sujet, lui dit en toute douceur : « Mon frère Tancrède, tu ne demandes point
« une chose juste, et si tu veux proposer un grief
« fondé contre Baudouin, tu ne dois point parler d'un
« tribut que les autres villes auraient payé jusqu'à
« ce jour à celle d'Antioche, puisque nous ne de-
« vons point nous régler d'après le droit des Gentils,
« dans les lieux que Dieu soumet à notre pouvoir.
« Tu sais, et tous les Chrétiens savent, que lorsque
« nous avons quitté la terre de nos pères, cher-
« chant un exil volontaire au nom du Christ, et aban-

« donnant nos patrimoines, nous avons décidé que
« chacun occuperait paisiblement et librement tout ce
« qu'il pourrait conquérir, dans ce pays de pélerinage,
« sur le royaume et le territoire des Gentils, que nul
« d'entre nous ne ferait aucune entreprise au préju-
« dice d'un autre, et que chacun serait uniquement
« occupé à secourir ses frères et à mourir pour eux.
« Sache donc que tu n'as point de juste motif de plainte
« contre Baudouin, car les institutions des Gentils ne
« sont point les mêmes que les nôtres ; et, de plus,
« nous nous sommes encore formellement accordés
« sur ce point que, si les affaires des Chrétiens en ve-
« naient à un degré suffisant de prospérité, nous éta-
« blirions un roi que nous reconnaîtrions en sujets
« obéissans comme notre chef, notre guide et notre
« défenseur, pour protéger et étendre nos conquêtes.
« Ainsi tu dois, par la crainte de Dieu et le juste
« jugement de tous les Chrétiens ici présens, te ré-
« concilier et bannir de ton ame toute l'humeur que
« tu peux avoir encore contre Baudouin. Autrement,
« et si tu veux t'associer aux Gentils et tendre des
« embûches aux nôtres, tu ne pourras demeurer le
« frère des Chrétiens, et nous cependant, selon nos
« résolutions, nous prêterons notre secours à notre
« frère en Christ, et nous serons prêts à le défen-
« dre en toute occasion. » Tancrède, voyant bien
que le roi l'accusait avec justice, et de l'avis de tous
les Chrétiens, et ne pouvant trouver de réponse convenable à ce discours, se réconcilia, et se repentant
d'avoir conspiré avec les Gentils contre son frère, il
lui rendit son amitié, promit de se maintenir désormais pur et fidèle, comme il l'avait juré au commen-

cement de l'expédition, et de demeurer à jamais l'allié et l'ami de ses frères.

La paix ainsi rétablie, le roi et Tancrède réunirent leurs troupes et leurs armes, et marchèrent vers Carrhes pour aller combattre les Turcs. Mais ceux-ci, ayant appris la réconciliation des Chrétiens, prirent la fuite et se dispersèrent de tous côtés dans les montagnes, non cependant sans perdre un grand nombre de leurs compagnons et sans se voir enlever une grande quantité de vivres et beaucoup de gros bétail. Le roi, après avoir poursuivi les ennemis et leur avoir tué assez de monde, demeura quelques jours encore sur le territoire d'Édesse, terminant et arrangeant les querelles et les discussions qui s'étaient élevées de tous côtés entre les Chrétiens.

Le roi et Tancrède partirent ensuite en toute hâte, et marchant jour et nuit et sans s'arrêter, ils arrivèrent sur les bords de l'Euphrate, tandis que les Turcs, ayant de nouveau réuni toutes leurs forces, les poursuivaient avec rapidité, afin de les prendre par derrière et de les attaquer à coups de flèches, avec leur impétuosité et leurs vociférations accoutumées. Mais le roi, instruit de leur approche et de leurs audacieux desseins, s'empressa de faire traverser le fleuve à son armée sur deux bâtimens, les seuls dont il pût disposer. Malheureusement, lorsque le roi et Tancrède eurent passé, ainsi que la majeure partie de leurs troupes, les deux bâtimens que l'on avait trop chargés d'armes et de chevaliers, se trouvèrent bientôt en mauvais état et s'enfoncèrent sous les eaux; en sorte que ceux des Chrétiens qui étaient demeurés sur l'autre rive, au nombre de cinq mille hommes, ne purent plus être embarqués ou passer le fleuve de toute autre manière. Aussitôt, et au milieu d'une journée brûlante, les Turcs, accourant en foule et attaquant à l'improviste ces malheureux Chrétiens qui n'avaient aucun moyen de leur échapper et de traverser l'Euphrate, en firent un terrible carnage avec leurs arcs et leurs flèches, sous les yeux du roi et de Tancrède, et de tous ceux qui occupaient déjà la rive opposée. Baudouin éprouva une profonde douleur en voyant les deux bâtimens enfoncés sous les eaux, et se trouvant ainsi hors d'état de porter secours aux pélerins qui périssaient devant ses yeux.

Les Turcs, après cet affreux carnage, rentrèrent sur le territoire d'Édesse, et Baudouin du Bourg, qui suivait de loin l'armée du roi avec trois cents chevaliers, les ayant rencontrés et ne pouvant les éviter, entreprit témérairement de leur livrer bataille. Mais les Turcs ayant sur lui une immense supériorité, prirent bientôt l'avantage et percèrent de leurs flèches tous les chevaliers. Le seul Baudouin, fuyant vers les montagnes, échappa avec beaucoup de peine à leur poursuite. Le lendemain, le roi et Tancrède furent informés de ce nouveau malheur, et, repassant le fleuve, ils se portèrent en avant pour chercher les Turcs et prendre sur eux une vengeance éclatante ; mais ils ne purent les trouver ni même les voir, et ayant rencontré Baudouin du Bourg livré à la désolation et pleurant amèrement la mort de ses chevaliers, ils le ramenèrent à Roha sain et sauf, avec une forte escorte de Français.

Pendant ce temps, le frère du roi de Norwège, nommé Magnus, qui était parti de son royaume en grand appareil et avec une armée forte de dix mille hommes de guerre, montés sur quarante navires chargés d'armes, et qui avait parcouru la vaste mer pendant deux ans, vint jeter l'ancre en plein jour auprès du port d'Ascalon, pour voir si les habitans de cette ville se porteraient à sa rencontre par terre ou par mer, et s'il lui serait possible d'engager contre eux un combat ; mais les Ascalonites demeurèrent immobiles et n'osèrent se présenter, et le lendemain, Magnus alla aborder à Joppé, dans l'intention de se rendre à Jérusalem pour adorer le Seigneur.

Quelques jours après, une flotte partie du royaume de Babylone, et composée d'un nombre infini de galères, de birèmes et de trirèmes, garnies de leurs tours et armées en guerre, vint se présenter devant la ville de Béryte, afin de la reprendre, si l'occasion était favorable. Les Gentils y demeurèrent pendant un jour, harcelant les Chrétiens qui gardaient la place, mais ne pouvant leur faire aucun mal ni prendre sur eux aucun avantage. Ne pouvant réussir par ruse ni de vive force, ils commencèrent à investir la vaste enceinte de la place, quand tout à coup, et du haut de leurs mâts, ils découvrirent plusieurs navires voguant au loin. Trois de ces navires venaient de la Flandre et d'Anvers, et étaient commandés par Guillaume, Starcolf et Bernard, qui se rendaient à Jérusalem pour adorer le Seigneur : le quatrième était un navire marchand, de l'Empire Grec, qui suivait la même route, chargé de marchandises et de vivres. Les Gentils, ayant reconnu l'étendard chrétien, coururent aussitôt aux rames et partirent avec leurs galères et leurs trirèmes pour aller envelopper ces bâtimens et s'en emparer ; ils les poursuivirent vivement, et les forcèrent bientôt à prendre la fuite. Mais, protégés par la grâce de Dieu, et pressant leur marche à force de rames et de voiles, l'un de ces navires se sauva vers la ville de Caïphe, et les habitans chrétiens accoururent sur le rivage avec leurs arcs et leurs flèches, et l'aidèrent à s'échapper; les deux autres écrasés par leur charge, et ne trouvant pas assez d'eau, échouèrent entre Caïphe et Accon; mais les Chrétiens volèrent également à leur secours et les garantirent des ennemis : le vaisseau grec fut le seul qui, s'étant retardé dans sa marche, tomba entre les mains des Gentils qui s'en emparèrent et le pillèrent entièrement.

Ces événemens se passèrent pendant le mois d'août. Dans le même temps, les Ascalonites se réjouissant de l'absence de Baudouin, parti pour sa longue expédition, et pensant qu'il n'avait laissé à Jérusalem qu'un petit nombre de ses chevaliers, rassemblèrent cinq cents cavaliers, et résolurent d'aller assiéger la Cité sainte pour s'en emparer, et de combattre ceux qui gardaient la tour de David; mais les fidèles du Christ, instruits de leur prochaine arrivée, expédièrent de tous côtés des messages à Ramla, à Assur, à Joppé, à Caïphe et à Césarée, invitant tous ceux qui obéissaient au roi Baudouin à marcher jour et nuit pour arriver en toute hâte à Jérusalem, et défendre la ville et la citadelle contre les attaques des ennemis. Bientôt ils accoururent de toutes parts, et entrèrent dans la ville pendant la nuit. La garde des portes fut confiée à la vigilance des clercs et des femmes, et les chevaliers se chargèrent de veiller soigneusement à la défense des tours. D'autres chevaliers s'étant rassemblés au nombre de trois cents, munis de leurs armes et de leurs flèches, descendirent le long des montagnes, tant à pied qu'à cheval, et se portèrent sur la route par laquelle les Ascalonites devaient arriver. Ceux-ci se présentèrent en effet avec leur nombreuse cavalerie, et parfaitement équipés; ils rencontrèrent les Chrétiens; on combattit long-temps avec les flèches et d'autres armes, et enfin les Ascalonites vaincus prirent la fuite. Les Chrétiens les poursuivirent vivement, leur tuèrent deux cents hommes, leur enlevèrent leurs chevaux et de riches dépouilles, et retournèrent à Jérusalem, ramenant beaucoup de prisonniers, et comblés de joie par une victoire si inattendue.

Cependant la flotte de Babylone, destinée à attaquer les Chrétiens du côté de la mer, se rendit de Béryte à Accon. Du haut de leurs mâts, les Gentils livraient de fréquens combats à ceux qui défendaient la ville, et leur faisaient beaucoup de mal; pendant huit jours, ils assiégèrent le port avec leurs nombreux navires, et furent sur le point de s'en rendre maîtres. Les assiégés étaient en proie à une grande désolation, la chaîne tendue dans le port suffisait à peine pour les défendre de leurs ennemis, et empêcher ceux-ci de pénétrer dans la place; lorsque le roi Baudouin et Bertrand revinrent d'Antioche, avec toute leur armée qui ne s'était point encore divisée. Ayant appris que les Babyloniens assiégeaient la ville d'Accon avec de grandes forces, ils pressèrent encore plus leur marche, pour porter secours à leurs frères et les délivrer de leurs ennemis.

Le roi détacha une partie de son armée pour envoyer du secours aux habitans d'Accon, et, d'après le conseil des hommes les plus sages, il se rendit à Joppé, auprès du roi de Norwège, pour apprendre, de la bouche même de celui-ci, quelles étaient ses intentions, et ce qu'il voulait faire d'abord. Les deux princes s'étant bientôt unis par les liens d'une parfaite affection, le roi Magnus supplia instamment le roi Baudouin de le conduire avant tout à Jérusalem, pour y faire ses prières, selon les paroles du Seigneur Jésus, qui veut que ses fidèles cherchent d'abord le royaume de Dieu, afin qu'ils obtiennent ensuite tout ce qu'ils demanderont, lui promettant d'agir, après cela, conformément à ses desirs, et d'aller, s'il le voulait, avec son armée navale, mettre le siége devant une ville quelconque. Baudouin se rendit avec une extrême bienveillance au vœu du roi Magnus et de ses grands, et ne refusa point de les accompagner à Jérusalem. Les deux rois se rendirent donc ensemble dans la Cité sainte. Tout le clergé vêtu de blanc, marchant avec toute la pompe de la religion divine, et chantant des hymnes et des cantiques, se porta à leur rencontre avec la foule des citoyens et des pèlerins étrangers, et les rois, suivis de leurs escortes, se rendirent au sépulcre du Seigneur, au milieu des cris d'allégresse. Le roi Baudouin conduisait le roi Magnus par la main, en lui rendant honneur, et lui témoignant un amour tout particulier, selon les paroles de l'apôtre, qui nous exhorte *à nous honorer les uns les autres*. Il le conduisait donc, et lui faisait voir tous les lieux saints, et tout ce qu'il connaissait. Pendant plusieurs jours, il se montra ainsi rempli de complaisance, et le traita avec une pompe toute royale. Afin de fortifier de plus en plus ces liens d'amour et de foi, Baudouin, suivi d'une nombreuse escorte, descendit avec le roi Magnus sur les bords du Jourdain, et après qu'on eut célébré les cérémonies de l'Église, au nom du seigneur Jésus, il le ramena à Jérusalem, avec la même pompe, rempli de joie, sain et sauf, et sans avoir rencontré aucun obstacle.

Alors toute l'Église ayant été convoquée dans la Cité sainte, les Chrétiens résolurent, d'un commun accord, d'aller assiéger, par terre et par mer, la ville de Sidon, qui avait fait beaucoup de maux aux pélerins, et ne cessait de résister au roi, se promettant de ne s'en retirer qu'après que la ville serait tombée en leur pouvoir. Aussitôt le roi Baudouin et Bertrand, prenant leurs troupes avec eux, partirent en grand appareil, allèrent dresser leurs tentes autour de la ville de Sidon, et firent construire des machines et des instrumens à lancer des pierres, pour attaquer ses remparts tous les jours. Le roi Magnus partit également de Joppé avec sa flotte, et se rendit devant la même ville, afin de la bloquer par mer, et de fermer, de ce côté, l'entrée et la sortie de la place. L'armée navale de Babylone, ayant appris que ces hommes forts et ces grands rois attaquaient Sidon avec toutes leurs forces, par terre et par mer, abandonna le port et le siége d'Accon, se retira dans le port de Tyr, et y demeura, de peur que le roi Magnus ne cherchât à l'attaquer, si elle prolongeait son séjour devant Accon. Quelques Babyloniens cependant, montés sur des bâtimens légers et rapides, parcoururent la mer en tous sens, cherchant une occasion de vaincre et d'emmener prisonniers quelques-uns des navires catholiques ; mais ils ne purent réussir dans leurs projets, et alors la flotte des Babyloniens, redoutant le courage et l'habileté du roi Baudouin, se remit en mer et retourna à Babylone.

Baudouin et Bertrand, ayant rassemblé leurs troupes, commencèrent le siége du côté de la terre, et le roi de Norwège, entouré de son armée, fit jeter les ancres et investit la place par mer. Bientôt les Chrétiens livrèrent assaut, et leurs efforts redoublés firent plus d'une brêche aux murailles et aux tours de la ville : de leur côté, les citoyens leur résistaient vigoureusement, soit avec leurs armes, soit avec leurs instrumens à lancer des pierres. Bientôt les pélerins, après avoir travaillé long-temps à la construction d'une machine, la dressèrent contre les remparts, et y firent entrer des hommes armés d'arbalètes, et qui, de l'étage le plus élevé, voyaient, par dessus les murailles, dans l'intérieur de la ville et des tours, et pouvaient faire un mal infini à ceux des assiégés qui parcouraient les rues et les places de la ville.

Les habitans de Sidon, voyant que cette machine dominait au dessus de leurs remparts, et leur portait un grand préjudice, pratiquèrent, pendant l'obscurité de la nuit, une profonde excavation au dessous des fondations de leurs murailles, et conduisirent ce travail, non sans les plus grands efforts, et avec une merveilleuse habileté. Ils avaient le projet de transporter le long de ce souterrain des bois secs et d'autres combustibles, au-delà de leurs remparts, et jusqu'à l'emplacement sur lequel la machine était posée, et d'y mettre ensuite le feu, afin que, lorsque tous ces bois seraient brûlés, la machine s'écroulât avec le sol qui la supportait, et que tous ceux qui y étaient enfermés fussent étouffés en un moment. Mais le roi, informé par quelque rapport de cet indigne artifice, fit éloigner la machine du lieu que l'on avait miné, et tous les travaux des Sidoniens devinrent inutiles.

Enfin, au bout de six semaines, les habitans de Sidon voyant qu'ils ne pouvaient parvenir à détruire la machine des Chrétiens, que les pierres lancées par les instrumens à projectiles ne cessaient de frapper leurs murailles et leurs portes, que, du côté de la mer, la flotte les attaquait avec non moins de vigueur, et qu'enfin l'armée navale du roi de Babylone les avait abandonnés, demandèrent à traiter, et offrirent de remettre les clefs de la place et des tours entre les mains du roi, sous la condition que l'émir, gouverneur de la ville, et tous ceux qui le voudraient, auraient la faculté de sortir tranquillement, en emportant ce qu'ils pourraient charger sur la tête et sur les épaules. Le roi, fatigué de la longueur du siége, tint d'abord conseil avec le roi de Norwège, le comte Bertrand et d'autres hommes raisonnables, et consentit aux propositions des assiégés : la ville lui fut ouverte et livrée ; cinq mille Sidoniens environ, emportant leurs effets, sortirent avec l'émir et se rendirent à Ascalon. Les autres, qui demeurèrent dans la place, passèrent sous la domination du roi et devinrent ses serviteurs.

Après avoir confié à ses chevaliers la garde et la défense de cette ville, le roi Baudouin rentra à Jérusalem, vainqueur et comblé de gloire, le jour même de la naissance de saint Thomas l'apôtre. Ensuite il célébra la fête de la Nativité du Seigneur, en grande pompe et selon le rit catholique. Ses succès illustrèrent encore plus son nom dans toutes les villes des Gentils, tous ceux qui les apprirent furent frappés de crainte, et s'abstinrent, pendant long-temps, de tout nouvel acte d'hostilité.

Dans la suite, et après que le roi et toute l'Église eurent célébré solennellement la Pâque du Seigneur, l'émir, c'est-à-dire, le gouverneur d'Ascalon, frappé d'un esprit de crainte ou d'amour divin (je ne saurais dire lequel), envoya d'abord des secrétaires au seigneur roi pour lui faire quelques propositions, et traiter avec lui de la reddition de sa ville : il se rendit ensuite lui-même à Jérusalem, après avoir demandé et obtenu sûreté, se présenta devant le roi, et lui exposa tous les projets qu'il avait formés dans le fond de son cœur, pour remettre la ville entre les mains de Baudouin et des siens, et pour leur engager sa foi. Lorsque le roi fut instruit des intentions sincères et du dévouement de l'émir, il se lia avec lui par un traité, et tint ensuite conseil avec les princes. Il fut décidé, dans cette assemblée, que le roi demeurerait à Jérusalem, et que trois cents de ses braves chevaliers se rendraient à Ascalon avec l'émir, entreraient dans la ville, prendraient possession des tours, et recevraient la soumission des citoyens. En effet, les chevaliers se mirent en route, comme il avait été résolu, entrèrent à Ascalon, sous la protection et du consentement de l'émir, occupèrent les remparts, et soumirent les habitans à la domination du roi.

Tandis que ces chevaliers s'emparaient d'Ascalon, et recevaient au nom du roi, et des mains de l'émir lui-même, le droit de commander dans cette ville, tandis que Baudouin continuait à demeurer à Jérusalem dans sa puissance et sa gloire, des députés de Baudouin du Bourg furent introduits auprès de lui et lui parlèrent en ces termes : « Les Turcs du royaume « du Khorazan sont sortis au nombre de deux cent « mille cavaliers vigoureux ; ils ont assiégé la place de « Turbessel, et ils livrent à la dévastation et au pillage « tout le territoire occupé par les Chrétiens. » Aussitôt le roi, prenant avec lui des troupes de chevaliers et d'hommes de pied, s'avança jusqu'au lieu appelé Solomé. Il s'y arrêta pendant quelques jours, parce qu'on lui annonça qu'une armée de Turcs, rassemblée à Damas, se préparait à lui disputer le passage, quand tout à coup on lui apporta la triste nouvelle que le fils du roi de Babylone était arrivé vers Ascalon, afin d'attaquer les chevaliers Chrétiens qui l'occupaient et de reprendre possession de cette ville.

Le roi suspendit son voyage, et se dirigea sur Ascalon pour porter secours à ses chevaliers, s'il était encore possible. Les citoyens habitans de cette ville, voyant arriver l'armée de Babylone, et instruits en même temps de l'absence de Baudouin, se réunirent un jour, firent périr leur émir par le glaive et ouvrirent leurs portes au fils du roi de Babylone. Celui-ci entra dans la place avant que Baudouin ne fût arrivé sur son territoire ; il attaqua sur-le-champ les chevaliers catholiques qui se trouvaient dispersés sur les remparts ; et tous, frappés de terreur, furent atteints et passés au fil de l'épée, puis le nouveau vainqueur donna à ses Sarrasins la garde des portes et de la ville. Le roi Baudouin pressa sa marche ; mais ayant appris le massacre de ses chevaliers, l'occupation de la ville par les Turcs et la mort de l'émir, par suite de la perfidie des citoyens, il retourna à Jérusalem pour attendre une occasion plus favorable d'attaquer cette ville et de venger ses frères.

Dans le même temps Malduk, Arongald, Armigazi et Samarga, qui étaient allés assiéger Turbessel avec une armée de deux cent mille cavaliers, s'occupèrent pendant deux mois, avec toutes leurs forces, à miner la montagne sur laquelle la ville était bâtie, afin de détruire les sources et les citernes, et de parvenir à s'emparer de Josselin qui défendait cette place, ainsi que de tous ceux qui y habitaient. A la suite de travaux infinis, les Turcs, voyant qu'ils ne pouvaient réussir à miner et à renverser la montagne, partirent de Turbessel pour Antioche au nombre de cent mille hommes. Les autres cent mille résolurent de rentrer dans le royaume du Khorazan, parce que, se trouvant en trop grand nombre, et ayant fait un trop long séjour, ils avaient déjà épuisé une bonne partie de leurs approvisionnemens. Josselin, instruit du départ d'une moitié de cette armée, poursuivit celle qui rentrait dans le Khorazan avec cent cinquante chevaliers et cent hommes de pied, et attaquant vivement ceux qui demeuraient en arrière et qui étaient embarrassés par les chariots chargés de vivres, il leur tua mille hommes, et leur enleva un riche butin qu'il ramena à Turbessel.

Les autres cent mille Turcs étant arrivés à Alep supplièrent Brodoan, prince de cette ville, de recevoir et de garder leurs femmes et leurs enfans, garçons et filles, jusqu'à ce qu'ils se fussent assurés du succès de leur expédition. Mais Brodoan, lié avec Tancrède par un traité de paix, refusa de consentir à cette demande, leur promit seulement de ne se porter au secours d'aucun des deux partis, et leur donna son fils en otage pour gage de sa parole. Peu après que les Turcs furent maîtres de celui-ci, violant tous leurs engagemens, ils déclarèrent à plusieurs reprises à Brodoan qu'ils feraient décapiter son fils s'il ne marchait à leur secours et s'il ne recevait dans sa ville leurs femmes, leurs enfans et leurs bagages, afin de pourvoir aux chances toujours incertaines de la guerre. Brodoan ayant de nouveau refusé, en alléguant le traité qui l'unissait avec Tancrède, les Turcs ne craignirent pas de faire exécuter leur sentence de mort sur le fils, sous les yeux même du père et de tous les siens. Après cet acte de perfidie et d'impiété, ils partirent pour Césarée de Philippe, située auprès des montagnes de Gibel et à une journée de marche d'Antioche, et, y étant arrivés, ils dressèrent leurs tentes et s'établirent sur les bords du Fer.

Josselin ayant appris que les Turcs, en quittant Turbessel, s'étaient dirigés vers Antioche, partit lui-même avec cent chevaliers et cinquante hommes de pied, pour marcher en toute hâte au secours de Tancrède. Baudouin du Bourg se mit aussi en route avec deux cents chevaliers et cent hommes de pied : Pains de Sororgia conduisit cinquante chevaliers et trente hommes de pied ; et Hugues de Cantelar se réunit à lui avec ses compagnons d'armes. Richard, gouverneur de la ville de Marash, se rendit aussi à Antioche avec soixante chevaliers et cent fantassins. Gui de Gresalt, Guillaume d'Albin, Gui surnommé le Chevreau, prince des villes de Tarse et de Mamistra, l'évêque de Tarse et l'évêque d'Albar, se portèrent aussi au secours de Tancrède. Guillaume fils du prince de Normandie, et qui commandait dans la ville de Tortose, que Tancrède avait auparavant enlevée à Bertrand, se mit également en route avec les hommes de sa suite. Engelgère, gouverneur de la ville de Famiah, partit avec deux cents chevaliers. Bonaple, qui occupait la ville de Sermin, Gui surnommé le Frêne, qui commandait dans la ville de Harenc, Robert de Sidon, Roger de Montmarin qui tenait le château de Hap, Piraste qui occupait Talaminie, se mirent aussi en marche. Pancrace et Corrovassil de la ville de Crasson, Ursin qui habitait dans les montagnes d'Antioche, Antevelle et son frère Léon, Martin comte de la ville de Laodicée que Tancrède avait soumise à son pouvoir, après en avoir expulsé les chevaliers de l'empereur des Grecs, et Robert de Vieux-Pont, chevalier illustre et infatigable, sans cesse occupé à dévaster à main armée le territoire des Gentils, partirent également pour Antioche. Tous ceux que je viens de nommer, chevaliers de Tancrède et habitans dans le royaume d'Antioche, accoururent en foule et se rassemblèrent dans cette ville royale. Le roi Baudouin, qui était parti de Jérusalem après le massacre de ses chevaliers dans la ville d'Ascalon, pressa sa marche et se rendit de même à Antioche avec Bertrand, Eustache Grenier, Gauthier de Saint-Abraham, le seigneur patriarche Gobelin et un corps de quatre mille fidèles : ils passèrent la nuit dans la ville, et, le lendemain matin, ils s'avancèrent jusqu'au château de Giril.

Trois jours après que les Chrétiens, venus de lieux et de châteaux divers, se furent réunis sur un seul point, ils organisèrent leurs corps et se mirent en route pour Césarée, où les troupes turques étaient aussi rassemblées, nombreuses comme le sable de la mer. L'armée chrétienne était forte de vingt-six mille hommes de guerre, tant chevaliers qu'hommes de pied. Instruits de l'approche des Chrétiens, les Turcs passèrent sur la rive opposée du fleuve du Fer, et dressèrent leurs tentes dans une plaine spacieuse : les deux armées demeurèrent seize jours de suite dans leurs mêmes positions. Les Chrétiens ne purent jamais engager une bataille régulière contre les Turcs, parce que ceux-ci avaient une manière tout-à-fait singulière d'errer çà et là dans les champs, et de se lancer sur les fidèles à l'improviste et de toute la rapidité de leurs chevaux. Leurs menaces et la terreur qu'ils répandaient partout empêchaient en outre les habitans des villes et des forteresses situées dans les environs d'apporter au camp des Chrétiens les denrées dont ils auraient eu besoin : aussi ces derniers éprouvèrent pendant six jours une si grande disette de pain et de fourrage pour les chevaux, qu'on vit périr plus de mille pèlerins de faim et de misère.

Le quinzième jour cependant les Chrétiens et les Turcs formèrent leurs corps. Trois corps de Chrétiens, trop avides du sang des ennemis, précipitèrent leur marche et s'avancèrent vers eux imprudemment. Séparés par une trop grande distance du reste de l'armée, ils furent écrasés sous une grêle de flèches, et prirent la fuite pour venir se réunir à leurs frères, laissant derrière eux beaucoup de blessés et de prisonniers, qui furent enlevés par les ennemis avec des chevaux, des mulets et de riches dépouilles. Après que ces trois corps eurent été battus et se furent ralliés à leur armée, Baudouin et Tancrède, faisant porter devant eux l'image de la sainte croix, lancèrent leurs chevaux et attaquèrent les Turcs avec impétuosité, dans l'espoir de remporter la victoire. Mais les Turcs, selon leur usage, se divisant aussitôt par centaines ou par milliers, n'acceptèrent point la bataille. Un autre jour, les Turcs, après avoir tenu conseil, se remirent en marche et partirent pour le royaume du Khorazan, parce qu'ils n'avaient pu faire aucun mal à la ville d'Antioche, ni repousser, par la force des armes ou par leurs flèches, l'armée chrétienne qui s'était portée à leur rencontre. Ces événemens se passèrent en automne, vers l'époque de la fête de Saint-Michel l'Archange, au temps où l'on ramasse toutes les récoltes.

Cette même année, et dans le courant du mois d'octobre, après le départ du roi de Jérusalem et de tous les grands qui étaient accourus à son secours, Tancrède, retenant ses troupes auprès de lui, alla assiéger d'un bras vigoureux le château de Gerez, appelé aussi Sarepta de Sidon, parce qu'il avait été autrefois soumis au roi de Sidon. Il le trouva rempli de Turcs et bien défendu; les tours et les murailles étaient également très-solides et en fort bon état. Ce château, presque inexpugnable, était situé à six milles de la ville d'Alep que Brodoan gardait les armes à la main. Tancrède, voyant cette citadelle si bien fortifiée et défendue par les Turcs, employa beaucoup de temps à faire construire des machines et des instrumens à projectiles; il les distribua à ses troupes, qu'il rangea tout autour de la place en douze corps séparés, et il fit attaquer nuit et jour les tours et les murailles, à l'aide de ces engins de guerre. Il fit en outre creuser autour de son camp un fossé profond, dont il confia la garde à des hommes vigilans, afin que les ennemis ne pussent venir l'attaquer à l'improviste, ni les divers corps qu'il avait distribués autour de la place, et les vaincre plus facilement, en les prenant séparément.

Tancrède ayant dressé ses machines contre les murailles et les tours, et ayant mis ses troupes en sûreté à l'abri de leur fossé, fit battre en brèche pendant long-temps les fortifications de la ville. Un jour de dimanche, après celui de la Nativité du Seigneur, la citadelle principale cédant enfin aux efforts redoublés des assiégeans s'écroula, entraîna dans sa chute et dans sa masse irrésistible les deux tours qui l'avoisinaient, et ouvrit ainsi un passage à Tancrède et à ceux qui le suivaient. Le prince serra alors de plus près et avec plus de vigueur les ennemis enfermés dans le fort, et, faisant une tortue de boucliers, les siens redoublèrent de zèle pour pénétrer jusqu'à eux et les attaquer face à face; mais les tas de pierres qui obstruaient le passage et les traits que les Turcs ne cessaient de lancer les empêchaient de s'avancer avec assurance. Cependant les Turcs qui défendaient la forteresse, voyant leurs tours déjà renversées, et Tancrède, qui les assiégeait depuis si long-temps, toujours acharné à les poursuivre jusqu'à ce qu'il se fût rendu maître de la place, demandèrent à traiter, et offrant à Tancrède de la pourpre et d'autres effets précieux en or et en argent, ils sortirent de la place et la remirent entre ses mains, et Tancrède devint ainsi possesseur de cette forteresse et du pays environnant.

On était au temps du carême, lorsque Tancrède prit la ville de Sarepta : il fit relever les tours et les murailles, y établit des gardiens, et alla ensuite avec toutes ses forces assiéger le château dit Vétulé, situé dans les montagnes du pays de Gibel. Il y demeura pendant trois mois; mais l'un des côtés ne put être investi, tant à cause de la difficulté du terrain, que parce que les Sarrasins étaient plus en forces de ce même côté. Après avoir entrepris ce siége, les Chrétiens allèrent dans tous les environs enlever du butin et des prisonniers, et firent beaucoup de mal dans tout le pays. Un émir, voyant que l'armée de Tancrède dévastait toute la contrée, conclut un traité avec lui pour empêcher les fidèles de pénétrer sur son territoire, et s'engagea de son côté à aller investir la partie du château de Vétulé qui ne l'était pas, par des sentiers qu'il connaissait, et que les Français n'auraient pu reconnaître ni occuper. Tancrède, après ce traité, lui envoya comme auxiliaires dix chevaliers et cent hommes de pied, afin qu'il pût, avec ce renfort, s'emparer de la position demeurée libre jusqu'à ce jour, et empêcher les assiégés de sortir de la place ou d'y rentrer.

L'émir, prenant avec lui les chevaliers de Tancrède et cinq cents des siens, alla occuper cette position difficile dans laquelle ils se construisirent des cabanes et des abris, pour se reposer pendant quelques jours, à la suite de leurs pénibles travaux. Tandis que, fatigués des mauvais chemins qu'ils avaient traversés et de l'ouvrage qu'ils avaient fait, ils se livraient à un profond sommeil, vers la première veille de la nuit, les Sarrasins arrivèrent dans leur camp au nombre de plusieurs mille et à l'improviste ; les assiégés sortirent en même temps de leur citadelle en entendant le signal et les clameurs de leurs alliés, le combat s'engagea et dura jusqu'au matin, et les cent hommes de pied de Tancrède furent tous tués. L'émir grièvement blessé se sauva, non sans beaucoup de peine, avec les dix chevaliers chrétiens ; et les cinq cents chevaliers gentils, oubliant leurs engagemens, entrèrent dans le fort avec les Sarrasins, et abandonnèrent leur émir et leur chef.

Tancrède, toujours intrépide, poursuivit le siége avec une nouvelle ardeur ; il fit dresser douze mangonneaux contre les murailles de la ville, attaqua et fit battre pendant un mois de suite les barbacanes et les tours, et parvint enfin à les percer et à atteindre jusque dans l'intérieur de la forteresse. Les assiégés, voyant qu'ils ne pouvaient plus se défendre des pierres qu'on ne cessait de leur lancer, mirent le feu à quelques constructions en bois durant le silence de la nuit, et prirent aussitôt la fuite. Tancrède ayant vu l'incendie, et apprenant que les ennemis s'étaient sauvés, entra dans la place avec ses compagnons d'armes, leur donna la garde des tours, et se mit aussitôt en mesure de soumettre tout le pays environnant.

Cette même année Boémond, oncle de Tancrède, tomba malade et mourut dans la ville de Bari : il fut enseveli, selon le rit catholique, auprès du tombeau du bienheureux Nicolas, dans le temps que Henri v, comme roi, et iv comme empereur, faisait inhumainement passer au fil de l'épée, dans la ville de Rome, ceux qui avaient tenté de lui résister, et conservait dans sa force et sa puissance le royaume et l'empire qu'il tenait de ses ancêtres par ses droits héréditaires.

LIVRE DOUZIÈME.

La seconde année après la prise de Sidon, et après que Tancrède se fut emparé de Sarepta, le roi Baudouin convoqua à Jérusalem tous les Chrétiens habitans des lieux soumis à sa domination, et tint conseil avec eux pour aller assiéger la ville de Tyr, qui était encore en état de rébellion, faisait beaucoup de mal aux Chrétiens, tant sur terre que sur mer, et qui, infidèle à tous ses engagemens avec le roi, avait renoncé à son traité et cessé de payer ses tributs. Ayant trouvé tous ses frères bien disposés à entreprendre ce siége, le roi fixa le jour où tous devraient se réunir pour aller, sous ses ordres, dresser leurs tentes devant les murailles de la ville, et l'investir de toutes parts.

Dès qu'ils furent informés de ces nouvelles, les Tyriens, vivement effrayés, conclurent un traité avec un certain Dochin, prince de Damas, pour recevoir de lui des secours, et s'assurer en outre la faculté de confier à sa garde, et de faire transporter à Damas, dans son palais, les trésors de leur ville et ce qu'ils possédaient de plus précieux : ils lui demandèrent en outre de leur envoyer, comme auxiliaires, des archers et des combattans qu'ils promirent de prendre à leur solde, et pour lesquels ils s'engagèrent de payer vingt-mille byzantins.

Ce traité ayant été accepté et confirmé de part et d'autre sous la foi du serment, les Tyriens firent venir un Chrétien nommé Rainfroi, illustre chevalier du roi, lui promirent et lui donnèrent une somme de mille byzantins, à condition qu'il escorterait et ferait transporter tranquillement à Damas leurs bagages et leurs trésors, et qu'il ramènerait ensuite, sans accident, les chameaux et les chariots. Rainfroi, homme léger, et ne se laissant point arrêter par le scrupule de violer les engagemens qu'il prenait avec les Gentils, informa le roi de tous ces détails, lui désigna le jour où il devait conduire à Damas le convoi qui transporterait tous ces précieux effets, et lui assura qu'il lui serait facile de l'enlever et de s'en emparer. Le roi fit aussitôt venir deux cents hommes, tant chevaliers que fantassins, et leur ordonna d'aller se placer en embuscade, et d'observer la route que suivrait le convoi pour se rendre à Damas. En effet, au milieu de la nuit, et lorsque tout était en silence, les Tyriens s'avancèrent sur cette route avec leurs chameaux, et chargés d'une immense quantité d'or, d'argent, de pourpre et d'autres objets précieux, marchant sous la conduite de Rainfroi. Aussitôt les troupes du roi, s'élançant sur eux, massacrèrent les uns, firent les autres prisonniers, enlevèrent tous les trésors, la riche pourpre et les étoffes de soie de couleurs variées, les emmenèrent avec les chariots, les chameaux et les mulets, et entraînèrent Rainfroi lui-même à leur suite.

Ces immenses trésors furent aussitôt, et d'après les ordres du roi, généreusement distribués à ses chevaliers, réduits depuis long-temps à la plus grande indigence. Quelques Tyriens, qui étaient parvenus à s'échapper, se réfugièrent à Damas ; et Dochin, irrité de ce désastre, fit partir sans retard cinq cents chevaliers habiles à manier l'arc et les flèches, afin qu'ils pussent entrer à Tyr avant que le roi eût entrepris le siége, et porter secours aux citoyens en recevant d'eux la solde convenue. Le roi Baudouin partit de Jérusalem avec dix mille hommes, la veille de la fête de saint André l'apôtre, et alla établir son camp du côté de la terre autour des remparts de la ville. La mer et le port ne furent que faiblement attaqués : l'empereur des Grecs avait promis d'envoyer une flotte ; mais, comme l'hiver approchait, cette flotte n'arriva pas.

Le roi commença le siége, et fit d'abord creuser un fossé pour mettre son armée à l'abri des irruptions imprévues de l'ennemi : il attaqua ensuite les tours et les murailles avec toutes sortes d'instrumens de guerre, et livra des assauts tous les jours. Les Turcs qui se défendaient en lançant sans cesse des grêles de flèches, se répandirent sur les remparts et dans les tours ; leurs traits portaient incessamment dans les rangs des Chrétiens ou la mort ou de graves blessures ; et, lorsque ceux-ci accouraient en foule auprès des portes ou des clôtures en fer, les assiégés, du haut de leurs remparts, les accablaient à coups de pierres, ou versaient sur eux du soufre et de la poix bouillante. Un jour, à la suite de plusieurs assauts et de longues fatigues, l'armée assiégeante se donnait quelque repos et avait suspendu ses travaux ; dans l'intérieur, les Tyriens et leurs chevaliers Turcs demeuraient aussi en silence, mais après avoir tenu conseil et résolu de faire bientôt une irruption dans le camp du roi ; tout à coup, prenant les armes, se couvrant de leurs cuirasses et de leurs casques, et ouvrant les portes de la ville, Turcs et Tyriens se lancèrent en foule dans la plaine, où le roi et son armée avaient en ce moment oublié les combats, et, s'avançant avec intrépidité jusqu'auprès des tentes, les ennemis percèrent un grand nombre de Chrétiens à coups de flèches, et portèrent le désordre dans toute l'armée, en poussant d'horribles clameurs. Aussitôt les chevaliers chrétiens, frappés d'étonnement, accoururent de toutes parts, couverts de leurs cuirasses, munis de leurs armes et de leurs lances, et des deux côtés on combattit bientôt avec une grande valeur ; mais enfin les Chrétiens reprirent l'avantage, et forcèrent les Tyriens à s'enfuir vers leurs portes : ceux-ci se sauvant avec rapidité, ceux-là les poursuivant avec une égale ardeur, bientôt ils se trouvèrent confondus, et entrèrent ensemble dans la ville. Les Turcs et les Tyriens voyant que les Français les avaient suivis jusque dans la place, firent front à ceux qui continuaient à les serrer de près, et, résistant avec vigueur, s'élançant sur leurs remparts, repoussant à force de traits le gros de l'armée chrétienne qui cherchait à pénétrer aussi dans la ville, ils reprirent enfin la supériorité, et fermèrent leurs portes, retenant dans l'intérieur de leurs murailles environ deux cents hommes de l'armée des fidèles. Guillaume de Ganges, chevalier noble et illustre, un autre Guillaume, d'un courage admirable et d'une grande réputation militaire, tombèrent ainsi entre leurs mains avec plusieurs de leurs compagnons d'armes, tant chevaliers qu'hommes de pied, et subirent une sentence de mort; les autres, en plus grand nombre, furent faits prisonniers et chargés de fers.

Quelques jours après, le roi voyant que les assauts qu'il livrait, les pierres qu'il lançait, ne faisaient aucun mal aux habitans ni aux murailles de Tyr, résolut de faire construire deux machines qui s'éleveraient fort au-dessus de ces murailles, et auraient chacune deux étages de hauteur : l'une d'elles fut entièrement construite et mise en place aux frais et par les soins d'Eustache Grenier, illustre chevalier, le premier de la maison et du conseil du roi. Eustache l'occupa avec de jeunes chevaliers d'élite, et tous ensemble, le matin, à midi, le soir, lançaient des traits de toute espèce sur les Tyriens qui se promenaient dans la ville, tuant les uns, blessant les autres, et atteignant également ceux qui occupaient les tours, les murailles ou toute autre position dans l'intérieur de la place. Les chevaliers du roi, qui s'étaient enfermés dans l'autre machine, attaquaient également les Turcs et les Tyriens, et les perçaient de leurs arbalètes lorsqu'ils tentaient de s'avancer en dehors des portes. De leur côté les Tyriens lançaient des pierres contre les machines pour les briser, et renverser ceux qui les occupaient; mais comme elles étaient doublées en cuir de taureau, de chameau et de cheval, et en claies d'osier, elles supportaient sans le moindre accident, et sans être ébranlées, le choc des pierres et des pieux de fer rouge. Les Tyriens, voyant que ce genre d'attaque ne produisait aucun résultat, cherchèrent un autre moyen pour arriver à leur but ; ils dressèrent avec des cordes un arbre d'une grande longueur, après avoir attaché à son extrémité, avec des chaînes de fer, une espèce de couronne vaste et spacieuse construite également en bois ; toute la circonférence de cette couronne fut enduite de poix, de soufre, de cire, de graisse, et garnie d'étoupes ; et, lorsque ces diverses substances inaccessibles à l'action de l'eau eurent été embrasées, ils traînèrent l'arbre avec des cordes jusqu'au point de la muraille, près duquel était dressée la machine d'Eustache ; puis l'instrument embrasé ayant été abaissé de l'extrémité de l'arbre sur la machine, l'enveloppa aussitôt d'une masse de flammes, alluma un incendie inextinguible, consuma entièrement la machine, et brûla même la plupart des Chrétiens qui l'occupaient et qui faisant les plus grands efforts pour éteindre le feu, ne purent parvenir à se sauver : la machine du roi fut également brûlée et anéantie par les mêmes procédés. Après ce double événement le roi, toujours inaccessible à la crainte, poursuivit cependant les travaux du siége, résolu à réduire la place par famine ou par tout autre moyen.

Les Tyriens, voyant que le roi persistait avec fermeté, et demeurait inébranlable dans ses projets, expédièrent en secret une députation à Damas pour demander au grand prince Dochin de venir à leur secours, lui promettant beaucoup d'argent, et jurant qu'ils seraient toujours à son service comme ses auxiliaires. Aussitôt ce prince, rassemblant vingt mille cavaliers, descendit par les montagnes jusqu'aux confins du territoire de Tyr, afin d'attaquer dès le lendemain le roi et les siens dans leur camp, et de faire ainsi lever le siége de la ville. Le même jour que Dochin ou Dodechi arriva à travers les montagnes, près du territoire de Tyr, sept cents écuyers et soixante braves chevaliers de l'armée du roi, qui étaient sortis du camp pour aller chercher des fourrages, tombèrent par hasard, et dans leur ignorance, au milieu de l'armée des Turcs, et périrent presque tous sous les flèches et le glaive des ennemis; quelques-uns seulement se sauvèrent et rentrèrent dans le camp pour annoncer ce qui s'était passé. Ayant appris ce nouveau rassemblement de tant de milliers de Turcs, et le massacre de ses écuyers et de ses chevaliers, le roi tint conseil avec ses grands, déjà fatigués de la longueur du siége, et qui avaient épuisé toutes leurs ressources et leurs provisions, et, à la suite de ce conseil, il leva ses tentes et partit le jour du dimanche qui précède celui des Rameaux. Après avoir traversé Ptolémaïs et plusieurs autres villes, il rentra à Jérusalem le jour des Rameaux (jour saint et célèbre à jamais) par la porte qui fait face à la montagne des Oliviers, par laquelle notre Seigneur Jésus entra aussi dans la Cité sainte, monté sur un âne. Le roi était suivi de tous les siens et des illustres députés de l'empereur des Grecs, qui s'étaient rendus auprès de lui pendant qu'il se trouvait encore sous les murs de Tyr; il employa toute la semaine Sainte à visiter les lieux sacrés, à prier, à distribuer des aumônes et à confesser ses péchés; puis il célébra le jour de la sainte Pâque avec la plus grande pompe, et portant solennellement la couronne royale, en l'honneur des députés de l'empereur des Grecs, et d'après les ordres du seigneur patriarche.

Après ces huit jours passés, au milieu des solennités de la sainte Pâque, le roi, prenant avec lui deux cents chevaliers et cent hommes de pied, se rendit en Arabie vers la vallée de Moïse, pour chercher à enlever du butin, afin d'enrichir les pauvres chevaliers qui avaient perdu tous leurs effets, et de les relever de leur détresse. Les députés de l'empereur des Grecs furent traités par lui avec bonté, comblés de présens magnifiques et renvoyés à Constantinople. A peine le roi était-il entré dans le pays d'Arabie, que les Iduméens, appelés Bidumes par les modernes, gens qui font le commerce, portant sur des mulets et des chameaux une immense quantité de marchandises de toute espèce, tombèrent subitement entre les mains du roi et des siens, et ne pouvant se sauver, ils furent entièrement dépouillés de toutes leurs richesses, consistant en or, en argent, en pierres précieuses, en pourpre de diverses qualités et en toutes sortes de parfums. La plupart de ces marchands furent en outre faits prisonniers et conduits à Jérusalem, et cet immense butin fut partagé entre les chevaliers. Cette même année, Tancrède, qui commandait à Antioche, fut pris d'une violente maladie et mourut dans le sein du Seigneur Jésus-Christ. On l'ensevelit, selon le rit catholique, dans la basilique du bienheureux Pierre l'Apôtre, et tous les Chrétiens des environs ayant appris son trépas le pleurèrent amèrement.

Après la mort de cet illustre guerrier, le plus redoutable ennemi des Turcs, et lorsque le mois de mars ramena le premier souffle du printemps, Malduc, l'un des plus puissans princes du Khorazan, ayant réuni une armée turque forte d'environ trente mille hommes, résolut de se rendre d'abord à Damas pour rallier à lui Dochin, Turc lui-même et prince de Damas, par suite d'une injustice, et d'aller ensuite assiéger les villes que possédait le roi Baudouin, afin de pouvoir, si cette entreprise lui réussissait, se porter devant Jérusalem et en expulser tous les Chrétiens. Dès que l'on apprit dans le pays d'Édesse le rassemblement formé par ce prince fameux, des messagers arméniens furent envoyés au roi Baudouin pour l'informer de tous ces préparatifs de guerre, afin qu'étant prévenu, le roi pût convoquer tous les siens et se disposer à résister plus sûrement aux ennemis. Dès que le roi eut appris ces nouvelles, il expédia une députation à Antioche auprès de Roger, jeune et illustre chevalier, fils de la sœur de Tancrède, et qui avait remplacé celui-ci dans cette principauté, pour lui demander de préparer ses armes et ses troupes, et de venir promptement à son secours; puisqu'il avait été déclaré, dès le principe, que les Chrétiens devaient être toujours prêts à secourir leurs frères chrétiens. Roger, en effet, aussitôt qu'il eut reçu le message du roi, réunit sept cents chevaliers et cinq cents hommes de pied, et fit ses dispositions de départ; mais il fut un peu retardé par la nécessité de rassembler des armes. Les Turcs cependant poursuivirent leur marche vers Damas, allèrent camper sur les bords de la mer de Galilée : ils assiégèrent la forteresse de Tibériade et demeurèrent long-temps de ce côté du fleuve Jourdain, occupant le Mont-Thabor et cherchant tous les moyens possibles de détruire les habitations des Chrétiens. Ils assiégèrent la place pendant trois mois, faisant toutes sortes de maux aux Chrétiens de ce pays, leur enlevant du butin, dévastant toute la contrée, n'épargnant personne, tendant sans cesse des piéges, veillant jour et nuit, et livrant sans cesse des combats et des assauts aux chevaliers enfermés dans Tibériade.

Vers ce temps, quinze cents pèlerins, qui avaient célébré la solennité de Pâques à Jérusalem, et se disposaient à en repartir, craignant de traverser seuls le territoire de la ville de Tyr, allèrent trouver le roi et le supplièrent instamment de leur accorder une escorte, disant qu'ils redoutaient d'être attaqués par les habitans de cette ville, et de ne pouvoir leur résister, accablés comme ils étaient de fatigue et de misère. Le roi, les voyant bien déterminés à se remettre en route, convoqua trois cents chevaliers, et les accompagna marchant avec eux jusqu'aux montagnes de Tyr. Alors, s'arrêtant un peu dans un lieu détourné, le roi envoya en avant ces pèlerins pour voir si quelque corps de Tyriens se présenterait pour courir à leur poursuite. Les pèlerins s'étant avancés, les chevaliers de la ville de Tyr, les ayant vus de loin, sortirent en effet au nombre de cinq cents pour aller les massacrer ou les faire prisonniers, et se lancèrent sur leurs traces en poussant de terribles vociférations et faisant fortement résonner les trompettes, afin de les effrayer. Mais le roi, dès qu'il entendit ces clameurs, sortit rapidement du lieu où il s'était caché, attaqua les chevaliers tyriens par derrière, et en fit un grand carnage, jusqu'à ce que, battus et vaincus, les Sarrasins prirent enfin la fuite; mais ils n'atteignirent aux portes de la ville qu'après avoir laissé deux cents de leurs compagnons morts ou faits prisonniers. Les pélerins ne poussèrent pas plus loin leur marche; le lendemain, ayant appris qu'il s'était formé un rassemblement de plusieurs milliers de Turcs, ils tinrent conseil, retournèrent à Ptolémaïs, et y séjournèrent avec le roi.

Cependant, voyant que l'audace des Turcs s'accroissait de jour en jour, et qu'ils allaient enlevant partout du butin et ne cessant d'attaquer les Chrétiens, Baudouin, rempli d'indignation, convoqua tous les fidèles qui habitaient dans les environs de Jérusalem et dans les villes qu'il possédait, et, ayant ainsi rassemblé sept cents chevaliers et quatre mille hommes de pied, il déclara et jura à son armée qu'il n'attendrait plus l'arrivée de Roger et des princes chrétiens plus éloignés, ne pouvant tolérer plus long-temps l'insolence et les dévastations des Turcs. Il partit aussitôt de Ptolémaïs avec les nouveaux pélerins et tous les autres qu'il avait convoqués, et résolut, le jour de la fête des apôtres Pierre et Paul, d'aller camper au-delà du Jourdain, dans le lieu même où les Turcs avaient jusqu'alors dressé leurs tentes au milieu de belles et d'agréables prairies. Les Turcs astucieux, informés de ce projet par leurs espions, levèrent aussitôt leur camp et se retirèrent sur le Mont-Thabor, comme s'ils eussent redouté le roi et se fussent hâtés de fuir pour éviter un combat. Mais à peine les Chrétiens eurent-ils dressé leurs tentes, que Malduc et Dochin, suivis de leur armée, nombreuse comme le sable de la mer, descendirent du Mont-Thabor et assaillirent vigoureusement le roi et les siens à coups de flèches, leur livrant une rude bataille, leur portant de cruelles blessures, et attaquant en même temps tous les corps des Chrétiens : le roi et ses troupes ne purent soutenir le choc de tant de milliers d'hommes, et prirent la fuite après avoir perdu quinze cents hommes, sans compter trente chevaliers qui furent également tués dans ce combat, et parmi lesquels on distinguait Reinier de Brus, chevalier intrépide, Hugues jeune, noble et illustre guerrier, et plusieurs autres encore, dont les exploits méritèrent de grands éloges et ont immortalisé leurs noms.

Le roi se sauva avec beaucoup de peine, et les Turcs vainqueurs demeurèrent maîtres de la plaine : dès le lendemain, Roger, fils de la sœur de Tancrède, héritier et successeur de celui-ci dans la principauté d'Antioche, arriva avec quatre cents chevaliers et six cents hommes de pied : il ressentit une vive douleur du désastre que le roi venait d'éprouver, et s'affligea d'avoir été retardé dans sa marche, et de n'avoir pu prendre part au combat de la veille. Le prince de la ville de Tripoli arriva également et éprouva une grande consternation de la victoire des Turcs sur les fidèles. Peu après, d'autres corps de Chrétiens vinrent débarquer à Ptolémaïs, et lorsque tous ceux qui arrivèrent par terre et par mer furent rassemblés, ils formèrent un corps de seize mille hommes. Le roi les organisa promptement, et résolut, d'après l'avis de tous les princes qui l'entouraient, d'aller attaquer les Turcs rassemblés encore au-delà du Jourdain; et persistant dans leur farouche inimitié, afin de faire retomber sur leur tête, avec le secours de Dieu, le mal qu'ils s'efforçaient de faire aux Chrétiens et à tout le pays. Mais les Turcs, ayant appris la marche et les projets du roi, quittèrent le voisinage du Jourdain, entrèrent dans la Romanie et allèrent assiéger et prendre plusieurs des villes et châteaux appartenant à l'empereur des Grecs.

Après avoir poursuivi les ennemis, le roi revint à Ptolémaïs avec toute son armée. Vers le commencement du mois d'août, il apprit que la très-noble épouse de Roger, duc de Sicile et frère de Boémond prince magnifique, qui avait perdu son illustre mari et célébré ses obsèques, se disposait à partir pour venir l'épouser, suivie d'une nombreuse escorte de chevaliers et portant de grandes richesses. Elle avait avec elle deux trirèmes, montées chacune par cinq cents hommes habiles à la guerre, et sept navires chargés d'or, d'argent, de pourpre, et d'une grande quantité de pierres précieuses et de vêtemens magnifiques, sans parler des armes, des cuirasses, des épées, des casques, des boucliers resplendissans d'or et de toutes sortes d'autres armes, telles que les princes très-puissans en possèdent pour le service et la défense de leurs navires. Le vaisseau sur lequel l'illustre dame avait résolu de monter, était garni d'un mât doré de l'or le plus pur, et qui réfléchissait au loin les rayons du soleil ; et la proue et la poupe de ce bâtiment, recouvertes également d'or et d'argent, et façonnées par d'habiles ouvriers, présentaient aussi un coup d'œil vraiment admirable. Sur l'un des sept navires étaient des archers sarrasins, hommes très-forts, qui portaient des vêtemens précieux et éclatans, destinés à être offerts en don au roi, et tels qu'ils n'avaient point de supérieurs dans tout le pays de Jérusalem pour l'art de lancer des flèches. En apprenant l'arrivée prochaine de cette noble dame et la pompe qui l'entourait, le roi envoya à sa rencontre trois navires, que l'on appelle galères, montés par des hommes illustres et habiles dans les combats de mer ; mais la tempête ayant soulevé les flots, ils ne purent la rejoindre et se réunir à sa flotte. Jetés au loin par la violence des vents, les trois navires du roi arrivèrent enfin le soir vers la neuvième heure, près du port et dans le golfe d'Ascalon ; les matelots firent de vains efforts pour tenir la mer, et les vents trop contraires ne leur permirent pas d'y réussir.

Les Ascalonites, toujours ennemis des Chrétiens, ayant reconnu leurs bannières, s'armèrent aussitôt et montèrent sur leurs galères ferrées, pour aller leur livrer combat. A la suite d'une longue bataille, où les navires coururent fréquemment les uns sur les autres, l'une des galères ascalonites, qui portait cinq cents chevaliers, fut vaincue et coulée à fond, et les autres furent également battues et repoussées. Les Chrétiens, victorieux sur tous les points, rassemblèrent leurs navires, et protégés de Dieu, les vents s'étant apaisés et les flots de la mer ayant cessé d'être agités, ils sortirent en forces du port et du golfe d'Ascalon, et se rendirent sans accident à Ptolémaïs.

Le roi, instruit de l'arrivée de l'illustre dame, se rendit sur le port avec tous les princes de son royaume, tous les pages de sa maison vêtus magnifiquement et de diverses manières : entouré de toute la pompe royale, suivi de ses chevaux et de ses mulets couverts de pourpre et d'argent, et accompagné de ses musiciens qui faisaient résonner les trompettes et jouaient de toutes sortes d'instrumens agréables ; le roi reçut la princesse à la sortie de son vaisseau. Les places étaient jonchées d'admirables tapis de couleurs variées, et les rues ornées de tentes de pourpre, en l'honneur de l'illustre dame, maîtresse de tant de trésors; car il convient que les rois soient entourés de pompe et de magnificence. La princesse fut accueillie avec des transports de joie et de louange, elle s'unit à jamais au roi par le mariage, et, pendant quelques jours, ces noces furent célébrées avec un grand éclat, dans le palais royal de la ville de Ptolémaïs. Les trésors qu'elle avait apportés furent transférés dans les caisses du roi, et servirent à indemniser, et même à enrichir infiniment ce prince et tous ceux qui avaient perdu leurs armes dans les guerres contre les Turcs. Les noces terminées, et le roi se disposant à se rendre à Jérusalem avec son épouse, Roger, comblé de ses bontés, fit aussi ses préparatifs pour retourner à Antioche. La nouvelle reine lui fit don de mille marcs d'argent, et y ajouta de la pourpre précieuse, cinq cents byzantins, des mulets et des chevaux d'un grand prix; les simples chevaliers, qui étaient venus de loin porter secours au roi, reçurent aussi de belles récompenses en or et en argent.

Quelques-uns de ces pèlerins, desirant retourner dans leur patrie, les uns suivirent la voie de terre par la Romanie, et arrivèrent à Stamirie, où ils furent reçus par les Grecs Chrétiens, qui les accueillirent avec bonté, et leur fournirent toutes les choses nécessaires à la vie. Dans le même temps, les Turcs, qui, après avoir été expulsés de la Galilée par le roi, avaient assiégé, pris, dépouillé et dévasté les villes et les places fortes de l'empereur des Grecs, vinrent attaquer les murailles de cette même ville, l'investirent de toutes parts, et effrayèrent les citoyens par leurs menaces et par leurs violences. Quelques jours après, et à la suite de plusieurs assauts terribles, ils attaquèrent la porte principale de la ville : les chevaliers Grecs, hommes efféminés, n'opposèrent qu'une faible résistance ; les Turcs abattirent la porte avec la hache et la scie, et les Grecs étant bientôt fatigués de combattre, leurs ennemis se précipitèrent dans la place. Ils assaillirent aussitôt, avec l'arc et la flèche, les citoyens de la ville et les pélerins, en firent un grand massacre, emmenèrent un grand nombre de prisonniers, et ces brigands cruels enlevèrent, en outre, tout l'argent et tous les objets précieux qu'ils purent trouver. Quelques hommes de l'armée Chrétienne, au nombre de quarante environ, se trouvaient en ce moment dans cette ville, où ils avaient reçu l'hospitalité ; ils furent tous pris et décapités, mais non sans avoir, par avance, vengé leur sang : ils combattirent avec un courage incomparable, près de la porte dont on leur avait confié la défense, repoussèrent les Turcs, en tuèrent un grand nombre, et ne purent être vaincus que lorsque les autres furent entrés dans la ville par la porte que les Grecs avaient occupée.

D'autres pélerins, au nombre de sept mille environ, retournant dans leur patrie par la voie de mer, et naviguant sans accident ni tempête, abordèrent à un port de l'île de Chypre, le jour de la Saint-Martin. Ils jetèrent aussitôt leurs ancres au fond des eaux, et descendirent promptement sur le rivage. Mais bientôt, un vent, d'une violence telle que depuis plusieurs années les matelots n'en avaient vu de pareil, s'appesantit sur la mer, l'agita d'une manière horrible, ballotta les navires, brisa tous leurs câbles dans son impétuosité, souleva les ancres dans l'abîme, et excita une si rude tempête que chaque navire allait, sans guide ni pilote, se choquer contre un autre navire, et qu'enfin cette troupe de Chrétiens fut misérablement ensevelie dans les eaux, de même que tous les effets dont la flotte était chargée. Elle se composait de treize navires, et deux bâtimens légers échappèrent seuls à ce désastre. Le lendemain la mer furieuse s'apaisa, et ses flots jetèrent sur le rivage une si grande quantité de cadavres d'hommes nobles et de gens obscurs, que les fidèles, habitans de l'île, employèrent trois semaines entières à leur donner la sépulture dans les champs.

La seconde année du mariage du roi Baudouin, une nombreuse armée du roi de Babylone arriva par mer dans la ville de Tyr, le jour de l'Assomption de la bienheureuse Marie. Parmi ces Gentils, les uns cherchèrent à tendre des embûches aux Chrétiens, les autres firent leurs affaires de commerce, et la flotte se disposa ensuite à repartir, trois jours après la Nativité de la Vierge. Dès qu'ils furent arrivés dans le voisinage de Ptolémaïs, les Gentils se formèrent en ordre de bataille, pour résister aux forces des Chrétiens. Deux navires, plus grands et plus chargés, demeurèrent sur les derrières, en observation; mais, écrasés sous le poids des hommes et des effets qu'ils transportaient, ils ne suivaient le reste de leur flotte que de loin, et à plus d'un mille de distance. Les habitans de Ptolémaïs et les chevaliers du roi, qui, selon leur usage, étaient habituellement sur les remparts, ayant reconnu les voiles et les mâts des Gentils qui retournaient à Babylone, se revêtirent aussitôt de leurs cuirasses et de leurs casques, montèrent sur trois galères, au nombre de quatre cents hommes environ, et partirent pour aller attaquer les deux navires en retard, et chercher à s'en rendre maîtres de manière ou d'autre. L'un de ces deux navires trop chargé d'armes et de soldats, et ne pouvant s'échapper, se mit en mesure de se défendre, et combattit depuis la neuvième heure du jour jusqu'au soir; on tua beaucoup de monde de part et d'autre ; mais enfin le navire des Gentils eut le dessous, fut pris et conduit au port de Caïphe. On laissa dans cette ville, et sous bonne garde, quelques Sarrasins blessés; ceux qui ne l'étaient pas furent menés ensuite à Ptolémaïs avec leur vaisseau et quelques Chrétiens également blessés. Ces derniers furent de même déposés dans la ville, et les Chrétiens qui n'avaient reçu aucun mal, prenant avec eux deux autres galères, montées aussi par des fidèles, se mirent à la poursuite du second navire, que les effets, les chevaliers et les armes qu'il transportait retardaient toujours dans sa marche, et qui se trouva bientôt enveloppé et attaqué vigoureusement par cinq galères. Les Sarrasins se défendirent avec non moins de courage, et combattirent bravement pour leur salut, en se servant de toutes sortes d'armes et ne cessant de lancer des flèches. Cette bataille, également fatale aux deux partis, dura depuis le matin jusqu'au milieu du jour, et le vaisseau des Gentils se trouva au moment d'échapper à ceux qui l'avaient assailli. Mais les citoyens et les chevaliers de Ptolémaïs, ayant vu du haut de leurs murailles que leurs galères étaient battues, tinrent conseil et résolurent d'envoyer sans retard deux cents hommes à leur secours. Le navire des Gentils combattant toujours, et fatigué de sa longue résistance, fut enfin vaincu et amené le soir, et de vive force, dans le port de Ptolémaïs. Deux galères étaient parties de Tyr pour aller le secourir ; mais ceux qui les montaient, voyant la persévérance des Français et la défaite de leurs compagnons, prirent la fuite et rentrèrent à Tyr. Ce navire portait mille hommes de guerre très-vaillans : d'après les ordres du roi, les habitans de Ptolémaïs demeurèrent toute la nuit sous les armes, pour veiller à la garde de ces prisonniers, et tous les effets innombrables trouvés sur le vaisseau furent distribués aux chevaliers. Parmi les Sarrasins, les uns furent décapités, les autres s'étant rachetés à des prix excessifs furent renvoyés chez eux.

L'année suivante Malduk, l'un des plus puissans princes turcs, retourna à Damas après avoir fait périr un grand nombre de Chrétiens dans la Romanie, et son nom et sa réputation furent célébrés parmi les Turcs et tous les Gentils, parce qu'il avait plus que tous les autres apesanti son bras sur les fidèles du Christ : aussi Dochin, prince de Damas, rempli de jalousie et de haine contre lui, chercha tous les moyens possibles de lui donner la mort ; mais il agit toujours en secret, de peur d'exciter la colère des siens qui avaient une extrême affection pour Malduk à cause de sa grande générosité et de sa valeur à la guerre. Il imagina donc à plusieurs reprises divers artifices, et, n'ayant pu trouver l'occasion de réussir dans ses projets, voici enfin la résolution à laquelle il s'arrêta pour faire périr Malduk et détruire sa réputation. Il séduisit, par des dons et de magnifiques promesses, quatre chevaliers de la race des Azoparts, auxquels il ordonna de chercher en un jour solennel à s'introduire secrètement, et munis de leurs armes, dans l'oratoire de Malduk, pendant qu'il serait uniquement occupé des cérémonies du culte des Gentils, et de le frapper à mort afin de mériter les récompenses qu'il leur offrait. En effet, les Azoparts entrèrent secrètement dans l'oratoire de Malduk, tandis qu'il célébrait en sécurité les cérémonies de son culte; ils l'attaquèrent à l'improviste, le percèrent au cœur d'un fer bien acéré, et prirent la fuite aussitôt après cet assassinat. Dochin, complice et instigateur de ce meurtre, dissimula jusqu'à ce qu'il eût acquis la certitude du succès; et alors, versant des larmes trompeuses, affectant une douleur qu'il n'éprouvait point, il se répandit en plaintes sur la mort de ce prince illustre, et donna l'ordre de poursuivre et de rechercher partout les auteurs de ce crime. Mais les Turcs ne tardèrent pas à être instruits de sa perfidie, et dès ce moment ils nourrirent contre lui une profonde haine, et ne cessèrent de lui tendre des piéges pour le punir d'une conduite que rien ne pouvait justifier.

La seconde année, après la mort de Malduk, Burgold du royaume du Khorazan, Brodoan roi d'Alep, et Cocosandre de la ville de Lagabrie, se rendirent sur le territoire d'Antioche avec quarante mille Turcs bien armés et équipés pour la guerre, et dressèrent leurs tentes dans les plaines des villes de Rossa[1], Royda[2] et Famiah; ils détruisirent, avec des instrumens à

---

[1] Peut-être le *Rhossus* ou *Pieria* des anciens, au nord ouest d'Antioche, sur la côte.
[2] Peut-être Reah ou Ruiah.

projectiles, les faubourgs de ces villes, mais sans pouvoir faire aucun mal à celle de Famiah, dévastèrent et incendièrent toute la contrée : ils assiégèrent avec toutes leurs forces les villes de Romenose, Turgulant et Montfargie, prirent et emmenèrent, chargé de chaînes, Guillaume, prince chrétien, qui commandait dans ces places, et firent périr par le glaive ou conduisirent en captivité tous les autres Chrétiens qu'ils y trouvèrent. Ils demeurèrent, dit-on, onze semaines de suite dans ce pays : le roi Baudouin était alors à Jérusalem. Invité à porter secours aux chevaliers du Christ, il partit en hâte pour Antioche avec cinq cents chevaliers et mille hommes de pied, suivi du prince de Damas, Dochin, qui s'était allié avec lui, et conduisait une nombreuse cavalerie. Pons, fils de Bertrand de Tripoli, se réunit à eux avec deux cents chevaliers et deux mille hommes de pied, et ils marchèrent sur la route royale jusqu'à la ville de Taramrie. Roger d'Antioche et Baudouin de Roha se portèrent à leur rencontre jusqu'à cette même ville, avec dix mille hommes tant chevaliers que fantassins, et tous les Chrétiens ayant dressé leurs tentes sur ce territoire, y demeurèrent pendant huit jours. Les Turcs, ayant appris l'arrivée du roi et de ses troupes, prirent la fuite dans les montagnes et se dirigèrent vers la ville de Mélitène, n'osant hasarder une bataille. Informé de la retraite des Turcs, le roi se disposa aussi à retourner chez lui : il avait amené avec lui la veuve de Tancrède, fille du roi de France. D'après les conseils de Baudouin elle épousa Pons fils de Bertrand ; ce mariage fut célébré avec beaucoup de pompe et au milieu d'une extrême abondance de toutes choses dans la ville de Tripoli, qui appartenait à Pons en vertu de ses droits héréditaires.

Aussitôt après le départ du roi, les Turcs revinrent avec toutes leurs forces vers les villes de Gaste, Harenc et Synar, occupées par les Français; ils envahirent leurs territoires, dévastèrent et détruisirent tout ce qui se présenta devant eux. Roger et Baudouin, en ayant été informés, furent très-affligés du départ du roi, qui se trouvait déjà trop loin pour être rappelé. Ils tinrent conseil, et ne voulant pas lui expédier inutilement un nouveau message, ils se bornèrent à rassembler dans leur pays une armée de quinze mille hommes, composée tant de Français que d'Arméniens. Les Turcs, divisés en trois corps d'armée, occupaient les rives du Fer, qui coule entre Césarée de Straton et Famiah. Dès le grand matin du jour de l'exaltation de la sainte croix, Roger et Baudouin formèrent leurs corps et allèrent attaquer les Turcs; ils leur tuèrent quinze mille hommes dans cette bataille, et ne perdirent qu'un petit nombre de Chrétiens. Ayant ainsi détruit la première armée, Roger et les siens, poussant de grands cris, marchèrent vers la seconde; mais tous les ennemis, frappés de crainte, prirent la fuite, et ayant voulu passer le fleuve au gué, ils périrent dans les eaux. La troisième armée turque, saisie de stupeur après cette nouvelle victoire des catholiques, se trompa de route en cherchant à se sauver, et le hasard la conduisit dans le pays de Camela et dans une vallée voisine du château de Malbek. Dochin, marchant alors à leur rencontre à la tête de huit mille hommes, leur livra une terrible bataille, leur tua trois mille hommes et leur enleva mille prisonniers. Il y avait dans ce dernier corps, qui avait pris la fuite, un grand nombre de Turcs de la race et du sang de Malduk, qui étaient ennemis déclarés de Dochin, à cause de sa perfidie et de l'assassinat de leur parent, et qui ne cessaient d'adresser leurs plaintes aux grands comme aux petits dans le royaume du Khorazan, et de chercher les occasions de venger Malduk. Aussi Dochin, toujours inquiet et rempli de méfiance, s'était-il allié avec le roi Baudouin et les fidèles du Christ; il était fortement attaché à cette alliance, et ne négligeait aucune occasion de faire aux Turcs tout le mal possible.

La troisième année, après qu'il eut célébré son mariage avec une pompe royale et à l'époque de l'automne, Baudouin partit avec douze cents chevaliers et quatre cents hommes de pied, et se rendit sur le mont Oreb, vulgairement appelé Orel. Il y fit construire en dix-huit jours un nouveau château-fort, afin de pouvoir attaquer le pays des Arabes avec plus de sûreté, et d'empêcher les marchands d'aller et venir en tout sens et sans sa permission, comme aussi dans l'intention que les ennemis ne pussent se placer en embuscade ou venir l'attaquer à l'improviste, sans que les fidèles, enfermés dans cette nouvelle citadelle, en fussent instruits de manière à pouvoir leur opposer une résistance. Après avoir pourvu à la sûreté de sa nouvelle forteresse, le roi, toujours avide de nouveautés, rassembla secrètement soixante illustres chevaliers, et se mit en marche avec eux pour le royaume de Babylone, dans l'espoir de trouver quelque occasion de se signaler par des exploits, soit en enlevant des Sarrasins et des Iduméens, soit en s'emparant de quelques villes. Après avoir traversé la vaste étendue des déserts, traînant à sa suite des vivres en abondance, et les faisant transporter à dos de mulets, il arriva sur les bords de la mer Rouge. Les chaleurs sont excessives dans ce pays : le roi et ses chevaliers se rafraîchirent en se baignant dans les eaux de cette mer, et se restaurèrent en mangeant de ses poissons. Ayant appris qu'il y avait sur le mont Sina des moines dévoués au service de Dieu, Baudouin résolut d'aller les visiter à travers les sinuosités de la montagne, pour prier et s'entretenir avec eux. Mais le roi ayant reçu des messagers de la part de ces moines, renonça à monter auprès d'eux, de peur que sa visite ne les rendît suspects aux Gentils, et que ceux-ci n'allassent les expulser de leur habitation. On lui dit en outre qu'il n'y avait que quatre journées de marche du lieu où il se trouvait alors jusqu'à Babylone.

Mais comme le roi n'avait traversé le désert silencieux qu'avec un petit nombre d'hommes ; comme, de plus, son séjour dans le pays commençait à être connu, ses amis lui conseillèrent de ne pas s'avancer davantage, et de retourner à Jérusalem sans bruit et le plus promptement possible ; car si l'on avait su dans tout le pays environnant l'arrivée ou même le départ du roi, plus de cent mille Gentils de diverses races se seraient levés en armes pour se porter à sa rencontre et lui fermer toutes les issues. Aussi, cédant aux conseils des siens, et sortant de cette terre avec toutes les précautions nécessaires, le roi se disposa à retourner à Jérusalem, en passant par la vallée d'Hébron et le château de Saint-Abraham. Arrivé dans ce dernier lieu, il y passa la nuit avec ses chevaliers, et tous se reposèrent de leurs fatigues, et trouvèrent des vivres en abondance. Ils prirent ensuite la route qui conduit à Ascalon, et, en traversant les plaines de cette ville, ils enlevèrent, au milieu des pâturages, tout ce qu'ils y trouvèrent, savoir, deux cents chameaux et de nombreux troupeaux de bœufs, de moutons et de chèvres, et, conduisant avec eux ce riche butin, ils rentrèrent à Jérusalem dans leur puissance, et sans avoir été poursuivis.

Quelques jours après, et vers le commencement du mois de mars, le roi étant descendu à Ptolémaïs, y tomba sérieusement malade, et ses souffrances allèrent croissant de jour en jour. C'est pourquoi il prescrivit de donner aux pauvres, pour la rédemption de ses péchés et le salut de son ame, une partie des richesses qu'il possédait en vases d'or et d'argent et en byzantins; et, dans l'incertitude où il se trouvait sur son existence, il prescrivit en outre de distribuer aux pauvres, aux orphelins et aux veuves, le vin, le grain, l'huile et l'orge qu'il avait à Jérusalem et dans beaucoup d'autres lieux. Il en réserva une partie pour sa maison, et voulut en outre, dans sa générosité, faire donner des byzantins, de l'or, de l'argent et de la pourpre précieuse aux chevaliers de sa maison, aux étrangers et à tous ceux qui avaient combattu pour lui, en recevant une solde. Il prescrivit également de payer toutes ses dettes, et insista particulièrement sur ce point, afin que son ame ne fût point chargée de ce fardeau; mais Dieu, qui donne la vie à tous ceux qui se repentent, et qui seul éloigne la mort, voulut que le roi, au moment même où il avait perdu toute espérance, fût rendu aux prières et aux larmes des orphelins et des veuves ; les maux de son corps furent adoucis, et bientôt le champion du Christ se releva tout entier. Déjà, et dès que la nouvelle de sa maladie s'était répandue au loin, une flotte de Babyloniens était venue aborder au port de Tyr, afin d'attaquer les villes occupées par les Chrétiens, immédiatement après la mort du roi ; mais ceux qui composaient cette armée, ayant appris son rétablissement, se remirent en mer sans le moindre délai, et retournèrent dans leur patrie sans rencontrer aucune opposition.

Après la guérison du roi, Arnoul, chancelier du sépulcre du Seigneur, fut élu et institué patriarche, en remplacement du seigneur Gobelin qui venait de mourir : il se rendit ensuite à Rome, où le pontife Pascal l'accueillit avec bonté, et le renvoya après avoir reçu sa justification sur tous les reproches qu'on lui adressait. A son retour, Arnoul, en vertu des invitations et des ordres du seigneur apostolique lui-même, ne tarda pas à engager le seigneur roi à renvoyer l'illustre dame qu'il avait prise pour femme, en lui reprochant d'avoir commis un adultère à l'égard de sa première épouse, fille de l'un des princes d'Arménie, et souillé un mariage légitime par une union criminelle. Un nouveau motif donnait plus de force aux ordres du patriarche, car on accusait le roi d'être lié de parenté avec la princesse de Sicile, qu'il avait épousée en secondes noces, et qui était issue d'un sang français. A la suite de ces représentations, le roi tint un conseil à Ptolémaïs dans l'église de la Sainte-Croix, et consentit à se séparer de sa femme, sur la demande du patriarche Arnoul, et avec l'approbation de tout le clergé. Cette dernière, triste et affligée, dégagée des liens de son mariage par la loi ecclésiastique, retourna par mer en Sicile. Depuis ce jour, et dans la suite, le roi, fidèle observateur de la pénitence qui lui fut imposée, averti et frappé par la main de Dieu, dompta ses passions, renonça à toutes les choses illicites, et vécut dans une abstinence admirable et dans la chasteté.

Quelque temps après, le roi, ayant reçu de nouvelles plaintes sur tous les maux que les Ascalonites faisaient souffrir aux pélerins qui se rendaient à Jérusalem ou qui en revenaient, prit conseil des siens et résolut d'aller attaquer le roi de Babylone lui-même, pour tenter de dévaster son royaume et de lui enlever ses richesses, afin de rabattre, dans la ville d'Ascalon, l'orgueil et l'esprit de rebellion qu'entretenaient et excitaient sans cesse les richesses et les troupes qu'elle tirait de ce royaume. Le souffle du printemps commençait à se faire sentir lorsque le roi, prenant avec lui deux cent seize chevaliers et quatre cents hommes de pied, habiles à la guerre et pleins d'expérience, se mit en route à travers un pays aride et désert, traînant à sa suite beaucoup de vivres, et s'abstenant soigneusement d'enlever du butin ou de toucher à quoi que ce fût dans les villes plus ou moins grandes de l'Arabie, qui lui étaient unies par les liens de l'amitié, ou qui lui témoignaient des égards. Après onze jours d'une marche non interrompue, les Chrétiens découvrirent le fleuve du Nil qui arrose toute la terre d'Égypte, et, étant descendus sur ses bords, ils baignèrent dans ses eaux leurs corps chargés de sueur. Puis, levant leur camp, ils arrivèrent au cinquième jour de la semaine, avant la mi-carême et dans le mois de mars, sur le territoire d'une ville appelée Pharamie, bien fortifiée et garnie de murailles, de tours et de remparts. C'était une des plus belles villes du royaume de Babylone, et elle n'était éloignée de cette dernière que de trois journées de marche. Le lendemain, les Chrétiens, ayant formé leurs corps et dressé les bannières de leur petite armée, couverts de leurs cuirasses et de leurs casques, s'avancèrent vers la ville que ses défenseurs avaient abandonnée, et, voyant les portes ouvertes, ils y entrèrent en poussant de grands cris. Ils y trouvèrent en abondance toutes les choses nécessaires à la vie, du vin, du grain, de l'huile, de l'orge, de la viande, des poissons et toutes sortes d'autres alimens, sans compter l'or, l'argent et beaucoup d'objets précieux, en une quantité incalculable; car tous les habitans de cette ville, ayant appris la prochaine arrivée du roi, oubliant le soin de leur défense et de toutes leurs propriétés, et uniquement occupés de s'enfuir, s'étaient retirés loin de la place, pour sauver du moins leur vie. Le roi et les siens, excédés de fatigue après une marche de neuf jours au milieu des chaleurs intolérables que l'on rencontre sur cette terre brûlante, et trouvant dans la ville des boissons et des vivres en abondance, y demeurèrent en repos et en pleine liberté, le sixième jour de la semaine, le jour du sabbat et celui du dimanche, faisant absolument tout ce qui leur convenait.

XXVI. Ce même jour du dimanche, qui était aussi celui de la mi-carême, les hommes sensés, remplis de sollicitude pour le salut de tous, allèrent trouver le roi et lui parlèrent en ces termes : « Nous ne sommes qu'un « petit nombre, déjà notre arrivée est connue à Baby- « lone et dans tout le royaume, et nous ne sommes

« plus qu'à trois journées de marche de cette ville de
« Babylone. C'est pourquoi tenons conseil ensemble,
« afin de sortir du lieu où nous sommes, de pour-
« suivre notre marche comme nous l'avons juré, et de
« ne pas nous arrêter ici plus long-temps. » Le roi,
cédant à ces conseils, convoqua dès le point du jour
ses compagnons d'armes, et, faisant renverser les
murs de la ville, il donna l'ordre de mettre le feu à
tous les édifices, aux tours comme aux maisons, et
s'occupa avant tout et de tous ses moyens de consommer la destruction de cette place, afin que les Babyloniens ne pussent plus en tirer aucun secours. Mais,
tandis que Baudouin travaillait lui-même, avec plus
d'empressement et d'ardeur que tous les autres, à renverser les murailles, et à incendier les édifices, accablé par l'excès de la chaleur et du travail, il se trouva
tout à coup pris d'un mal violent qui alla croissant
avec une extrême rapidité. Le soir, lorsque le soleil
eut disparu, désespérant de sa vie et convoquant les
chefs de l'armée, le roi leur annonça sa maladie, et
leur déclara qu'il ne pouvait cette fois échapper à la
mort. En le voyant dans ce danger, tous les Chrétiens,
depuis le plus petit jusqu'au plus grand, poussèrent
de profonds gémissemens, d'abondantes larmes cou-
lèrent de leurs yeux, et tous se livrèrent à une grande
désolation ; car aucun d'eux ne conservait dès ce moment aucun espoir de retourner jamais à Jérusalem,
et ils se considéraient comme destinés à subir la sentence de mort dans cette terre d'exil.

Quoiqu'il fût accablé par le mal, le roi, cherchant
à leur rendre le courage, leur dit : « Pourquoi, hom-
« mes vaillans et si souvent éprouvés par les dan-

« gers, pourquoi votre courage se trouble-t-il par la
« mort de moi seul, et pourquoi ces pleurs, cette dé-
« solation, cette profonde douleur? O mes frères très-
« chéris, mes bien-aimés compagnons d'armes, que
« la mort d'un seul homme n'abatte pas vos cœurs et
« ne vous fasse pas tomber dans la faiblesse sur cette
« terre de pélerinage et au milieu de nos ennemis.
« Souvenez-vous, au nom de Dieu, que ma force n'est
« que celle d'un homme, et qu'il en reste encore beau-
« coup parmi vous dont les forces et la sagesse diffè-
« rent peu ou ne diffèrent nullement de celles que
« j'ai pu avoir. Soyez donc des hommes forts, ne
« vous laissez point abattre comme des femmes par
« la tristesse et la douleur de ma mort, car il con-
« vient que vous cherchiez, dans votre sollicitude
« et votre prudence, les moyens de vous en retour-
« ner les armes en main, et de vous maintenir dans
« le royaume de Jérusalem, ainsi que vous l'avez
« juré dès le commencement. » A ces mots, et pour
dernière prière, il demanda instamment à tous ceux
qui étaient présens, en les adjurant, par leur fidélité
et leur allégeance, que s'il venait à mourir, son corps
inanimé ne fût point enseveli sur la terre des Sarrasins, de peur qu'il ne se trouvât exposé aux railleries
et aux insultes des Gentils, et les supplia d'employer
tous les moyens et de braver toutes les fatigues possibles pour transporter son cadavre à Jérusalem, et le
déposer à côté de son frère Godefroi. En entendant
ces paroles, les princes eurent peine à retenir leurs
larmes, et lui répondirent qu'il leur imposait une tâ-
che bien rude et au dessus de leurs forces; car il était
impossible, par les chaleurs excessives de ce moment

de conserver un cadavre, de le toucher et de le transporter. Baudouin insista encore, et les supplia, par l'amour qu'ils avaient pour lui, de ne point se refuser à cette fatigue. « Aussitôt que je serai mort, leur dit-
« il, je vous prie d'ouvrir mon corps avec le fer,
« d'en enlever les intestins, de le remplir de sel et
« d'aromates, et de l'envelopper dans du cuir et des
« tapis, afin que vous puissiez ensuite le transporter
« à Jérusalem, et l'ensevelir, selon le rit catholique,
« auprès du sépulcre de mon frère. » En même temps, faisant appeler Addon, le cuisinier de sa maison, il exigea de lui le serment qu'il lui ouvrirait le ventre et lui enleverait les intestins : « Sache, lui dit-il,
« que je mourrai bientôt; c'est pourquoi, si tu m'aimes, si tu m'as aimé vivant et en santé, conserve-
« moi ta fidélité après ma mort ; ouvre mon corps
« avec le fer, prends soin de le bien frotter de sel à
« l'intérieur et au dehors, remplis aussi de sel mes
« yeux, mes narines, mes oreilles et ma bouche; ne
« l'épargne pas, et ensuite sois constant à me trans-
« porter de concert avec les autres. C'est ainsi que
« tu accompliras mes desirs et me garderas ta foi. »
Après qu'il eut fait ces dispositions, son mal alla toujours croissant jusqu'au troisième jour de la semaine, qu'il mourut enfin sous les yeux de ses grands et de ses fidèles.

Ceux-ci, lorsqu'ils virent approcher sa fin, sachant XXVII. que pendant toute sa vie il avait été doué d'une grande sagesse, lui demandèrent quel héritier gouvernerait après sa mort le royaume de Jérusalem, et serait couronné en sa place, afin que celui qu'il aurait désigné pût être appelé au trône sans contestation. Il donna d'abord le royaume à son frère Eustache, dans le cas où il viendrait à Jérusalem, et s'il ne pouvait pas y venir, il demanda que Baudouin du Bourg fût élu roi, ou tel autre qui pût gouverner le peuple Chrétien, défendre les églises, demeurer ferme dans la foi, sans se laisser épouvanter par aucune armée ennemie, ni séduire par les présens. Après avoir dit ces mots, l'homme issu du plus noble sang dans la Lorraine, terre de sa naissance, le roi comblé de gloire et toujours victorieux dans le royaume de Jérusalem, le vigoureux athlète de Dieu rendit le dernier soupir, inébranlable dans la foi du Christ, purifié par la confession du Seigneur, fortifié par la communion du corps et du sang de son maître. Après la mort de ce prince très-illustre au milieu du pays des barbares, les nobles princes, ses compagnons d'armes, les chevaliers et les hommes de pied, accablés de chagrin, versèrent des torrens de larmes, et firent entendre des cris de douleur; et sans doute ils se seraient encore plus abandonnés à leur désespoir, sans la terreur qu'ils éprouvaient sur cette terre, de toutes parts ennemie, à la suite d'une si grande perte. Cachant donc sa mort et leur tristesse, et empressés à accomplir ses dernières prières, ils ouvrirent son corps, enlevèrent et déposèrent les entrailles dans le sein de la terre, le frottèrent de sel, tant en dedans qu'en dehors, remplirent les yeux, la bouche, les narines et les oreilles d'aromates et de parfums, et ayant enveloppé le cadavre de cuir et de tapis, ils le déposèrent et l'attachèrent avec soin sur des chevaux, afin que les Gentils ne pussent même se douter de sa mort, et accourir de tous côtés, dans leur audace, pour se mettre à la poursuite de cette armée livrée à la désolation. Après avoir fait toutes ces dispositions, ils transportèrent les restes inanimés de leur roi à travers la terre du pélerinage, dans les déserts où l'on ne trouve point de chemin, le long de la vallée d'Hébron, où les fidèles honorent encore en ce jour le château et la sépulture des saints patriarches Abraham, Isaac et Jacob. Marchant tous les jours et sans s'arrêter, ils avaient soin d'avoir constamment, sur leur droite et sur leur gauche, des corps de chevaliers et d'hommes de pied pour veiller à leur sûreté. Ils entrèrent ensuite, toujours conduisant leur convoi funèbre, dans la plaine d'Ascalon, et là, déployant leurs bannières, reformant leurs corps, et se confiant en leur seule valeur, ils traversèrent toute la plaine sans obstacle et sans être inquiétés par les ennemis, et arrivèrent enfin dans les montagnes de Jérusalem avec le corps du roi, le jour des Rameaux, jour saint et à jamais célèbre.

Ce même jour, le seigneur patriarche était descendu XXIX de la montagne des Oliviers avec tout son clergé, après avoir consacré les Rameaux, et tous ses frères, sortant du temple du Seigneur et des autres églises, se portaient en foule à sa rencontre, chantant des hymnes de louange, pour célébrer ce jour de fête et de sainteté, où le Seigneur Jésus, monté sur un âne, daigna entrer dans la sainte Cité de Jérusalem. Tandis que tous les groupes de Chrétiens se rassemblaient pour cette solennité, en entonnant les louanges de Dieu, le roi défunt arriva lui-même au milieu de ces chants, et voici, toutes les voix demeurèrent en silence, les hymnes se changèrent en affliction, et l'on n'entendit plus que les sanglots du clergé et du peuple. Cependant l'office des Rameaux étant terminé, tous les Chrétiens rentrèrent dans la ville avec le corps du roi, par la porte appelée la Porte dorée, qui fut celle par laquelle le Seigneur Jésus fut conduit à la Passion ; aussitôt on résolut, d'un commun accord, d'ensevelir, sans aucun retard, le corps du roi, car il était encore puant, et l'on jugea qu'il y aurait trop d'inconvéniens à le garder plus long-temps. Après avoir célébré les cérémonies du culte catholique, le seigneur patriarche confiant le cadavre à la terre, le déposa sur le Calvaire, auprès du sépulcre de son frère utérin Godefroi, dans le vestibule du temple du Seigneur, et dans un mausolée, monument vaste et magnifique, digne de perpétuer la mémoire et l'honneur d'un si grand nom, et tel qu'il convient de les consacrer pour les rois. Ce mausolée était de marbre blanc et poli : le roi y fut déposé au milieu des autres princes, et reçut, comme son frère Godefroi, les honneurs d'une magnifique sépulture. Après cette cérémonie, le vénérable patriarche Arnoul, pénétré de douleur de la mort de l'illustre prince de Jérusalem, du vigoureux champion du Christ, fut saisi lui-même d'une violente maladie, et mourut trois semaines après : il fut enseveli dans le lieu consacré à la sépulture des Patriarches.

Le jour même que le roi Baudouin fut inhumé et que le patriarche Arnoul tomba malade, le clergé et le peuple de cette église encore si nouvelle, se trouvant comme orphelins par la mort de ce prince illustre, et jugeant qu'il ne pouvait leur convenir de laisser long-temps le lieu et la terre qu'ils occupaient dénués d'un appui et d'un défenseur, commencèrent à s'occuper de la nomination d'un nouveau roi. Divers avis furent successivement proposés, mais enfin tous tombèrent d'accord d'élever Baudouin du Bourg au trône de Jérusalem ; car, chevalier toujours intrépide, il avait bravé mille périls pour le salut des Chrétiens, et n'avait cessé de défendre avec valeur le territoire de Roha contre toutes les attaques des ennemis. Aussitôt on s'écria de toutes parts que la couronne lui appartenait à juste titre, et qu'il fallait que le seigneur patriarche l'élevât à la dignité de roi. Baudouin était venu passer ces jours de fête à Jérusalem, et offrir ses adorations au sépulcre ; mais il ignorait entièrement tout ce qui s'était passé. Il fit d'abord une légère résistance, protestant que les richesses du pays de Roha étaient suffisantes pour lui, et le patriarche, encore vivant, mais déjà assez malade, voyant le peuple manifester son dévouement pour Baudouin et insister auprès de lui, approuva lui-même ce choix avec bonté, donna l'onction à Baudouin, et le consacra roi et seigneur de Jérusalem. Le jour de la sainte Résurrection, Baudouin fut élevé au trône au milieu des transports d'allégresse qui signalent cette époque célèbre, et rendit la justice de Dieu à tous les Chrétiens et en toute dévotion. Puis, au jour déterminé à l'avance, ainsi qu'il est juste et que les lois prescrivent, il rassembla tous les grands du royaume dans le palais du roi Salomon, leur conféra à chacun des bénéfices, reçut d'eux le serment de fidélité, et les renvoya chacun chez soi en les comblant d'honneurs. Il réserva pour son gouvernement les villes de Naplouse, Samarie, Joppé, Caïphe, le château de Saint-Abraham,

Ptolémaïs, Sidon, Tibériade et les autres villes et places qui faisaient partie du royaume de Jérusalem, assignant à ses grands quelques-uns des revenus de ses villes et en affectant d'autres à l'entretien de sa table. Après la mort du roi Baudouin et du patriarche Arnoul et la consécration de Baudouin du Bourg comme roi, Gormond, homme de bon renom, fut élu patriarche par tout le clergé et le peuple, et ayant été consacré par de saints pontifes, il fut élevé au siége épiscopal de Jérusalem, pour conduire le peuple du Dieu vivant et travailler à accroître la force de la nouvelle et sainte Église.

La seconde année du règne de Baudouin du Bourg, nouveau roi de Jérusalem et prince de la ville de Roha, quelques Sarrasins du pays d'Arabie, et d'autres de la race des Iduméens, que les modernes appellent les Bidumes, conduisant hors de leur pays des troupeaux de plus de trente mille chameaux, de cent mille bœufs et d'un nombre infini de moutons et de chèvres, et les menant au pâturage sur les lisières du royaume de Damas, y trouvèrent des herbes en abondance, et s'y établirent avec la permission et le consentement du prince de Damas, moyennant le paiement d'une certaine somme en byzantins, qu'ils s'engagèrent à donner au seigneur de ce territoire. Ils avaient en outre avec eux plus de quatre mille hommes tant cavaliers que fantassins, employés à veiller à la garde de leurs troupeaux, venus des pays d'Égypte et d'Arabie avec leurs lances et leurs glaives, et d'ailleurs pourvus abondamment des vivres nécessaires à leur entretien. Ces pasteurs demeuraient donc paisiblement sur la lisière du pays de Damas, veillant avec sollicitude à la garde de leurs troupeaux, et ne craignant rien cependant, puisque Dochin, prince de Damas, les avait autorisés à occuper la vaste étendue des pâturages avec leurs femmes et leurs enfans, comme c'est toujours l'usage parmi les Gentils. La nouvelle de l'arrivée de ces nombreux pasteurs, venus des terres lointaines, parvint aux oreilles de Josselin de Courtenai, à qui le roi Baudouin, frère de Godefroi, avait donné en bénéfice le territoire et les revenus de la ville de Tibériade, attendu qu'il était issu de parens illustres et fils de la tante de Baudouin du Bourg, devenu alors roi de Jérusalem. En apprenant ce rassemblement de troupeaux innombrables dans un pays désert et écarté des lieux habités, Josselin se hâta d'en donner avis à Godefroi, originaire du territoire de la ville de Paris, chevalier illustre et distingué par ses exploits à la guerre, ainsi qu'à Guillaume son frère, les invitant l'un et l'autre à faire une tentative sur ces troupeaux. Tous deux, en effet, accédant à ces propositions, rassemblèrent cent soixante chevaliers, hommes remplis de courage et toujours avides de butin, et soixante hommes de pied, terribles et armés d'arcs, de lances et de glaives, et ils partirent tous ensemble pour la contrée où habitaient, couchés sur la terre, les pasteurs et leurs gardiens, les vaillans chevaliers Arabes, Égyptiens et Iduméens, et où leurs troupeaux de chameaux, de bœufs, de moutons et de chèvres, erraient en tous sens dans la vaste solitude. Lorsqu'ils y furent arrivés, Josselin garda avec lui cinquante chevaliers, et se plaça sur la droite pour porter secours à ses alliés; Guillaume prit un nombre égal de chevaliers, munis de leurs cuirasses et de leurs casques, et demeura dans l'éloignement sur la gauche, afin d'être prêt à soutenir ceux qui iraient engager le combat ; enfin Godefroi, suivi de soixante chevaliers et du corps des hommes de pied remplis de vigueur, s'avança par le centre, attaqua audacieusement les pasteurs et ceux qui les défendaient, et aspirant par dessus tout à leur enlever du butin, il s'engagea témérairement au milieu d'eux. En un instant les quatre mille Gentils, avertis par les signaux et les cors, se trouvèrent rassemblés et enveloppèrent Godefroi avec tous les siens. Un rude combat s'engagea ; mais ces derniers trop peu nombreux pour pouvoir résister à de telles forces, perdirent quarante hommes qui tombèrent sous les flèches, la lance ou le glaive, hommes très-vaillans et jusques alors invincibles dans les combats, dont chacun, faisant le service de chevalier, était riche des revenus, des terres et des possessions qu'on lui avait assignés, et qui avaient eux-mêmes sous leurs ordres d'autres chevaliers, l'un vingt, l'autre dix, un autre cinq ou tout au moins deux. Huit de ces chevaliers seulement furent emmenés en captivité, tous les autres succombèrent sous les armes des ennemis. Guillaume ayant entendu les cris des combattans des deux partis, monta à cheval avec les siens pour se porter au secours de ses compagnons ; mais il se trompa de chemin, s'égara dans les broussailles et la vaste étendue du désert, et ne put être d'aucune utilité à ses frères, dans le péril extrême auquel ils étaient exposés. Josselin, dès qu'il fut instruit de leur défaite, se lança, dans son audace téméraire, au milieu de ses cruels ennemis ; mais déjà ses compagnons étaient mis à mort et anéantis, et il ne pouvait plus les sauver. On dit que les Sarrasins perdirent plus de deux cents hommes dans ce même combat ; quant aux Chrétiens qui étaient à pied , dix tout au plus sur soixante parvinrent à s'échapper, et se sauvèrent à travers champs et dans les bois. Ces illustres chevaliers surent cette catastrophe le jour même de la Résurrection du Seigneur, au temps où tous les catholiques renoncent d'ordinaire à tous travaux et à toutes querelles, et s'occupent exclusivement d'aumônes et de prières. Aussi je pense que, s'ils furent livrés aux mains de leurs ennemis, si leurs compagnons s'égarèrent dans les déserts sans pouvoir leur porter secours, ce fut parce qu'ils avaient aspiré à enlever du butin en un jour de sanctification.

Le roi Baudouin était parti de Jérusalem et résidait à Ptolémaïs, lorsqu'il apprit la cruelle nouvelle de la mort déplorable de tant d'hommes illustres, de tant de princes renommés, dont les bras et les conseils avaient soutenu l'Église de Jérusalem, et ne cessaient chaque jour de lui rendre de nouveaux services. Dès qu'il en fut informé, dès qu'il sut la mort de Godefroi, son chevalier bien-aimé, son cœur fut saisi d'une violente douleur, les traits de son visage cessèrent d'exprimer l'hilarité ; tous les Chrétiens qui étaient accourus de toutes parts à Ptolémaïs pour célébrer joyeusement les fêtes de Pâques, furent accablés de tristesse ; on ne vit plus que le deuil, on n'entendit plus que des gémissemens dans toutes les rues et sur les places de la ville. Aussitôt le roi invita tous les habitans de la ville de Jérusalem et des lieux occupés par les Chrétiens à venger le sang de leurs frères, et ayant rassemblé une armée de six mille hommes, il les conduisit à Béthanie, et donna l'ordre de dresser les tentes au milieu de la plaine. Cependant cette même nuit, les habitans de Jérusalem et les Chrétiens venus de tous les autres lieux virent avec déplaisir l'expédition qu'on allait leur faire entreprendre; car la ville de Damas était voisine du lieu où ils devaient se rendre, et il y avait dans cette ville une forte armée de Turcs. Tandis que les fidèles étaient ainsi dans l'indécision, les Iduméens, effrayés par la prochaine arrivée du roi, et d'un autre côté se méfiant de la légèreté des Turcs, et comptant peu sur leur secours et leur fidélité à leurs engagemens, résolurent de donner au roi quatre mille byzantins, en indemnité du massacre de ses chevaliers, afin de l'apaiser et de pouvoir désormais continuer à garder paisiblement leurs troupeaux, sans avoir à craindre de nouvelles violences. Le roi tint conseil avec les siens, et voyant que le peuple s'obstinait à ne pas vouloir se porter en avant, il se décida à accepter ces propositions. L'or qu'on lui avait offert lui ayant été livré, le roi retourna à Ptolémaïs, et voulut que cette somme fût employée en aumônes et en messes, pour le salut de l'ame de Godefroi et des autres victimes de cet événement.

La seconde année du règne de Baudouin II, et le jour même du Sabbat, qui précéda le dimanche de la Résurrection (jour où Godefroi et ses illustres chevaliers furent massacrés par les Iduméens), au temps où la grâce de Dieu descendue à jamais du Ciel pour confirmer la foi en la Résurrection du Seigneur, et reposant sur la lampe suspendue dans le Saint-Sépulcre, produit en un moment la flamme destinée à allumer, pendant cette nuit, le cierge de la Pâque, des pèlerins, au nombre de sept cents environ, avaient adoré le seigneur Jésus, au pied de son vénérable Sépulcre, et, après avoir vu le miracle du feu céleste, étaient partis joyeusement de Jérusalem pour aller, selon l'usage des fidèles, visiter les eaux du Jourdain. Déjà ils étaient sortis des montagnes, et s'étaient avancés, à travers le désert, jusqu'aux châteaux de Cuschet et de Bourgevins, quand tout-à-coup des Sarrasins de Tyr et d'Ascalon se présentèrent devant eux, munis de leurs fortes armes, et leur livrèrent combat. Les pèlerins étaient sans armes, et fatigués de leur long voyage et des jeûnes qu'ils avaient faits pour l'amour du nom de Jésus ; ils furent bientôt vaincus et prirent la fuite, et leurs impies bourreaux les poursuivant avec ardeur, firent périr trois cents hommes sous le glaive, et leur enlevèrent soixante prisonniers. Dès que la nouvelle de ce cruel massacre fut parvenue à Jérusalem et dans les environs, le roi, le seigneur patriarche Gormond, et tous les Chrétiens, en éprouvèrent une vive douleur. Ils firent partir sur-le-champ des chevaliers pour venger la mort des pèlerins ; mais ce fut en vain que ces chevaliers coururent aux armes, et se mirent aussitôt en route. Les Sarrasins s'étaient retirés après le succès de leur entreprise, et étaient rentrés dans les villes de Tyr et d'Ascalon, avec leurs prisonniers et les dépouilles qu'ils avaient enlevées aux Chrétiens.

FIN DES MÉMOIRES D'ALBERT D'AIX.

HISTOIRE DES FRANCS

QUI ONT PRIS JÉRUSALEM;

Par RAIMOND D'AGILES,

CHAPELAIN DU COMTE RAIMOND DE TOULOUSE.

NOTICE

SUR

RAIMOND D'AGILES.

Guillaume de Tyr écrivait l'histoire des croisades quatre-vingts ans après leur explosion, au milieu des revers et presque sur les ruines du royaume chrétien qu'elles avaient fondé. Albert d'Aix répétait les récits des premiers croisés de retour en Occident, s'associant avec l'Europe entière à leurs sentimens et à leur gloire, bien qu'il fût demeuré étranger à leurs aventures. Raimond d'Agiles raconte ce qu'il a vu, ce qu'il a fait, ce qu'ont vu et fait son prince et ses compagnons. Chanoine de la cathédrale du Puy en Velay, lorsqu'en 1095 Urbain II vint prêcher à Clermont la croisade, et probablement jeune encore, puisqu'il n'était que diacre, il accompagna son évêque, le célèbre Adhémar, fut ordonné prêtre dans le cours de l'expédition, devint chapelain de Raimond, comte de Toulouse, et prit, pendant la route même, en

1097 au plus tard, de concert avec Pons de Balazun ou Balazu, l'un des plus braves chevaliers du comte, la résolution d'écrire tout ce qui se passerait sous ses yeux. Aussi un manuscrit de l'ouvrage, qui se trouvait à Londres, porte-t-il le nom de Pons de Balazun; mais il suffit de le lire pour reconnaître que Raimond d'Agiles en est le véritable auteur. Il écrivait probablement, à chaque station, ce qu'il avait observé ou ce que lui rapportait Pons, mêlé de plus près aux événemens. Pons mourut au siége d'Archas, entre février et mai de l'année 1099, et Raimond n'en continua pas moins son travail. Il le conduisit jusqu'au différend qui s'éleva, après la prise de Jérusalem, entre le roi Godefroi et le comte Raimond, au sujet de la Tour de David, c'est-à-dire jusques vers la fin de juillet 1099. La plupart des érudits s'accordent à croire que les deux fragmens qui le prolongent un peu au-delà de cette époque, et contiennent le récit de la bataille d'Ascalon, ont été ajoutés après coup par une main étrangère. Raimond d'Agiles quitta Jérusalem avant le 14 août 1099, pour aller à Jéricho avec quelques autres croisés; ils passèrent le Jourdain sur un bateau d'osier, n'en trouvant aucun autre pour cette petite traversée; et, de ce moment, rien ne nous apprend quel fut le sort de l'historien, ni s'il revint en Europe ou mourut en Palestine. La brusque conclusion de son ouvrage donne quelque vraisemblance à cette dernière conjecture [1].

Le comte de Toulouse et les croisés de sa suite en sont, comme on peut s'y attendre, le principal objet; mais il n'en est que plus authentique et d'un intérêt plus pressant. Tous les écrivains de cette époque nous font connaître, avec plus ou moins d'étendue, les événemens généraux de la croisade. Raimond d'Agiles est un de ceux qui, en racontant certains faits avec tous les détails qu'il a lui-même recueillis au moment et sur le lieu, nous ont transmis, des idées et des mœurs des croisés, le tableau le plus vivant et le plus vrai; la narration judicieuse de Guillaume de Tyr ne peint pas aussi fidèlement l'état de l'imagination des hommes dans cette grande aventure, que ces innombrables visions, songes, pressentimens, miracles, dont le chanoine du Puy nous a si scrupuleusement conservé le souvenir.

L'ouvrage est dédié à l'évêque de Viviers, Léger, qui fut plus tard légat du Saint-Siége.

---

[1] *Histoire littéraire de la France*, par les Bénédictins, t. VIII, p. 622-628.

Pons de Balazun était du diocèse de Viviers. Il n'en existe aucune autre édition que celle qui se trouve dans les *Gesta Dei per Francos* de Bongars[1].

F. G.

[1] Tome I, pag. 139-183.

HISTOIRE
DE LA
PREMIÈRE CROISADE.

A mon seigneur l'évêque du Vivarais, et à tous les hommes orthodoxes, Pons de Balazun et Raimond, chanoine du Puy, salut et participation à tous nos travaux!

Nous avons jugé nécessaire de faire connaître à vous et à tous les hommes d'au-delà des Alpes les grandes choses que Dieu a faites, et qu'il ne cesse de faire tous les jours avec nous, selon les témoignages ordinaires de son amour; et nous l'avons résolu surtout parce que les hommes lâches et timides qui se retirent de nous font tous leurs efforts pour substituer des faussetés à la vérité. Que celui qui aura vu par là leur apostasie évite leurs discours et leur société; car l'armée de Dieu, quoiqu'elle ait été frappée de la verge du Seigneur, en punition de ses péchés, est cependant, par l'effet de sa miséricorde, victorieuse de tout le paganisme. Mais comme, parmi les nôtres, les uns sont venus par l'Esclavonie, les autres par la Hongrie, d'autres par la Lombardie, d'autres par mer, il serait trop ennuyeux pour nous d'écrire ce qui se rapporte à chacun en particulier : c'est pourquoi, laissant les autres de côté, nous nous occuperons seulement de raconter ce qui concerne le comte de Saint-Gilles, l'évêque du Puy et leur armée.

Ceux-ci donc étant entrés en Esclavonie rencontrèrent dans leur route toutes sortes de difficultés, principalement à cause de la saison d'hiver qui régnait alors. L'Esclavonie est une contrée déserte, montagneuse, dépourvue de chemins, dans laquelle nous ne vîmes, durant trois semaines, ni animaux, ni oiseaux. Les habitans de ce pays sont tellement sauvages et grossiers qu'ils ne voulurent entretenir avec nous aucune relation de commerce, ni nous fournir des guides ; fuyant de leurs bourgs et de leurs chateaux, ils massacraient, comme des troupeaux, les hommes faibles, les vieilles femmes, les pauvres et les malades qui ne suivaient l'armée que de loin, à cause de leurs infirmités, comme s'ils leur eussent fait beaucoup de mal. Il n'était pas facile à nos chevaliers de poursuivre ces brigands qui ne portaient point d'armes, et connaissaient bien les localités à travers les précipices des montagnes, et dans l'épaisseur des forêts : aussi les avaient-ils sans cesse sur le dos ; et ne pouvant jamais combattre, ils ne pouvaient cependant demeurer jamais tranquilles.

N'omettons pas de rapporter ici un exploit glorieux du comte. S'étant trouvé une fois, avec quelques-uns de ses chevaliers, enveloppé par les Esclavons, il s'élança sur eux avec impétuosité, et leur enleva même six hommes ; mais alors les Esclavons le menacèrent avec beaucoup plus de violence, et le comte, se voyant forcé de suivre la marche de l'armée, donna l'ordre d'arracher les yeux à ses prisonniers, de couper les pieds aux uns, le nez et les mains aux autres, afin de pouvoir, tandis que leurs compagnons seraient épouvantés de ce spectacle, et préoccupés de leur douleur, prendre la fuite lui-même, et se sauver plus sûrement avec ses chevaliers. Ce fut ainsi que le comte échappa, par la grâce de Dieu, à la mort qui le menaçait, et aux difficultés de sa position.

Il serait difficile de dire combien le comte déploya de vaillance et de sagessse dans ces circonstances. Nous demeurâmes environ quarante jours dans l'Esclavonie, marchant toujours à travers des brouillards tellement épais que nous pouvions, pour ainsi dire, les toucher et les pousser devant nous en faisant le moindre mouvement. Pendant ce temps, le comte, combattant constamment sur les derrières, était toujours occupé à défendre le peuple, et n'arrivait jamais le premier mais toujours le dernier au gîte; tandis que les uns y étaient rendus à midi, d'autres le soir, le comte très-souvent n'y arrivait qu'au milieu de la nuit, ou même au chant du coq. Enfin, à l'aide de la miséricorde de Dieu, des efforts du comte et de la sagesse de l'évêque, l'armée traversa si bien le pays que nous ne perdîmes pas un seul homme, soit de faim, soit en bataille rangée. Dieu a voulu, je pense, que son armée passât à travers l'Esclavonie, dans l'intention que ces hommes sauvages, qui ne le connaissent point, voyant le courage et la patience de ses chevaliers, en viennent tôt ou tard à renoncer à leur férocité, ou demeurent sans excuse au jour du jugement. Enfin, à la suite de beaucoup de fatigues et de périls, nous arrivâmes à Scodra, auprès du roi des Esclavons. Le comte eut fréquemment des communications fraternelles avec lui, et lui fit beaucoup de présens, afin que l'armée pût acheter et chercher en sécurité tout ce dont elle avait besoin. Mais ce fut une erreur : nous eûmes à nous repentir d'avoir demandé la paix ; car, pendant ce temps, les Esclavons, se livrant à leurs fureurs accoutumées, massacrèrent nos hommes, et enlevèrent tout ce qu'ils purent à ceux qui n'avaient point d'armes. Nous cherchâmes alors le moyen de fuir, et non de nous venger. Voilà tout ce que j'ai à dire sur l'Esclavonie.

Nous arrivâmes à Durazzo, et nous crûmes être dans notre patrie, regardant l'empereur Alexis et les siens comme des frères et des coopérateurs ; mais ceux-ci, devenant cruels comme des lions, attaquèrent des hommes paisibles, qui ne songeaient à rien moins qu'à se servir de leurs armes ; ils les massacrèrent dans les lieux cachés, dans les forêts, dans les villages éloignés du camp, et se livrèrent à toutes sortes de fureurs durant toute la nuit. Tandis qu'ils faisaient ainsi rage, leur chef cependant promettait la paix, et pendant la trêve même on massacra Pons Renaud et on blessa mortellement Pierre son frère, tous deux princes d'une grande noblesse. Et quoique nous eussions trouvé l'occasion de nous venger, nous aimâmes mieux poursuivre notre route que punir ces offenses, et nous nous remîmes en marche. Nous reçûmes en chemin des lettres dans lesquelles l'empereur ne parlait que de paix, de fraternité, et même, pour ainsi dire, d'adoption filiale ; mais ce n'étaient là que des paroles, car, en avant et en arrière, à droite et à gauche de nous, les Turcs, les Comans, les Uses, les Pincenaires et les Bulgares nous tendaient sans cesse des embûches.

Un jour, pendant que nous étions dans une vallée de

la Pélagonie, l'évêque du Puy s'était un peu éloigné de l'armée, cherchant un emplacement convenable pour y camper; il fut pris par des Pincenaires qui le renversèrent de dessus sa mule, le dépouillèrent et le frappèrent fortement à la tête. Mais comme un si grand prélat était encore nécessaire au peuple de Dieu, sa vie fut préservée par la miséricorde du Seigneur. L'un des Pincenaires lui demandait de l'or et le défendait contre les autres; pendant ce temps la nouvelle de cet événement se répandit dans le camp, et l'évêque s'échappa, tandis que ses ennemis différaient et que ses amis s'élançaient pour le délivrer.

Lorsque nous fûmes arrivés, à travers des piéges semblables, à un certain château qu'on appelle Bucinat, le comte fut informé que les Pincenaires voulaient attaquer notre armée dans les défilés d'une montagne; il se cacha avec quelques chevaliers, tomba sur les Pincenaires à l'improviste, leur tua beaucoup d'hommes et mit les autres en fuite. Dans le même temps on recevait des messages pacifiques de l'empereur, et nous étions entourés de toutes parts d'ennemis que nous suscitaient ses artifices. Lorsque nous fûmes arrivés à Thessalonique, l'évêque tomba malade et demeura dans cette ville avec un petit nombre d'hommes. Après cela nous nous rendîmes dans une ville nommée Rossa; et comme il devint évident que les habitans se disposaient à nous faire beaucoup de mal, nous en vînmes à nous lasser un peu de notre patience accoutumée. Nous prîmes donc les armes, les premiers remparts furent renversés, on enleva un immense butin, la ville se rendit, nous y transportâmes nos bannières et nous repartîmes, après avoir proclamé *Toulouse*, qui était le cri de ralliement du comte. Nous arrivâmes à une autre ville nommée Rodosto : là les chevaliers à la solde de l'empereur ayant voulu agir contre nous pour venger leurs compagnons, un grand nombre d'entre eux furent tués, et nous enlevâmes quelque butin. Là aussi revinrent vers nous les députés que nous avions envoyés en avant auprès de l'empereur; ils avaient reçu de lui de l'argent, et nous promirent toutes sortes de prospérités auprès de ce souverain. En un mot, les paroles des députés de l'empereur et des autres firent tant, que le comte laissa son armée et partit avec un petit nombre d'hommes et sans armes, pour se rendre en hâte auprès de l'empereur. Ces députés avaient dit que Boémond, le duc Godefroi, le comte de Flandre et les autres princes, suppliaient le comte de venir le plus promptement possible traiter avec l'empereur, au sujet de l'expédition de Jérusalem, afin que ce dernier prît la croix et se mît à la tête de l'armée de Dieu; qu'il avait dit à ce sujet qu'il règlerait avec le comte tout ce qui se rapportait à lui-même, aux autres et aux détails du voyage; ils avaient ajouté que la guerre était imminente, et serait peut-être fatale s'ils étaient privés du crédit d'un si grand homme; qu'en conséquence, le comte devait se hâter de partir, suivi seulement de quelques-uns des siens, afin qu'on n'eût plus de retard à essuyer lorsque son armée serait arrivée et qu'il aurait lui-même réglé toutes choses avec l'empereur. Enfin le comte céda et fut entraîné cette seule fois à quitter son camp et à se porter en avant de son armée, et ce fut ainsi qu'il arriva à Constantinople tout désarmé.

Les événemens que j'ai racontés jusqu'à présent ne laissaient pas de me donner, à moi qui écris, quelque mouvement de joie à raison de leurs heureux résultats, et maintenant je suis accablé d'amertume et de douleur à tel point que je me repens d'avoir entrepris un récit que j'ai cependant fait vœu de conduire jusqu'au bout. Que dois-je dire et par où faut-il commencer ? Parlerai-je de l'artificieuse et détestable perfidie de l'empereur ? Dirai-je la fuite honteuse de notre armée et le désespoir inconcevable auquel elle s'abandonna ? En racontant la mort de tant de princes illustres, éleverai-je un monument de douleur éternelle ? Que ceux qui voudront connaître de tels détails les demandent à d'autres plutôt qu'à nous. Voici la seule chose véritablement mémorable que je croie ne devoir point passer sous silence : c'est que, tandis que tous les nôtres méditaient d'abandonner le camp, de prendre la fuite, de quitter leurs compagnons, de renoncer à toutes les choses qu'ils avaient transportées de pays si lointains, des pénitences et des jeûnes salutaires leur rendirent enfin tant d'énergie et de force, que le souvenir seul de leur désespoir et des projets de fuite qu'ils avaient auparavant formés les accablait de la plus profonde douleur. Qu'il vous suffise de ce que je viens de dire.

Le comte donc ayant été accueilli très-honorablement par l'empereur et ses princes, l'empereur lui demanda de lui rendre hommage et de lui prêter serment, comme tous les autres princes avaient fait. Le comte répondit « qu'il n'était pas venu pour recon-
« naître un autre seigneur ni pour combattre pour un
« autre que celui pour lequel il avait renoncé à sa pa-

« trie et à ses biens ; que ce qu'il ferait toutefois, si
« l'empereur allait à Jérusalem avec une armée, se-
« rait de mettre sous sa foi sa personne, tous les siens
« et tout ce qu'il possédait. » Mais l'empereur s'excusa,
disant « qu'il redoutait les Allemands, les Hongrois,
« les Comans et les autres nations sauvages qui dé-
« vastaient son empire, s'il allait lui-même faire ce
« voyage avec les pélerins. »

Cependant le comte, informé de la mort et de la
fuite de quelques-uns des siens, se crut trahi et fit
faire des représentations à l'empereur Alexis, au sujet
de cette trahison, par quelques-uns des princes de
notre armée. Alexis répondit « qu'il avait ignoré que
« les nôtres eussent commis des dévastations dans ses
« États, et que les siens eussent reçu toutes sortes
« d'insultes; que ce dont le comte se plaignait se ré-
« duisait à ce fait, que son armée, tandis qu'elle dé-
« vastait, selon son usage, les campagnes et les châ-
« teaux, avait pris la fuite lorsqu'elle avait vu paraître
« une armée de l'empereur; que cependant il donne-
« rait satisfaction au comte. » En effet, il lui livra Boémond en otage. On en vint ensuite à un jugement,
et le comte fut forcé, au mépris de la justice, de
relâcher son otage.

Pendant ce temps notre armée arriva à Constantinople, et ensuite l'évêque nous rejoignit avec son
frère qu'il avait laissé malade à Durazzo. Alexis envoya messages sur messages, et promit de donner beaucoup de choses au comte s'il voulait lui rendre hommage, ainsi qu'il en avait été requis, et comme avaient
fait les autres princes. Le comte ne cessait de méditer
sur les moyens de se venger des insultes faites aux

siens, et de rejeter un si grand déshonneur loin de lui et de tous ses hommes. Mais le duc de Lorraine, le comte de Flandre et les autres princes détestaient ces projets, disant « qu'il était insensé de combattre des Chrétiens lorsqu'on était menacé par les Turcs. » Boémond s'engagea à porter secours à l'empereur, si le comte faisait quelque tentative contre celui-ci, ou s'il différait plus long-temps de lui rendre hommage et de prêter serment. Ayant donc pris conseil des siens, le comte jura « de n'enlever la vie ou l'honneur « à Alexis, ni par lui ni par tout autre; » et lorsqu'on l'interpella au sujet de l'hommage, il répondit qu'il n'en ferait rien, au péril même de sa tête : aussi Alexis ne lui fit-il que peu de présens.

Nous traversâmes ensuite la mer, et nous arrivâmes à Nicée. Le duc, Boémond et les autres princes, s'étaient portés en avant du comte et travaillaient déjà au siége. La ville de Nicée est extrêmement fortifiée par la nature aussi bien que par l'art. Elle a, du côté de l'occident, un lac très-grand qui baigne ses murailles, et, sur les trois autres côtés, un fossé toujours rempli par les eaux de quelques petits ruisseaux. En outre elle est entourée de murs tellement élevés, qu'elle n'a à redouter ni les assauts des hommes ni les efforts des machines : les tours sont très-rapprochées et leurs meurtrières si bien disposées en face les unes des autres, que nul ne peut s'avancer sans courir de grands dangers, et que ceux qui voudraient se porter plus près, ne pouvant eux-mêmes faire aucun mal, sont facilement écrasés du haut de ces mêmes tours.

Cette ville, telle que je viens de le dire, fut assiégée par Boémond du côté du nord, le duc et les Allemands vers l'orient, le comte et l'évêque du Puy vers le midi, car le comte de Normandie n'était pas encore avec nous. Voici le seul fait que nous croyons ne devoir pas passer sous silence. Tandis que le comte voulait prendre position avec les siens, les Turcs, descendant des montagnes en deux corps, vinrent attaquer notre armée : tandis que l'un de leurs corps combattrait le duc et les Allemands du côté de l'orient, ils avaient le projet que l'autre corps, entrant dans la ville par le côté du midi, et sortant par une autre porte, vînt assaillir les nôtres et les rejeter facilement hors de leur camp au moment où ils ne s'attendraient point à une pareille entreprise. Mais Dieu, qui a coutume de renverser les conseils des impies, déjoua complétement les projets de ceux-ci, en envoyant, comme à point nommé, le comte, qui cherchait à prendre sa position au moment où le corps des Turcs était presque sur le point d'entrer dans la ville : dès le premier choc, le comte les mit en fuite, leur tua beaucoup de monde et poursuivit les autres jusque sur les hauteurs de la montagne ; l'autre corps turc, qui voulut aller attaquer les Allemands, fut pareillement mis en fuite et écrasé.

Après cela on construisit des machines, on attaqua les murailles, mais le tout en pure perte ; car les murailles étaient extrêmement fortes et en outre vigoureusement défendues par les flèches et les machines des ennemis. On combattit donc durant cinq semaines sans aucun résultat. Enfin, par la volonté de Dieu, quelques hommes de la maison du comte et de l'évêque s'étant avancés, non sans péril, vers la tour située à l'angle qui fait face au midi, formèrent de vive force une tortue, commencèrent à miner l'une des tours, et, après l'avoir minée, la renversèrent. La ville même eût été prise par ce moyen, si les ténèbres de la nuit n'y eussent porté obstacle. Pendant la nuit, les assiégés relevèrent la muraille et rendirent inutiles nos travaux de la veille. Cependant la ville fut tellement frappée de terreur qu'elle se trouva enfin forcée à se rendre. Ce qui y contribua aussi fut qu'on avait établi sur le lac des navires de l'empereur que l'on avait transportés d'abord par terre. Ne comptant plus, par ces divers motifs, recevoir désormais aucun secours, voyant que l'armée des Francs s'augmentait de jour en jour, et n'osant se confier en leurs forces, les habitans se rendirent à Alexis. A cette époque, le comte de Normandie était arrivé. Alexis avait promis aux princes et au peuple Francs de leur abandonner l'or et l'argent, les chevaux et les effets de toute espèce qui se trouveraient dans la ville, d'y fonder un couvent latin et un hôpital pour les pauvres Francs, et en outre de faire, sur ses propres fonds, de si grandes largesses à chaque homme de l'armée que tous voudraient combattre toujours pour lui. Comptant sur sa fidélité à tenir ses engagemens, les Francs consentirent à la reddition de la ville. Alexis, dès qu'elle fut remise en son pouvoir, témoigna sa reconnaissance à l'armée, de telle manière qu'aussi long-temps qu'il vivra le peuple sera fondé à le maudire et à le proclamer traître.

Nous apprîmes à cette époque que Pierre l'ermite, qui était arrivé à Constantinople long-temps avant nos armées, suivi d'une nombreuse multitude, avait été également trahi par l'empereur. Pierre ne connaissait pas du tout les localités et ignorait l'art de la guerre ;

l'empereur le força à passer la mer et le livra ainsi aux Turcs. Ceux de Nicée, voyant cette multitude incapable de combattre, la détruisirent sans peine comme sans retard, et tuèrent environ soixante mille hommes. Le reste se réfugia dans une forteresse et échappa ainsi au glaive des Turcs. Devenus audacieux et fiers à la suite de ces succès, les Turcs envoyèrent les armes et les prisonniers qu'ils avaient enlevés aux nobles de leur nation et de celle des Sarrasins, et écrivirent chez les peuples et dans les villes éloignées que les Francs n'avaient aucune valeur à la guerre.

Nous partîmes de la ville de Nicée pour entrer en Romanie. Le second jour, Boémond et quelques autres princes se séparèrent imprudemment du comte, de l'évêque et du duc. Le troisième jour de son départ, comme Boémond se disposait à dresser ses tentes, il rencontra cent cinquante mille Turcs qui s'avançaient pour le combattre. Tandis qu'il formait ses rangs selon l'occurrence, et se préparait pour la bataille, il perdit beaucoup d'hommes de son armée qui ne suivaient que de loin. En même temps il manda au comte et au duc, qui étaient alors à deux milles de distance, de venir à son secours. Dès que le messager de Boémond fut arrivé dans notre camp, tous s'empressèrent à l'envi de prendre leurs armes, de monter sur leurs chevaux et de se mettre en route. Soliman et ceux qui étaient avec lui, ayant appris que notre armée, c'est-à-dire celle de l'évêque, du duc et du comte, s'avançait pour combattre la leur, désespérèrent de remporter la victoire, et prirent aussitôt la fuite, en sorte que celui qui venait d'enlever des prisonniers et un grand nombre de tentes dans le camp de Boémond, aban-

donna toutes les siennes, cédant à la puissance de
Dieu. On rapporte, à cette occasion, un miracle remarquable, mais que nous n'avons pas vu nous-mêmes, savoir, que deux chevaliers, couverts d'armes
toutes brillantes et ayant d'admirables figures, marchèrent en avant de notre armée, menaçant les ennemis, et ne leur laissant en aucune façon la possibilité
de combattre, et que, lorsque les Turcs voulaient les
repousser avec leurs lances, ils les trouvaient toujours
invulnérables. Ce que nous disons ici, nous l'avons
appris de ceux des Turcs qui, méprisant la société des
leurs, s'attachèrent à nous. Mais ce que nous pouvons
certifier par notre propre témoignage, c'est que, durant le premier et le second jour, nous rencontrâmes
sur toute la route les chevaux des ennemis, morts ainsi
que leurs maîtres. Ceux-ci donc ayant été battus et
dispersés, nous traversâmes la Romanie paisiblement
et joyeusement, et nous arrivâmes à Antioche. Le
comte cependant ralentit un peu la marche de son armée par suite de la maladie qu'il essuya. Et quoique
nous sachions très-bien que les incrédules trouveront
ceci désagréable, nous ne devons point dissimuler ce
que fit la clémence divine en cette occasion. Il y avait
dans notre armée un certain comte de Saxe qui vint
trouver le comte Raimond, et s'annonça comme envoyé par Saint-Gilles, assurant avoir été invité à deux
reprises à dire au comte : « Sois tranquille, tu ne mour-
« ras pas de cette maladie ; j'ai obtenu de Dieu un dé-
« lai, et je serai toujours avec toi. » Le comte était
assez disposé à le croire, et cependant il fut tellement
accablé par le mal, qu'on le déposa de son lit sur la
terre, ayant à peine un souffle de vie. Aussi l'évêque

de la ville d'Orange lui dit l'office comme s'il était déjà mort, mais la clémence divine, qui l'avait fait chef de son armée, l'enleva soudainement au trépas et lui rendit la santé.

Lorsque nous nous approchâmes d'Antioche, il y avait plusieurs princes qui n'étaient pas d'avis de l'assiéger, soit parce que l'hiver s'avançait, soit parce que l'armée était alors dispersée dans les châteaux, et que d'ailleurs, les chaleurs de l'été l'avaient fort affaiblie. Ils disaient donc qu'il fallait attendre les forces de l'empereur, et l'armée qu'on annonçait devoir arriver de France, et voulaient qu'on prît des cantonnemens d'hiver jusqu'au printemps. Les autres princes, parmi lesquels était le comte, disaient au contraire « que « nous étions venus par l'inspiration de Dieu; que sa « miséricorde nous avait déjà fait conquérir Nicée, « ville très-forte; que nous avions, par sa clémence, « remporté la victoire sur les Turcs, garanti notre sécu- « rité, maintenu la paix et la concorde dans notre ar- « mée; qu'il fallait, en conséquence, nous en remettre « pour nous tous à Dieu même; qu'enfin nous ne de- « vions redouter ni les rois, ni les princes des rois, ni « les lieux, ni le temps, puisque le Seigneur nous « avait déjà sauvés de plus grands périls. » Nous nous rendîmes donc à Antioche, et dressâmes notre camp tellement près de la ville que très-souvent, du haut de leurs tours, les ennemis blessaient nos hommes et nos chevaux sous les tentes même.

Et puisque l'occasion se présente de parler de la ville d'Antioche, il nous paraît nécessaire de dire quelque chose de la position de cette ville, afin que ceux qui n'ont pas vu les lieux puissent comprendre plus facilement la suite des combats et des assauts qui y furent livrés.

Au milieu des montagnes du Liban est une plaine que le voyageur ne peut franchir qu'en une journée dans sa largeur, et en une journée et demie dans sa longueur. Elle est bornée à l'occident par un marais, à l'orient par un fleuve qui en entoure une partie et court ensuite vers le pied des montagnes situées au midi de cette même plaine, de telle sorte qu'il n'y a plus aucun passage entre le fleuve et les montagnes : de là les eaux s'écoulent dans la mer Méditerranée, laquelle est assez voisine d'Antioche. Dans l'un des défilés que forme le fleuve, lorsque déjà il coule au pied des montagnes, est située la ville d'Antioche. Le fleuve descend donc de l'occident le long de la muraille inférieure, et n'est séparé de la ville que par un espace de terrain de la portée d'une flèche. La ville ainsi située s'élève vers l'orient, et enferme, dans son enceinte, les sommités de trois montagnes. Celle de ces montagnes qui la borne vers le nord est séparée des deux autres par un très-grand précipice; en sorte qu'il n'y a aucun moyen, ou du moins que des moyens extrêmement difficiles de communiquer de celle-là aux autres. Au sommet de la montagne septentrionale est un château, et, sur le milieu de la même montagne, un autre château appelé *Colax* en langue grecque : sur la troisième montagne on ne voit que des tours. La ville occupe en longueur un espace de deux milles, et est tellement garnie de murailles, de tours et d'ouvrages avancés, qu'elle n'a à redouter ni les efforts des machines, ni les assauts des hommes, dût tout le genre humain se réunir contre elle.

Cette ville fortifiée ainsi que nous venons de le dire, l'armée des Francs l'assiégea du côté du nord. Quoiqu'elle comptât trois cent mille hommes portant les armes, elle n'entreprit point de livrer assaut à la place, et se borna à établir son camp tout auprès. Il y avait dans l'intérieur de la ville deux mille très-bons chevaliers, quatre ou cinq mille chevaliers soldés, et dix mille hommes de pied, et même plus. Les murailles, d'ailleurs très-élevées, étaient en outre défendues par un fossé et des marais; en sorte, que les portes étant bien gardées, tout le reste pouvait demeurer en sécurité.

Au commencement, et lorsque nous arrivâmes, nous prîmes nos positions fort imprudemment; les ennemis, s'ils en eussent eu connaissance, auraient très-bien pu nous en enlever quelques-unes, car on ne prit aucun soin, dans notre armée, d'établir des sentinelles, et l'on n'observa jamais un mode régulier de campement. En outre, comme tous les châteaux du pays, ainsi que les villes voisines, se rendirent aux nôtres, soit par l'effet de la terreur qu'inspirait notre armée, soit par suite de leur désir d'échapper à la servitude des Turcs, il en résulta que nos forces furent extrêmement dispersées, car chacun cherchait à faire prévaloir son intérêt particulier, et ne songeait nullement à l'intérêt public. Ceux des nôtres qui demeurèrent dans le camp avaient des vivres en grande abondance, si bien qu'on ne prenait d'un bœuf que les cuisses, le haut des épaules, quelques-uns, mais en fort petit nombre, la poitrine; et quant au grain et au vin, on ne saurait dire avec quelle extrême facilité on s'en procurait.

Tandis que les choses se passaient ainsi dans le camp, les ennemis se cachaient dans l'intérieur de la ville ; en sorte qu'on ne voyait personne sur les remparts, si ce n'est les hommes de garde. Ayant appris que les nôtres allaient ouvertement et sans armes dévaster les maisons de campagne et les champs, des ennemis venus, je ne sais si c'est d'Antioche ou d'une autre ville située à deux journées de marche, et nommée Alep, commencèrent à tuer ceux des nôtres qu'ils rencontraient marchant sans précaution et sans armes. Ceci ne tarda pas à diminuer un peu l'extrême abondance qu'il y avait dans notre camp, et de leur côté les ennemis, massacrant et pillant sans obstacle, affluèrent sur les routes avec une nouvelle ardeur. Lorsque ces faits furent publiquement connus dans le camp, Boémond fut élu pour marcher contre les ennemis ; les comtes de Flandre et de Normandie partirent avec lui ; mais ils ne purent entraîner à leur suite que cent cinquante chevaliers, et si un sentiment de pudeur ne les eût retenus, ils seraient revenus sur leurs pas, à raison de la faiblesse de leur escorte. Partant cependant sous la conduite de Dieu, ils rencontrèrent les ennemis, les poursuivirent, les précipitèrent dans le fleuve, et, ayant remporté la victoire, ils rentrèrent dans le camp comblés de joie, et chargés de dépouilles.

Dans le même temps, des navires Génois abordèrent sur le rivage à dix milles de distance de notre camp, au lieu appelé le port de Saint-Siméon.

Déjà cependant les ennemis s'accoutumant peu à peu à sortir de la ville, allaient tuer les écuyers ou les paysans qui paissaient les chevaux ou les bœufs

16.

au-delà du fleuve, et ensuite ils ramenaient dans la place le butin qu'ils avaient enlevé. Nous avions dressé nos tentes sur les bords du fleuve, et fait un pont avec des bateaux que nous avions trouvés en ce lieu. Mais la ville avait aussi un pont situé à peu près sur l'angle inférieur du côté de l'occident, et il y avait en face de nous un monticule sur lequel étaient deux mosquées, et de petits casals pour les sépultures. Nous donnons ces détails, afin que l'on comprenne plus aisément les événemens qui se passèrent de ce côté. Ainsi que nous l'avons dit, les ennemis prirent peu à peu plus d'assurance, et les nôtres, sortant du camp avec intrépidité, ne craignirent pas non plus d'aller les attaquer, quoiqu'ils se trouvassent fort souvent inférieurs en nombre. Les Turcs étaient fréquemment battus et mis en fuite; cependant ils revenaient aussitôt à la charge, soit parce qu'ils avaient des chevaux très-agiles, qu'eux-mêmes étaient fort dégagés, et ne portaient d'autres armes que leurs flèches, soit parce qu'ils avaient toujours l'espoir de pouvoir se réfugier sur le pont dont nous avons déjà parlé, et la ressource de lancer leurs flèches de loin, et du haut de leur monticule; car leur pont était à peu près à un mille de distance du nôtre. On s'attaquait sans relâche dans la plaine qui séparait ces deux ponts, et l'on s'y battait tous les jours. Au commencement du siége, le comte et l'évêque du Puy avaient campé sur les bords du fleuve, et, se trouvant ainsi plus rapprochés des ennemis, ils étaient plus fréquemment exposés à leurs attaques. Il en résulta qu'à la suite de ces combats continuels, tous les hommes perdirent leurs chevaux, car les Turcs ne savent pas faire la guerre avec les lances ou les épées ; ils combattent de loin avec leurs flèches, et sont ainsi également redoutables, soit lorsqu'ils fuient, soit lorsqu'ils poursuivent.

Dans le troisième mois du siége, et lorsque déjà les denrées se vendaient plus cher, Boémond et le comte de Flandre furent choisis pour aller avec l'armée chercher des vivres, et le comte et l'évêque du Puy demeurèrent pour garder le camp ; car le comte de Normandie se trouvait absent en ce moment, et le duc était fort malade. Les ennemis, informés de ces nouvelles, recommencèrent leurs attaques accoutumées. Le comte se vit donc forcé de marcher contre eux : selon son usage, ayant rangé ses hommes de pied en bataille, il s'avança lui-même avec quelques chevaliers à la poursuite des assaillans, leur prit et leur tua deux hommes à la descente même du monticule, et força ainsi les autres à rentrer tous sur leur pont. Dès que nos hommes de pied eurent vu ce mouvement de retraite, ils abandonnèrent leurs positions et leurs signaux de reconnaissance, et accoururent pêle-mêle jusqu'auprès du pont. Là, s'étant établis comme s'ils eussent été en parfaite sûreté, ils se mirent à lancer des pierres et des traits sur ceux qui défendaient le pont; mais en même temps les Turcs, ayant formé un corps, s'avancèrent par le pont et par un gué situé au-dessous, pour marcher contre les nôtres. Sur ces entrefaites, nos chevaliers s'étaient lancés, dans la direction de notre pont, à la poursuite d'un cheval dont ils avaient démonté le cavalier. A cette vue les gens de pied croyant que les chevaliers avaient pris la fuite devant leurs ennemis, se mirent aussi à tourner le dos à ceux-ci, et les Turcs les poursuivirent sans relâche et tuèrent quelques hommes. Les chevaliers Français voulurent tenter de résister et de défendre leurs compagnons ; mais enveloppés par cette multitude d'hommes de pied qui s'accrochaient en fuyant à leurs armes, à la crinière ou à la queue de leurs chevaux, les uns étaient renversés par terre, les autres, pour sauver leurs compagnons, prenaient la fuite. Pendant ce temps les ennemis poursuivaient leurs avantages, sans relâche comme sans pitié, massacrant les vivans, dépouillant les morts. Quant aux nôtres, ils ne se bornèrent pas à abandonner leurs armes, à prendre la fuite, à oublier tout sentiment d'honneur, plusieurs se précipitèrent dans les eaux du fleuve, pour être écrasés sous les pierres ou les flèches des ennemis, ou engloutis par les flots. Celui que sa force ou son habileté à la nage seconda, franchit la distance en suivant le fleuve, et arriva au camp pour se réunir à ses compagnons. Les autres poursuivirent leur fuite depuis le pont des ennemis jusqu'à notre pont. Il périt en cette rencontre au moins quinze de nos chevaliers, et environ vingt hommes de pied. Là succomba un très-noble jeune homme, Bernard Raimond, originaire de Beziers.

Que les serviteurs de Dieu ne nous accusent point et ne s'irritent point contre nous, si nous racontons aussi ouvertement la honte de notre armée ; car Dieu qui voulut ainsi frapper et ramener à des sentimens de repentance les hommes coupables d'adultère et de pillage, réjouit dans le même temps ceux de notre armée qui étaient allés faire une expédition au dehors. Un bruit sorti de notre camp annonça à Boémond et à ses compagnons que toutes choses nous prospéraient, et que le comte avait remporté une noble victoire. Cette nouvelle releva singulièrement leur courage. Tandis que Boémond était occupé à attaquer une maison de campagne, il entendit tout-à-coup, parmi quelques-uns de ses paysans, des cris et un mouvement de fuite. Des chevaliers qu'il envoya à leur rencontre virent de loin arriver une armée de Turcs et d'Arabes. Parmi ceux qui s'étaient portés en avant pour reconnaître la cause de ce mouvement de retraite et des cris qu'on avait entendus, étaient le comte de Flandre, et avec lui quelques *Provençaux*, car tous les hommes de la Bourgogne, de l'Auvergne, de la Gascogne et les Goths étaient également appelés Provençaux, les autres étaient les Français : on avait adopté ces dénominations dans l'armée, car parmi les ennemis nous étions tous appelés *Francs*. Le comte de Flandre donc, comme nous avons dit, jugeant qu'il serait honteux d'aller faire un rapport sur l'approche des ennemis plutôt que de les attaquer, s'élança avec impétuosité dans les rangs des Turcs ; ceux-ci n'étant point accoutumés à combattre avec le glaive, cherchèrent leur salut dans la fuite, et le comte ne remit son épée dans le fourreau qu'après avoir tué cent de ses ennemis. Comme il retournait vainqueur auprès de Boémond, il vit douze mille Turcs qui marchaient sur ses traces, et vers une colline située à sa gauche, il vit en même temps surgir une multitude innombrable d'hommes de pied. Alors ayant délibéré avec les autres chefs, et prenant un nouveau renfort, il attaqua vigoureusement les ennemis. Boémond le suivit de loin avec le reste de l'armée, et veilla à la sûreté des troupes qui marchaient sur les derrières ; car les Turcs sont dans l'usage, quand même ils se trouvent inférieurs en nombre, de chercher toujours à envelopper leurs adversaires, et dans cette occasion aussi ils firent tous leurs efforts pour y parvenir ; mais Boémond déjoua cette manœuvre par sa sagesse. Les Turcs et les Arabes qui marchaient contre le comte de Flandre prirent la fuite dès qu'ils eurent reconnu qu'il n'y avait pas moyen de combattre de loin avec leurs flèches, et qu'il faudrait en venir aux mains de près et avec le glaive. Le comte les poursuivit jusqu'à deux milles en avant, et vous eussiez vu, sur toute cette longueur, la terre jonchée de corps renversés, comme les champs sont jonchés de gerbes après la moisson. Ainsi furent battues et mises en fuite ces bandes ennemies, dont Boémond eut à soutenir les attaques. Quant à cette foule innombrable d'hommes de pied dont nous avons parlé ci-dessus, ils prirent la fuite à travers un pays où les chevaux ne pouvaient les suivre.

Si l'on ne devait blâmer la témérité de cette assertion, j'oserais presque élever ce combat au-dessus des combats des Macchabées. Si le Macchabée détruisit une armée de quarante-huit mille ennemis avec trois mille hommes, ici plus de soixante mille ennemis furent mis en fuite par quatre cents chevaliers. Mais, sans prétendre dénigrer le Macchabée, ni exalter la valeur de nos chevaliers, bornons-nous à dire que Dieu fut admirable par le bras du Macchabée, et plus admirable encore par le bras des nôtres.

Il est remarquable qu'après que les ennemis eurent été battus, le courage des nôtres diminua, et qu'ils n'osèrent se mettre à la poursuite de ceux qu'ils voyaient s'enfuir en désordre. Notre armée étant donc rentrée victorieuse, mais sans provisions, bientôt il y eut dans le camp une disette telle que deux sous suffisaient à peine pour fournir du pain à un homme pendant un jour, et que toutes les autres denrées étaient vendues tout aussi cher. Les pauvres commencèrent donc à partir; beaucoup de riches, redoutant la pauvreté, partirent également; et ceux qui demeuraient au camp par attachement à leurs devoirs voyaient avec douleur leurs chevaux dépérir de jour en jour, par suite de la famine; car il y avait peu de paille, et le foin était tellement cher que sept ou huit sous ne suffisaient pas pour la nourriture d'un cheval pendant la nuit.

L'armée fut menacée d'une autre calamité. Boémond qui s'était illustré dans son expédition déclara qu'il voulait s'en aller, attendu qu'il n'était venu que pour l'honneur, et qu'il voyait dépérir chaque jour ses hommes et ses chevaux, ajoutant qu'il n'était pas riche, et que sa fortune particulière ne lui permettait pas de demeurer aussi long-temps à ce siége. Dans la suite nous découvrîmes qu'il n'avait dit tout cela que par l'effet de son ambition, qui lui faisait desirer ardemment de devenir prince de la ville d'Antioche.

Au commencement de janvier, il y eut un grand tremblement de terre, et nous vîmes dans le ciel un phénomène assez remarquable. A la première veille de la nuit, le ciel parut extrêmement rouge, comme si l'aurore eût paru pour annoncer la prochaine venue du jour. Et quoique Dieu employât ce moyen pour châtier son armée, afin que nous fussions attentifs à la lumière qui brillait ainsi au milieu des ténèbres, quelques hommes cependant demeurèrent aveugles et enfoncés dans le précipice, au point de ne renoncer nullement à leur esprit de luxure et de rapine. L'évêque prescrivit à cette époque un jeûne de trois jours, invita le peuple à faire des processions, des prières et des aumônes, et ordonna aux prêtres de dire des messes et des prières, et aux clercs de chanter des psaumes. Le Seigneur, dans sa bonté, se souvint de sa miséricorde, et différa sa vengeance sur ses enfans, pour que l'orgueil de leurs adversaires n'en fût point accru.

Il y avait dans notre armée un homme de la maison de l'empereur, qu'Alexis nous avait donné en sa place, qui se nommait Tatin, n'avait point de nez et était dépourvu de tout courage. J'avais presque oublié d'en parler, et, certes, il aurait bien dû demeurer à jamais en oubli. Cet homme soufflait tous les jours aux oreilles des princes le conseil de se retirer dans les châteaux des environs, et de combattre de là la ville d'Antioche, soit par de fréquens assauts, soit en dressant des embûches. Lorsque le comte fut instruit de ces détails par le bruit public (car il avait été malade depuis le jour où il s'était vu forcé de prendre la fuite vers le pont), il convoqua les princes avec l'évêque du Puy; et, après avoir tenu conseil, il leur donna cinq cents marcs d'argent, sous la condition que si quelqu'un de ses chevaliers venait à perdre son cheval, on le lui remplaçât avec cette somme de cinq cents marcs, et avec les autres ressources qui avaient été réunies en association de fraternité. Cette alliance de confraternité fut infiniment utile en ce temps-là, parce que les pauvres de notre armée, qui voulaient passer de l'autre côté du fleuve pour aller chercher des fourrages, avaient à redouter sans cesse les attaques des ennemis, et en outre, parce qu'il n'y avait qu'un bien petit nombre de chevaliers qui voulussent marcher à la rencontre des Turcs, n'ayant que des chevaux très-faibles et toujours affamés, et même en fort petite quantité, puisque dans toute l'armée du comte et de l'évêque, on n'en pouvait trouver qu'une centaine au plus. Boémond et les autres princes se trouvaient dans la même situation. A la suite de cet arrangement, nos chevaliers ne redoutèrent plus de se porter à la rencontre des ennemis, surtout ceux qui n'avaient que de mauvais chevaux ou des chevaux fatigués, sachant que s'ils les perdaient, on leur en donnerait de meilleurs.

Un autre événement qui arriva à cette époque fut que tous les princes, à l'exception du comte, promirent à Boémond de lui livrer la ville, lorsqu'elle serait prise. En concluant ce traité, Boémond et les autres princes jurèrent entre eux de ne pas renoncer au siége d'Antioche durant sept années consécutives, si elle n'était prise avant ce terme.

Pendant que ces choses se passaient dans notre camp, la renommée annonça l'arrivée d'une armée de l'empereur, composée, disait-on, de beaucoup de peuples divers, tels que Esclavons, Pincenaires, Comans et Turcopoles : on appelle Turcopoles des hommes qui ont été élevés chez les Turcs, ou qui sont nés d'une mère chrétienne et d'un père turc. Mais ces peuples, qui nous avaient fait beaucoup de mal pendant notre voyage, disaient qu'ils redoutaient extrêmement de s'associer avec nous. Toutes ces nouvelles, du reste, avaient été fabriquées par Tatin, au nez coupé, qui les débitait afin de pouvoir faire lui-même sa retraite. Après avoir non seulement répandu tous ces bruits, mais en outre fait les plus grandes dépenses, trahi ses compagnons et s'être parjuré lui-même, Tatin s'échappa enfin par la fuite, cédant encore à Boémond deux ou trois villes, Tursolt, Mamistra et Adena. Ayant acheté à ce prix une honte éternelle pour lui et pour les siens, il feignit de se mettre en route, comme pour aller rejoindre l'armée de l'empereur, et, abandonnant ses tentes et les gens de sa maison, il partit avec la malédiction de Dieu.

En ce même temps, on nous annonça que le duc d'Alep, conduisant une grande armée du Khorazan, s'avançait pour porter secours à la ville d'Antioche. A cette occasion on tint conseil dans la maison de l'évêque, et l'on y résolut que les hommes de pied garderaient le camp, et que les chevaliers en sortiraient pour marcher à la rencontre des ennemis; car on disait que beaucoup d'hommes de notre armée, peu accoutumés à la guerre et timides, s'ils voyaient une forte armée de Turcs, donneraient des exemples de frayeur, beaucoup plus que de courage. Les chevaliers donc étant partis de nuit (afin que ceux qui demeuraient dans la ville ne pussent s'en apercevoir, et en donner avis à ceux qui venaient à leur secours), allèrent se cacher à deux lieues loin de notre camp, au milieu de quelques monticules. Le matin étant venu, les ennemis parurent en même temps que le soleil. Que ceux qui ont fait tous leurs efforts pour dénigrer notre armée écoutent mon récit, je les en supplie instamment, afin qu'apprenant combien Dieu a signalé sa miséricorde envers nous, ils s'attachent fermement à lui donner satisfaction dans l'affliction de la pénitence. Les chevaliers s'étant donc formés en six corps, Dieu les multiplia au point que ceux qui, avant de s'être rangés en bataille, paraissaient faire une troupe de sept cents hommes tout au plus, étaient, à la suite de ces dispositions, plus de deux mille, au dire des hommes de tout rang. Est-il besoin de parler de leur courage? On entendait tous ces chevaliers entonner des chants guerriers, comme si le combat qui s'approchait n'eût été pour eux qu'une partie de plaisir. Or, il arriva que la bataille se livra dans un lieu où le marais et le fleuve ne sont qu'à un mille de distance, et cette circonstance fit que les ennemis ne purent s'étendre au loin ni chercher à envelopper les nôtres selon leur usage. Dieu qui nous avait donné tous les autres avantages, fit aussi rencontrer à nos chevaliers marchant au combat six vallons consécutifs; ils en sortirent au bout d'une heure, et ayant atteint la plaine, lorsque le soleil brillait de tout son éclat, couverts de leurs armes et de leurs boucliers, ils engagèrent la bataille. D'abord ils commencèrent par s'avancer peu à peu, tandis que les Turcs voltigeaient de tous côtés, lançaient des flèches, et cependant faisaient un mouvement de retraite. Les nôtres les laissèrent faire ainsi, jusqu'à ce que ceux des Turcs qui étaient en avant se fussent réunis à ceux qui occupaient les dernières lignes; car, ainsi que nous l'avons appris ensuite par leurs transfuges, les Turcs n'étaient pas moins de vingt-huit mille hommes dans cette rencontre. Lorsque leur premier corps se fut rallié à ceux qui marchaient derrière, les Francs se lancèrent sur eux, invoquant leur Dieu, et sans le moindre retard, *le Seigneur fort et puissant dans les combats*[1], fut présent pour protéger ses enfans et renverser ses ennemis. Les Francs les poursuivirent donc jusqu'à un château extrêmement fortifié, et situé à dix milles du champ de bataille. Les gardiens de ce château ayant vu fuir leurs compagnons, y mirent aussitôt le feu et prirent également la fuite. Cet événement mit le comble aux transports de joie que ressentaient les nôtres, et l'incendie de ce château fut pour eux comme une seconde victoire.

Ce même jour on combattit pareillement dans notre camp, en sorte qu'il n'y eut aucun point dans les environs de la ville où la guerre ne se fît. Les ennemis avaient pris leurs arrangemens pour que nous fussions attaqués à l'improviste sur nos derrières, par ceux qui venaient à leur secours, tandis que de leur côté les assiégés viendraient nous assaillir avec la plus grande vigueur. Mais Dieu qui donna la victoire à nos chevaliers combattit aussi avec nos hommes de pied, et nous remportâmes en un jour sur les assiégés un triomphe aussi grand qu'était grande la gloire que nos chevaliers avaient acquise sur leurs alliés. Maîtres de la victoire, et chargés de dépouilles, les nôtres rapportèrent au camp les têtes des hommes qu'ils avaient tués, et afin de jeter la terreur chez nos ennemis, et de leur offrir un témoignage de la défaite de leurs auxiliaires, les têtes, portées dans le camp, furent dressées sur des pieux ; ce qui fut fait certainement par une disposition particulière de Dieu, comme vous pourrez vous en convaincre bientôt. En effet, les ennemis nous ayant enlevé naguère la bannière

---

[1] Psaume 23, v. 8.

de la bienheureuse Marie, toujours vierge, l'avaient enfoncée en terre par la pointe, comme pour nous faire honte; et ce que j'ai raconté fut fait afin que, voyant les têtes de leurs compagnons dressées en l'air, ils renonçassent à nous insulter ainsi.

Il y avait à cette époque dans notre camp des députés du roi de Babylone, qui, voyant les miracles que Dieu faisait par ses serviteurs, glorifièrent Jésus, fils de la Vierge Marie, qui foulait aux pieds les hommes les plus puissans par les bras de ses pauvres. Ces députés nous promirent les faveurs et la bienveillance de leur roi, et nous racontèrent en outre tous les bienfaits de ce roi envers les Chrétiens d'Égypte et nos pélerins. On les renvoya avec des députés de notre camp, chargés de conclure un traité de bonne amitié avec leur roi.

Dans le même temps, nos princes jugèrent convenable de construire un fort sur la colline qui s'élevait au dessus des tentes de Boémond, afin que les ennemis, s'ils voulaient de nouveau marcher sur nous, ne pussent en aucune façon attaquer notre camp. En effet, lorsque ce fort eut été construit, notre camp fut extrêmement bien fortifié, et nous nous trouvâmes comme dans une ville, autant par l'effet de l'art que par la nature. Nous avions à l'orient ce nouveau fort, au midi les murailles de la ville et le marais, qui tout en défendant les murailles défendait aussi notre camp, de sorte que les gens de la ville ne pouvaient venir nous combattre qu'en sortant par leurs portes; à l'occident était le fleuve, et au nord un ancien fossé qui descendait du haut de la montagne, et se prolongeait jusqu'au fleuve. Le peuple désira en outre que l'on construisît un autre fort sur le monticule qui dominait au dessus du pont de la ville d'Antioche ; enfin, on fit aussi dans le camp des machines destinées à l'attaque de la place ; mais ces derniers travaux furent tout-à-fait inutiles.

Dans le cinquième mois du siége, les Turcs voyant que nos navires arrivaient de tous côtés à notre port pour nous apporter des provisions, commencèrent à attaquer le chemin de la mer, et à massacrer ceux qui transportaient des vivres. D'abord nos princes le supportèrent pendant quelque temps, et les Turcs, encouragés dans leur crime par l'impunité et l'espoir du butin, s'y livrèrent avec ardeur jour et nuit. Enfin on résolut de construire un fort auprès du pont de la ville. Mais comme plusieurs des nôtres s'étaient rendus au port, le comte et Boémond furent choisis pour les aller chercher, les ramener, et rapporter en même temps des rateaux et tous les instrumens nécessaires pour creuser le fossé de la nouvelle forteresse.

Dès qu'on sut dans la ville que le comte et Boémond venaient de s'absenter, les assiégés recommencèrent leurs attaques ordinaires. Les nôtres s'avancèrent imprudemment et sans ordre, et furent honteusement battus et mis en fuite. Le quatrième jour le comte et Boémond revenant du port, suivis d'une très-grande multitude, furent surpris par les Turcs, au moment où ils étaient eux-mêmes en grand désordre, se croyant d'ailleurs en parfaite sécurité. Mais pourquoi ajouterais-je d'autres paroles ? On en vint bientôt aux mains, et les nôtres tournèrent le dos. Nous perdîmes en cette rencontre au moins trois cents hommes, et nous ne saurions dire tout ce qui nous fut enlevé de butin et d'armes. Tandis que nous nous sauvions, comme un troupeau, à travers les montagnes et les précipices, massacrés ou tombant de tous côtés, ceux du camp se mirent en marche pour venir à la rencontre des ennemis qui par là se trouvèrent forcés de renoncer à poursuivre les fuyards. Ainsi donc, ô Seigneur Dieu! dans leur camp les Chrétiens furent vaincus, et en dehors du camp les deux plus grands princes de votre armée furent également vaincus! Nous réfugierons-nous vers le camp, ou ceux du camp viendront-ils vers nous? Levez-vous, Seigneur, et aidez-nous à cause de votre nom! Que si l'on eût dit dans le camp que les princes venaient d'être vaincus, ou si le hasard nous eût fait savoir que ceux du camp avaient fui devant l'ennemi, nous aurions tous également pris la fuite.

Mais le Seigneur se leva pour nous secourir dans ces circonstances, et inspira à ceux qu'il avait d'abord laissé fuir, le courage de recommencer les premiers le combat. Cassien[1], qui était gouverneur de la ville, voyant le butin enlevé sur les nôtres, la victoire des siens, et le courage que manifestaient encore quelques-uns des nôtres, fit aussitôt sortir tous ses chevaliers et ses hommes de pied, et, séduit par l'espoir de la victoire, il ordonna de fermer les portes de la ville sur les siens, annonça à ses chevaliers qu'il fallait vaincre ou mourir. Pendant ce temps, les nôtres s'avancèrent peu à peu, selon les ordres qu'ils recevaient, et de leur côté les Turcs voltigeaient çà et là, lançaient des flèches et s'engageaient témérairement. Les nôtres cependant prenaient patience, jusqu'à ce

---

[1] Ou Accien, ou Darsien.

qu'il leur fût possible de s'élancer sur une masse plus serrée, et ne laissaient pas de se porter en avant. Dans notre camp on n'entendait de toutes parts que des cris de douleur qui s'élevaient vers Dieu, et l'abondance des larmes qu'on versait vous eût fait juger que la miséricorde du Seigneur allait descendre sur les nôtres. Déjà on était au point de pouvoir combattre de près, lorsqu'Isoard de Die, très-noble chevalier Provençal, marchant avec cent cinquante hommes de pied, invoquant Dieu en fléchissant le genou, encouragea ses compagnons, leur disant : *En avant, chevaliers du Christ!* Aussitôt il s'élance sur les ennemis, et tous les autres corps les attaquent en même temps. L'orgueil de l'ennemi est confondu, la porte se trouve fermée, le pont est étroit et le fleuve très-large. Mais pourquoi plus de paroles? Les ennemis en déroute sont renversés, massacrés, écrasés à coup de pierres dans les eaux du fleuve, et d'aucun côté ils ne trouvent de moyen de retraite. Si Cassien n'eût fait ouvrir en ce moment la porte du pont, en ce jour même nous eussions eu la paix avec Antioche. J'ai entendu dire à beaucoup d'hommes qui assistèrent à ce combat que trente Turcs, et même davantage, se précipitèrent dans le fleuve du haut du pont.

Le duc de Lorraine s'illustra beaucoup dans cette action. Il alla s'emparer du pont avant les ennemis, et, étant monté sur une élévation, il fendait en deux ceux qui venaient à lui. Après avoir célébré leur victoire par mille cris de joie, les nôtres rentrèrent dans leur camp chargés de dépouilles et emmenant beaucoup de chevaux. Il arriva en cette rencontre un fait mémorable; et plût au ciel que ceux qui nous accompagnent de leurs vœux eussent pu en être témoins! Un chevalier turc qui redoutait la mort, s'étant précipité avec son cheval dans les profondeurs du fleuve, fut saisi par plusieurs hommes de sa race, séparé de son cheval, et enseveli au milieu des ondes avec tous ceux qui l'avaient entraîné.

C'était un charme de voir quelques-uns de nos pauvres rentrant dans le camp à la suite de cette victoire. Les uns parcouraient les tentes conduisant plusieurs chevaux et montrant à leurs compagnons ce qui devait les soulager dans leur détresse; d'autres, couverts de deux ou trois vêtemens de soie, glorifiaient Dieu qui leur donnait la victoire et ces présens; d'autres, portant en main trois ou quatre boucliers, les produisaient joyeusement en témoignage de leur triomphe. Mais, tandis qu'en nous faisant voir ces différens objets, ils nous donnaient des preuves certaines de leur victoire, ils ne purent nous fournir de renseignemens précis sur le nombre d'hommes qu'ils avaient tués, car cette victoire avait été remportée pendant la nuit, en sorte que les têtes des morts ne furent pas transportées dans le camp. Le lendemain, tandis que l'on travaillait à construire la redoute en avant du pont, on trouva quelques corps de Turcs dans un fossé, car ce monticule servait de cimetière aux Sarrasins. Excités à cette vue, les pauvres brisèrent tous les sépulcres et déterrèrent les Turcs, en sorte que nul ne conserva plus aucun doute sur l'étendue de la victoire. On compta environ quinze cents cadavres, et je ne parle pas ici de ceux qui furent ensevelis dans la ville ou précipités dans le fleuve. Mais comme la puanteur de ces cadavres aurait fait mal à ceux qui travaillaient à la construction du fort ; on les traîna et on les jeta dans les eaux. Les matelots qui avaient été mis en fuite ou blessés lors de la déroute du comte et de Boémond, frappés de terreur, hésitaient encore à croire à cette victoire. Mais lorsqu'ils virent cette multitude de corps morts, semblables pour ainsi dire à des convalescens, ils se mirent aussi à glorifier Dieu qui a coutume de châtier et de réjouir en même temps ses enfans. Ainsi, par les dispensations du Seigneur, il arriva que ceux qui avaient livré les conducteurs des vivres aux bêtes féroces et aux oiseaux de proie, après les avoir massacrés sur les bords de la mer et sur les rives du fleuve, furent eux-mêmes, et dans les mêmes lieux, livrés aussi aux bêtes féroces et aux oiseaux de proie. Cette victoire ayant été bien connue et bien célébrée, et la nouvelle redoute se trouvant aussi terminée, la ville d'Antioche fut dès lors assiégée du côté du nord et du midi.

On rechercha alors lequel parmi les princes pourrait se charger d'aller hors du camp prendre la défense du nouveau fort ; car une chose faite en commun est souvent négligée par tous, chacun se fiant sur un autre du soin qu'il devrait prendre. Tandis que quelques-uns des princes sollicitaient les suffrages des autres pour être chargés de cette défense, comme s'il se fût agi d'une récompense à obtenir, le comte, malgré l'avis des siens, s'empara de ce poste, tant pour se justifier du reproche de paresse et d'avarice, que pour montrer à ceux qui demeuraient dans l'engourdissement le moyen de se distinguer par la valeur et la sagesse. Durant tout l'été précédent, le comte avait été accablé d'une maladie grave et très-longue ; durant tout l'hiver, il avait été encore fatigué et amolli à tel point que l'on avait dit qu'il n'était prêt ni à combattre ni à répandre des largesses, et quoiqu'il fît beaucoup, comme on croyait qu'il pouvait faire davantage, on ne lui en tenait aucun compte. Il rencontra donc des difficultés qui furent une épreuve pour ses vertus, et encourut la jalousie de tous les pèlerins, au point qu'il fut presque sur le point de se séparer de ses compagnons.

Cependant, et tandis que le comte s'occupait négligemment de la défense du fort, croyant que les ennemis, accablés la plupart de fatigue, ne manqueraient pas de prendre la fuite, il se trouva un matin, et dès le point du jour, enveloppé de tous côtés. Alors éclata un nouveau témoignage de la protection divine, puisque soixante hommes des nôtres soutinrent le combat contre sept mille Sarrasins ; ce qui est d'autant plus miraculeux, que les jours précédens des torrens de pluie avaient trempé la terre et comblé le fossé creusé autour du nouveau fort. Ainsi les ennemis ne furent point arrêtés par l'impossibilité de s'avancer, mais par la seule puissance de Dieu. Je crois ne devoir point passer sous silence la brillante valeur de quelques-uns de nos chevaliers. Surpris par les ennemis, tandis qu'ils veillaient au passage de leur pont, ces chevaliers n'eurent pas le temps de se rejeter dans le fort qui était éloigné du pont à la distance du trait d'une flèche environ. Ils se formèrent donc en groupe au milieu de la multitude de leurs ennemis, parvinrent, en marchant ainsi, jusque vers l'angle d'une maison voisine, et là ils soutinrent vaillamment, et sans se laisser effrayer, l'attaque des ennemis et les nuées de flèches et de pierres qui pleuvaient sur eux de tous côtés. Cependant le bruit du combat attira les nôtres hors du camp, le fort fut délivré de ceux qui l'attaquaient ; et, quoique les Turcs eussent renoncé à leur entreprise, dès qu'ils virent de loin les nôtres venir au secours de leurs frères, quoiqu'ils se trouvassent très-près de leur pont, les derniers d'entre eux n'en furent pas moins tués. On répara le fossé et les murailles du fort, et les conducteurs de vivres purent de nouveau aller au port et en revenir en toute sécurité. Les sentimens de haine auxquels le comte avait été en butte se calmèrent à tel point que tous les Chrétiens en vinrent à l'appeler le père et le sauveur de l'armée, et, depuis ce temps, la réputation du comte s'agrandit, parce que seul il supportait tout l'effort des ennemis.

Le pont et la porte de la ville se trouvant ainsi assiégés, les Turcs commencèrent à sortir par une autre porte qui fait face au midi et est située tout près du fleuve, et ils envoyaient leurs chevaux vers un lieu retiré où se trouvaient d'excellens pâturages entre les montagnes et le fleuve. Cette position ayant été reconnue par les nôtres, un soir ils arrivèrent auprès des pâturages après avoir tourné la ville à travers des passages difficiles dans la montagne ; d'autres en même temps traversèrent le fleuve au gué, et ils allèrent ensemble enlever deux mille chevaux, sans compter les mulets et les mules qui furent repris sur les ennemis ; ceux-ci nous avaient enlevé, l'hiver précédent, un grand nombre de mulets sur la route de la mer ; on reprit ces animaux au moment dont je parle, ils furent reconnus par leurs anciens maîtres et rendus à ces derniers.

Après cette affaire, Tancrède fortifia un certain couvent situé au-delà du fleuve; le comte lui donna pour cela cent marcs d'argent, et quelques-uns des autres princes chacun ce qu'il put, car cet ouvrage gêna beaucoup les ennemis. Et je prie que l'on remarque, à cette occasion, que moins nous étions nombreux, plus la grâce de Dieu nous rendait forts.

Cependant on vit bientôt arriver très-fréquemment des messagers venant annoncer qu'il arrivait des secours aux ennemis. Ces nouvelles ne nous venaient pas seulement des Arméniens et des Grecs, ceux-là même qui habitaient dans la ville nous rapportaient les mêmes faits. Comme les Turcs avaient occupé Antioche pendant quatorze ans de suite, ils avaient, dans leur besoin de se faire des domestiques, rendu Turcs les jeunes gens arméniens et grecs, et leur avaient donné des femmes, et ceux-ci cependant, dès qu'ils trouvaient l'occasion de prendre la fuite, venaient auprès de nous avec leurs chevaux et leurs armes. Lorsque cette nouvelle de l'arrivée des auxiliaires de nos ennemis se fut répandue, beaucoup d'hommes timides parmi les nôtres commencèrent à prendre la fuite, ainsi que les marchands arméniens. Dans le même temps, les braves chevaliers, dispersés de tous côtés dans les châteaux, revinrent au camp et se mirent en devoir d'acheter des armes, de les préparer et de les remettre en bon état. Ainsi donc, tandis que les fanfarons désappointés s'échappaient loin de l'armée, et que les hommes courageux, toujours prêts à braver tous les périls avec leurs frères et pour leurs frères, venaient au contraire s'y réunir, un de ces hommes devenus Turcs, qui habitait dans la ville, manda à nos princes, par l'intervention de Boémond, qu'il nous livrerait la place. Les princes donc, après avoir tenu conseil, envoyèrent Boémond, le duc de Lorraine et le comte de Flandre pour voir ce qu'il y avait à faire. Ils arrivèrent au milieu de la nuit vers l'une des tours de la ville, et alors celui qui devait la leur livrer leur envoya son messager qui dit : « Attendez que la lampe soit passée, » car il y avait trois ou quatre hommes portant des lampes qui parcouraient toute la nuit les remparts pour entretenir et ranimer l'attention des hommes de garde. Après cela les nôtres, s'étant approchés de la muraille et ayant dressé leur échelle, commencèrent à monter. Le premier fut un Français nommé Foulcher, frère de Budelle de Chartres, qui s'élança avec intrépidité ; le comte de Flandre le suivit, et invita alors Boémond et le duc à monter ; et au moment où tous se hâtaient, chacun cherchant à passer avant les autres, l'échelle se rompit. Alors ceux qui étaient déjà montés descendirent dans l'intérieur de la ville et allèrent ouvrir une petite porte bâtarde ; tous les nôtres y entrèrent en même temps et ne firent prisonnier aucun de ceux qu'ils rencontrèrent. Lorsque l'aurore commença à paraître, ils poussèrent de grands cris ; à ce bruit toute la ville tomba dans la consternation, et les femmes et les petits enfans se mirent à pleurer. Ceux des nôtres qui étaient dans la redoute du comte, se trouvant plus rapprochés, furent tous réveillés à ces cris, et se dirent les uns aux autres : « Voilà les auxiliaires qui ar-« rivent ; » à quoi d'autres de leurs compagnons ré-

pondirent : « Ce ne sont pas là les cris de gens qui se
« réjouissent. » Cependant le jour commençant à blanchir, on vit paraître nos bannières sur la colline située au midi de la ville. Les habitans furent remplis de trouble en voyant les nôtres au dessus d'eux et sur la montagne ; les uns cherchèrent à fuir par les portes, d'autres se lancèrent dans les précipices, nul ne fit de résistance, car le Seigneur les avait frappés de vertige. Ce fut pendant long-temps un spectacle bien agréable pour nous de voir que ceux qui avaient si long-temps gardé Antioche contre nous ne pussent pas même en ce moment s'échapper de la ville ; car si quelques-uns d'entre eux osèrent essayer de prendre la fuite, ils ne purent du moins parvenir à éviter la mort. Il arriva alors un incident qui fut pour nous bien agréable et vraiment délicieux. Quelques Turcs qui fuyaient à travers les précipices qui séparent la montagne de celle du nord, et cherchaient à se sauver, rencontrèrent quelques-uns des nôtres ; forcés de rétrograder, les Turcs furent repoussés et mis de nouveau en fuite avec tant d'impétuosité que tous s'abîmèrent dans les précipices. Ce fut pour nous une véritable joie de les voir ainsi tomber ; mais nous avons à regretter plus de trois cents chevaux qui périrent dans la même rencontre.

Nous ne saurions dire combien de Sarrasins et de Turcs furent tués, et il y aurait de la cruauté à raconter les diverses manières dont ils moururent ou furent précipités. Il nous serait impossible aussi de dire tout ce qu'on enleva de butin dans l'intérieur de la ville d'Antioche ; imaginez-en tout ce que vous voudrez, et évaluez encore au-delà. Ceux de nos ennemis qui occupaient le fort du milieu de la montagne, voyant que leurs compagnons étaient morts, et que les nôtres renonçaient à attaquer leur fort, se maintinrent dans leur position. Cassien étant sorti par une fausse porte fut pris et décapité par des paysans arméniens, qui vinrent nous présenter sa tête : ce qui arriva, je pense, par l'effet d'une disposition particulière de Dieu, car Cassien avait fait trancher la tête à beaucoup d'hommes de la même nation. La ville d'Antioche fut prise le troisième jour de juin, et l'on avait commencé à en faire le siége vers le vingt-deuxième jour d'octobre.

Tandis que les nôtres renonçaient à poursuivre l'attaque du fort supérieur, pour reconnaître et compter tout le butin qu'ils avaient enlevé, tandis qu'ils faisaient de splendides et superbes festins, en faisant danser devant eux les femmes des païens, oubliant entièrement Dieu qui les avait comblés de si grands bienfaits, le huitième jour du même mois de juin, ils se trouvèrent eux-mêmes assiégés par les Gentils, et ceux qui avaient pendant si long-temps bloqué les Turcs d'Antioche, à l'aide de la miséricorde de Dieu, furent à leur tour, par suite de ses dispensations, également bloqués par les Turcs; et, afin que nous fussions plus effrayés, la citadelle dont nous avons parlé, qui est comme le boulevard de la ville, se trouvait toujours entre les mains des ennemis. Poussés donc par la crainte qu'ils éprouvaient, les nôtres entreprirent alors le siége de cette forteresse.

Dès le moment de son arrivée, Corbaran[1], seigneur des Turcs, s'attendant à combattre sans retard, dressa

---

[1] Kerbogha. Guillaume de Tyr le nomme Corbogath. (Voyez dans cette collection Guillaume de Tyr, tome 1ᵉʳ, page 290.)

ses tentes non loin de la ville, et à deux milles de distance environ ; puis ayant formé son armée, il s'avança jusque vers le pont. Dès le premier jour, les nôtres avaient fortifié la redoute du comte, craignant, si l'on en venait à un engagement, que les ennemis qui occupaient la citadelle intérieure, ne parvinssent à se rendre maîtres de la place, ou, si nous abandonnions le fort situé en avant du pont, et si les ennemis venaient à l'occuper, que ceux-ci ne leur enlevassent la possibilité de combattre et de sortir de la ville.

Il y avait dans l'armée un chevalier très-illustre, et chéri de tout le monde, Roger de Barneville ; s'étant mis à la poursuite de l'armée des ennemis au moment où ils s'enfuyaient, il fut pris par eux et décapité. Tous les nôtres furent alors saisis de douleur et de crainte, et beaucoup en vinrent jusqu'à désespérer de pouvoir jamais se sauver. Repoussés une première et une seconde fois, les Turcs, le troisième jour, attaquèrent la redoute, et l'on combattit sur ce point avec une telle vigueur, que l'on dut croire que la puissance de Dieu nous avait seule mis en état de défendre le fort, et de résister aux ennemis. En effet, au moment où ils se disposaient déjà à franchir le fossé et à renverser la muraille, ils furent saisis de je ne sais quel mouvement de frayeur qui les fit retourner précipitamment et prendre la fuite. Après qu'ils eurent parcouru un peu de terrain, voyant qu'il n'y avait nul motif à leur retraite, et s'accusant de ce retard, ils revinrent à l'assaut, et attaquèrent plus vigoureusement encore, comme pour se laver de la honte de leur fuite ; on combattit donc de nouveau, et longtemps, avec le plus grand acharnement ; mais enfin, ce jour-là, les ennemis rentrèrent dans leur camp. Le jour suivant ils revinrent devant la redoute avec de plus grandes forces ; mais les nôtres mirent le feu à leurs ouvrages, et se retirèrent dans l'intérieur de la ville.

Les Francs, cependant, éprouvaient de plus vives craintes, et les ennemis, au contraire, penaient plus de confiance ; car nous ne possédions plus rien en dehors de la ville, et nos adversaires demeuraient toujours maîtres de la citadelle, qui en est comme la tête. Les Turcs, plus rassurés, résolurent de s'avancer sur nous, en passant par la citadelle. Les nôtres se confiant en leur bonne position, et ayant occupé une éminence, marchèrent à l'ennemi, et le battirent dès le premier choc ; mais bientôt oubliant de combattre, et ardens à rechercher le butin, ils ne tardèrent pas à être mis honteusement en fuite ; je dis honteusement, car plus de cent hommes furent étouffés à la porte même de la ville, et il périt un plus grand nombre de chevaux. Les Turcs étant donc entrés dans la citadelle voulurent dès lors descendre dans la ville par ce côté. Il y avait entre la citadelle qu'ils occupaient et notre colline une vallée peu spacieuse, au milieu de laquelle était une citerne et une petite plaine. On ne pouvait descendre dans la ville qu'en traversant notre colline. Les ennemis donc mirent tous leurs soins et déployèrent les plus grands efforts pour nous expulser du passage qui conduisait à la ville, et l'on combattit sur ce point depuis le matin jusqu'au soir avec une vigueur telle qu'on n'a jamais vu rien de semblable. Il arriva là une chose horrible pour les nôtres, et presque inconcevable, c'est qu'ils s'endormirent au milieu d'une grêle de flèches, de pierres et de traits qu'on ne cessait de lancer, et parmi un grand nombre de morts. Si vous me demandez quelle fut l'issue de ce combat, sachez que la nuit survint : or, cette même nuit, et lorsque les nôtres eussent dû mettre leurs espérances en la miséricorde de Dieu, beaucoup d'entre eux, au contraire, commencèrent à désespérer, et s'empressèrent à se lancer avec des cordes du haut des murailles en bas ; d'autres, quittant le combat et rentrant dans la ville, annonçaient à tout le monde que le moment était venu où tous les Chrétiens perdraient la vie, et pour augmenter les craintes, tandis que leurs frères s'encourageaient les uns les autres à combattre vigoureusement, ces mêmes hommes poursuivaient leur fuite.

Mais, comme nous l'avons dit, tandis que les nôtres étaient ainsi en désordre, et s'abandonnaient au désespoir, la clémence divine apparut, et après avoir châtié ses enfans livrés à la débauche, voici le moyen qu'elle employa pour les consoler de leur extrême tristesse.

Après la prise de la ville d'Antioche, le Seigneur, déployant sa puissance et sa bonté, fit choix d'un pauvre paysan, né Provençal, par lequel il nous rendit la force à tous, et adressa les paroles suivantes au comte et à l'évêque du Puy : « André, apôtre de
« Dieu et de notre Seigneur Jésus-Christ, m'a in-
« vité, par quatre fois, et ordonné de venir à vous,
« et de vous livrer, après la prise de la ville, la lance
« par laquelle notre Sauveur a eu le flanc percé. Or,
« aujourd'hui, comme j'étais parti avec les autres
« pour aller combattre en dehors de la ville, j'ai été,

« en revenant, renversé par deux cavaliers, et pres-
« que écrasé : triste et succombant à la fatigue, je me
« suis assis sur une pierre, la douleur et la crainte
« me faisaient chanceler ; alors a paru devant moi
« le bienheureux André avec un sien compagnon,
« et il m'a adressé de vives menaces, si je ne m'em-
« pressais de vous livrer la lance. » Alors le comte
et l'évêque du Puy lui demandèrent de leur rapporter en détail la révélation qu'il avait eue, et la vision de l'apôtre, et il leur répondit : « Lors du trem-
« blement de terre qui eut lieu près d'Antioche, tandis
« que l'armée des Francs l'assiégeait, je fus saisi d'une
« si grande frayeur que je ne pus dire que ces mots :
« *Dieu, aide-moi.* C'était au milieu de la nuit; j'é-
« tais couché, et n'avais dans ma cabane personne
« dont la société me rassurât. Comme ce saisissement
« dont j'ai parlé se prolongeait toujours et allait
« croissant, deux hommes parurent devant moi, por-
« tant le vêtement le plus brillant : l'un était plus
« âgé, avait des cheveux gris et blancs, des yeux noirs
« et bien adaptés à sa physionomie, une barbe blan-
« che, large et très-longue, et une taille moyenne.
« L'autre était plus jeune, plus grand et plus beau
« de forme que ne sont les enfans des hommes. Le
« plus vieux me dit : « Que fais-tu ? » Et moi je trem-
« blais de tous mes membres, parce que je savais que
« personne n'était auprès de moi. Je lui répondis :
« « Qui es-tu ? » Et il me dit : « Lève-toi, ne crains rien,
« et écoute ce que je vais te dire : je suis André l'a-
« pôtre. Rassemble l'évêque du Puy, le comte de
« Saint-Gilles et Pierre Raimond d'Hautpoul, et alors
« tu leur diras : Pourquoi l'évêque néglige-t-il de

« prêcher, d'avertir et de bénir le peuple avec la croix
« qu'il porte sur lui? Cela serait cependant fort utile ; »
« et il ajouta : « Viens, et je te montrerai la lance de
« notre Père Jésus-Christ que tu donneras au comte ;
« car Dieu la lui a destinée depuis le moment qu'il
« est né. » Je me levai donc, et le suivis dans la ville,
« ne portant aucun autre vêtement que ma chemise.
« Et il m'introduisit par la porte du nord dans l'église
« du bienheureux Pierre, dont les Sarrasins avaient
« fait une mosquée. Il y avait dans l'église deux
« lampes qui répandaient autant de lumière que s'il
« eût fait jour en plein midi ; il me dit : « Attends
« ici ; » et il m'ordonna de m'appuyer sur la co-
« lonne qui était la plus proche des marches par les-
« quelles on monte à l'autel du côté du midi, et son
« compagnon se tint loin devant les marches de l'au-
« tel. Étant alors entré sous terre, saint André en
« retira la lance, la remit entre mes mains, et me dit :
« « Voici la lance qui a percé le flanc d'où est sorti le
« salut du monde entier ; » et comme je la tenais en
« main, versant des larmes de joie, je lui dis : « Sei-
« gneur, si vous le voulez, je la porterai et la re-
« mettrai au comte ; » et il me répondit : « Tu le feras
« sans le moindre retard, aussitôt après que la ville
« sera prise ; alors tu viendras avec douze hommes,
« et tu la chercheras en ce lieu d'où je l'ai tirée, et
« où je vais la renfermer. » Et il la renferma. Ces
« choses faites, il me ramena par dessus les murailles
« de la ville dans ma maison, et ils se retirèrent de
« moi. Alors réfléchissant en moi-même sur ma pau-
« vreté et sur votre grandeur, je craignis de me ren-
« dre auprès de vous. Après ce temps, comme j'étais

« allé vers un château situé auprès de Roha pour
« chercher des vivres, le premier jour du carême et
« au premier chant du coq, le bienheureux André
« m'apparut avec les mêmes habits, et le compagnon
« qui l'avait suivi la première fois, et une grande
« clarté remplit ma maison, et il me dit : « Veilles-
« tu ? » Étant ainsi réveillé, je lui répondis : « Non,
« mon Seigneur, je ne dors pas. » Et il me dit : « As-
« tu dit ce que je t'ai depuis long-temps prescrit de
« dire ? » Et je répondis : « Seigneur, ne vous ai-je
« pas prié de leur envoyer un autre que moi ? car,
« tremblant dans ma pauvreté, je n'ai pas osé aller à
« eux. » Et il me dit : « Ne sais-tu pas pourquoi Dieu
« vous a amenés ici, combien il vous chérit, et com-
« ment il vous a spécialement élus ? A cause qu'on l'a
« méprisé, et pour venger les siens, il vous a fait ve-
« nir ici. Il vous chérit tellement que les saints qui
« sont déjà dans le repos, connaissant par avance la
« grâce de ses dispensations divines, voudraient être
« eux-mêmes en chair, et s'unir à vos efforts. Dieu vous
« a élus parmi toutes les nations comme les épis de
« froment sont triés au milieu de l'avoine ; car vous
« êtes supérieurs en mérites et en grâce à tous ceux
« qui sont venus avant et qui viendront après vous,
« comme l'or est supérieur en valeur à l'argent. » Après
« cela ils se retirèrent, et je fus accablé d'une telle
« maladie, que je perdis l'usage de la vue, et que je
« disposai, dans ma pauvreté, de mes petites res-
« sources. Alors je commençai à réfléchir en moi-
« même, et à penser que ces maux m'étaient juste-
« ment survenus à cause de ma négligence pour la
« **vision de l'apôtre**. M'étant donc rassuré, je revins

« auprès des assiégeans. Mais là, considérant de nou-
« veau mon extrême pauvreté, je craignis encore, si je
« me rendais auprès de vous, d'être traité par vous
« d'homme affamé, et qui ne ferait de tels rapports que
« pour obtenir de quoi vivre, et cette fois encore je me
« tus. Cependant, un certain temps s'étant écoulé,
« comme je me trouvais au port de Saint-Siméon, et
« que j'étais couché sous une tente avec mon seigneur
« Guillaume Pierre, le bienheureux André se pré-
« senta suivi du même compagnon, et avec le même vê-
« tement que j'avais vu auparavant, et me parla ainsi :
« « Pourquoi n'as-tu pas dit à l'évêque, au comte et
« aux autres ce que je t'avais ordonné de dire ? » Et
« je répondis : « Ne vous ai-je pas prié, Seigneur,
« d'envoyer en ma place un autre qui fût plus sage
« que moi, et que l'on voulût entendre ? De plus, les
« Turcs sont sur la route, et ils tuent ceux qui vont
« et viennent. » Et saint André me dit : « Ne crains
« rien, car ils ne te feront point de mal. Tu diras
« en outre au comte que lorsqu'il sera arrivé au-
« près du fleuve Jourdain, il ne s'y baigne point,
« mais qu'il passe en bateau ; et lorsqu'il aura passé,
« revêtu de sa chemise et de son justaucorps de lin,
« qu'il se fasse asperger avec les eaux du fleuve, et
« lorsque ses vêtemens seront séchés, qu'il les dé-
« pose et les conserve avec la lance du Seigneur. » Et
« mon seigneur Guillaume Pierre entendit ces choses,
« quoiqu'il ne vît point l'apôtre. M'étant donc rassuré,
« je retournai à l'armée, et lorsque je voulus vous
« rapporter tout cela, je ne pus vous réunir tous. Je
« partis donc pour le port de Mamistra ; là, ayant
« voulu m'embarquer pour aller dans l'île de Chypre

« chercher des vivres, le bienheureux André m'a-
« dressa les plus fortes menaces, si je ne retournais
« au plus tôt, et ne vous rapportais ce qui m'avait été
« prescrit. Je réfléchis alors en moi-même comment
« je retournerais au camp; car ce port était éloigné de
« notre armée de trois journées de marche environ, et
« je me mis à pleurer amèrement, ne voyant aucun
« moyen de m'en retourner. Alors, invité par mes
« compagnons et mon Seigneur, je m'embarquai, et
« nous nous mîmes en route pour aller dans l'île de
« Chypre; mais lorsque nous eûmes navigué toute la
« journée, et jusqu'au coucher du soleil par un bon
« vent et à l'aide des rames, il s'éleva tout à coup
« une tempête, et en une heure ou deux nous ren-
« trâmes dans le port que nous avions quitté. Là j'es-
« suyai une maladie très-grave. Lorsque la ville d'An-
« tioche a été prise, je suis venu vers vous, et main-
« tenant, si cela vous plaît, assurez-vous de la vérité
« de mes paroles. »

L'évêque pensa que ce n'étaient là que de vaines paroles; mais le comte y crut tout aussitôt, et confia à Raimond, son chapelain, la garde de celui qui avait fait ce rapport.

La nuit suivante notre Seigneur Jésus-Christ apparut à un certain prêtre nommé Étienne, qui versait des larmes sur sa mort et sur celle de ses compagnons, qu'il regardait comme prochaine et assurée; car il avait été effrayé par quelques hommes, qui, descendant de la citadelle, avaient dit que les Turcs venaient de la montagne dans la ville, et que les nôtres étaient vaincus et fuyaient. En conséquence, le prêtre, voulant prendre Dieu à témoin de sa mort, entra dans l'église de la bienheureuse Marie, toujours vierge, et s'étant confessé et ayant reçu l'absolution, il se mit à chanter des psaumes avec quelques-uns de ses compagnons. Les autres s'étant endormis, et lui seul demeurant éveillé, lorsqu'il eut dit : « Seigneur, qui « habitera dans vos tabernacles, ou qui se reposera sur « votre sainte montagne[1]? » un homme, d'une beauté supérieure à toute autre beauté, se présenta devant lui, et lui dit : « Homme, quelle est cette nation qui « est entrée dans la ville? » Et le prêtre dit : « Des « Chrétiens. » Et il lui dit : « Quels Chrétiens? » Et le prêtre : « Des hommes qui croient au Christ né de « la Vierge, qui a souffert sur la croix, qui est mort, « qui a été enseveli, qui est ressuscité le troisième « jour, et qui est monté aux cieux. » Et l'homme dit alors : « S'ils sont Chrétiens, pourquoi redoutent-ils « cette multitude de païens? » Et il ajouta : « Me re- « connais-tu? » Et le prêtre répondit : « Je ne vous « connais pas, Seigneur, mais je vous vois plus beau « que tous les autres. » Et l'homme dit : « Regarde- « moi très-attentivement. » Et le prêtre l'ayant regardé fixement et avec attention, vit s'élever au-dessus de sa tête la figure d'une croix beaucoup plus brillante que le soleil. Et le prêtre dit à l'homme qui l'interrogeait sur son compte : « Seigneur, nous reconnaissons « pour les images de notre Seigneur Jésus-Christ « celles qui nous présentent une ressemblance avec « la vôtre. » Et le Seigneur lui répondit : « Tu as « bien dit, parce que je le suis en effet. N'est-il pas « écrit de moi que je suis le Seigneur fort et puis- « sant, le Seigneur puissant dans les combats? Et quel

[1] Psaume 4, v. 1.

« est le Seigneur dans l'armée ? » Et le prêtre répondit : « Seigneur, il n'y a jamais eu ici un seul seigneur ; « mais on se confie à l'évêque plus qu'à tout autre. » Et le Seigneur dit alors : « Tu diras ceci à l'évêque : « ce peuple en se conduisant mal m'a éloigné de lui, « et c'est pourquoi tu lui diras : voici ce que dit le « Seigneur ; convertissez-vous à moi et je reviendrai « à vous. Et lorsqu'ils auront commencé de combattre, « qu'ils disent : nos ennemis se sont rassemblés et ils « se glorifient dans leur puissance : écrasez leurs for- « ces, dispersez-les, Seigneur, car nul ne combat pour « nous, si ce n'est vous, ô notre Dieu. Et tu leur diras « encore ceci : si vous faites ce que je vous commande, « d'ici à cinq jours j'aurai compassion de vous. » Et tandis qu'il disait ces choses, une femme, dont le visage était brillant d'une manière extraordinaire, s'avança, et fixant ses regards sur le Seigneur, elle lui dit : « Seigneur, que dites-vous à cet homme ? » Et le Seigneur lui répondit : « Madame, je lui de- « mande quelle est cette nation qui est entrée dans la « ville ? » Et la femme dit : « O mon Seigneur, ce sont « ceux pour lesquels je vous supplie si instamment. »

Et comme le prêtre poussait son compagnon qui dormait auprès de lui, afin d'avoir un témoin d'une si merveilleuse vision, ceux qu'il avait vus disparurent de devant ses yeux. Le matin venu, le prêtre monta sur la montagne où nos princes résidaient en face de la citadelle des Turcs, à l'exception du duc, lequel gardait la forteresse située sur la montagne du septentrion. Le prêtre ayant donc convoqué une assemblée, rapporta ces paroles à nos princes ; pour en démontrer la vérité, il jura sur la croix, et pour convaincre les incrédules, il offrit de passer par l'épreuve du feu, ou de se précipiter du haut d'une tour. Alors les princes jurèrent de ne fuir loin d'Antioche et de n'en sortir que du consentement de tout le monde, car le peuple croyait, en ces circonstances, que les princes avaient résolu de fuir vers le port. Par là, un grand nombre de gens furent rassurés. La nuit précédente il y en avait très-peu qui fussent demeurés fermes dans leur foi, et qui n'eussent voulu prendre la fuite; en sorte que si l'évêque et Boémond n'eussent fermé les portes de la ville, il en serait demeuré en effet un fort petit nombre. Malgré cela, un seigneur Guillaume se sauva avec son frère, suivi de beaucoup d'autres hommes, laïques et clercs. Il arriva à beaucoup d'entre eux, après s'être échappés de la ville, non sans de grands dangers, de tomber entre les mains des Turcs, et d'être exposés par là à de plus grands périls.

En ce même temps, nous eûmes encore par nos frères beaucoup d'autres révélations, et nous vîmes dans le ciel un signe miraculeux. Au milieu de la nuit une très-grande étoile s'arrêta au-dessus de la ville; et peu après s'étant divisée en trois branches, elle tomba sur le camp des Turcs.

Les nôtres donc s'étant un peu rassurés attendirent le cinquième jour que le prêtre leur avait annoncé. Le lendemain, après avoir fait les préparatifs nécessaires avec l'homme qui avait parlé de la lance, ayant fait sortir tout le monde de l'église du bienheureux Pierre, nous commençâmes à faire une fouille. Parmi les douze hommes désignés, il y avait l'évêque d'Orange, Raimond chapelain du comte, qui écrit cette histoire, le comte lui-même, Pons de Balazun et Ferrand de Thouars. Après qu'ils eurent creusé depuis le matin jusqu'au soir, vers le soir quelques-uns commencèrent à désespérer de trouver la lance. Le comte s'était retiré pour aller veiller à la garde d'un fort ; et à sa place, ainsi qu'à la place de ceux qui s'étaient fatigués à travailler, nous en faisions venir d'autres, afin que l'ouvrage fût poussé avec vigueur. Le jeune homme qui avait parlé de la lance, voyant que nous nous fatiguions, ôta sa ceinture et ses souliers, et descendit en chemise dans la fosse, nous suppliant d'implorer Dieu, afin qu'il nous livrât la lance, pour rendre le courage à son peuple et assurer la victoire. Enfin, par la grâce de sa miséricorde, le Seigneur nous montra sa lance ; et moi qui écris ceci, au moment où l'on ne voyait encore que la pointe paraître au dessus de la terre, je la baisai. Je ne saurais dire quels transports de joie remplirent alors toute la ville. La lance fut trouvée le 14 juin.

La seconde nuit, le bienheureux André apparut au jeune homme par lequel il nous avait fait retrouver la lance, et lui dit : « Voici, Dieu a donné au comte « ce qu'il n'a jamais voulu donner à aucun autre, et « l'a institué porte-bannière de son armée, pourvu « toutefois qu'il persévère dans son amour. » Et comme le jeune homme lui demandait miséricorde pour le peuple, saint André lui répondit « qu'en vérité le Sei- « gneur aurait compassion de son peuple. » Et comme le jeune homme lui demandait encore quel était ce compagnon qu'il avait toujours vu avec lui, le bienheureux André lui dit : « Approche et baise son pied. » Aussitôt, s'empressant de s'approcher, il vit sur son pied une plaie toute fraîche et saignante, comme si elle eût été faite tout récemment. Et comme il hésitait à s'avancer davantage à cause de cette blessure et de ce sang, saint André lui dit : « Voilà le père qui a « été percé pour nous sur la croix, et c'est de là que « vient cette plaie. Le Seigneur ordonne en outre que « vous célébriez désormais ce jour où il vous a livré « sa lance. Mais comme elle a été découverte le soir, « et que ce même jour n'a pu être célébré, la semaine « prochaine, à l'octave, vous ferez une grande solen- « nité, et tous les ans, par la suite, vous la renouvel- « lerez le jour même de la découverte de cette lance. « Tu leur diras encore ceci, qu'ils aient à se conduire « ainsi que le prescrit l'épître de mon frère Pierre qui « se lit aujourd'hui ; » et cette épître est celle-ci : « Humiliez-vous sous la main puissante de Dieu [1]. Que « tous les jours les clercs chantent devant la lance cette « hymne : *Lustra sex quæ jam peracta;* et lorsqu'ils « auront dit : *Agnus in crucis levatur immolandus* « *stipite,* qu'ils fléchissent les genoux et qu'ils finis- « sent leur hymne. » Lorsque l'évêque d'Orange et moi nous demandâmes à ce jeune homme s'il connaissait les lettres, il nous répondit « je ne les connais pas, » pensant que, s'il disait les connaître, nous ne le croirions pas. Dans le fait, il savait quelque chose, mais en ce moment il était tellement ignorant que non seulement il ne pouvait pas lire, mais qu'il ne se souvenait pas même de ce qu'il avait appris, si ce n'est du *Pater noster,* du *Credo in Deum*, du *Magnificat,* du *Gloria in excelsis Deo,* et du *Benedictus Dominus Deus Israel.* Tout le reste il l'avait oublié, comme s'il ne l'avait jamais appris, et, malgré la peine extrême

[1] Première épître de Saint-Pierre, ch. v, v. 6.

qu'il se donna par la suite, il ne put rappeler que très-peu de chose à sa mémoire.

Dans ce même temps la famine était si grande dans la ville, qu'une tête de cheval dont on avait enlevé la langue se vendait deux ou trois sous, les entrailles d'une chèvre cinq sous, une poule huit ou neuf sous. Parlerai-je du pain, dont on n'avait pas assez avec cinq sous pour apaiser la faim d'un homme? Mais ces prix n'étaient ni surprenans ni fâcheux pour ceux qui payaient toutes choses si cher, puisqu'ils avaient en abondance de l'or, de l'argent et de riches vêtemens, et cette cherté provenait principalement de ce que les chevaliers manquaient de courage. On cueillait sur les arbres les figues avant qu'elles fussent mûres, on les faisait cuire et on les vendait fort cher. On faisait cuire aussi de la même manière des cuirs de bœufs et de chevaux, et d'autres cuirs depuis long-temps mis de côté, et on les vendait également fort cher, de sorte que chacun pouvait en manger pour deux sous. La plupart des chevaliers n'avaient pour vivre que leurs chevaux, et cependant, espérant en la miséricorde de Dieu, ils ne voulaient pas encore les tuer. Tels étaient les maux qui accablaient les assiégés, et beaucoup d'autres encore qu'il serait trop difficile d'énumérer. Il y avait encore un autre malheur assez grand, c'est que quelques-uns des nôtres fuyaient auprès des Turcs et leur apprenaient l'extrême misère qui régnait dans la ville, en sorte que les Turcs, encouragés par ces rapports et d'autres circonstances, nous pressaient d'autant plus violemment. Une fois, vers le milieu du jour, trente Turcs environ montèrent sur l'une de nos tours et firent une horrible frayeur aux nôtres. Ceux-ci cependant combattirent en raison du péril, et, avec l'assistance de Dieu, ils tuèrent quelques-uns de leurs ennemis et précipitèrent les autres du haut du rempart. A cette occasion, tous promirent d'obéir à Boémond jusqu'à quinze jours après l'issue de la bataille, afin qu'il veillât lui-même à la garde de la ville et fît toutes ses dispositions pour le combat; car, à cette époque, le comte et l'évêque étaient fort malades, et le comte Étienne, que les autres princes avaient élu pour dictateur avant la prise de la ville, ayant appris que l'on combattrait encore, avait pris la fuite.

Mais, ainsi que nous l'avons dit, tandis que les nôtres se voyaient ainsi vaincus, écrasés et accablés de tourmens, le Ciel vint à leur secours, et le bienheureux André leur enseigna, par l'intermédiaire du jeune homme qui déjà avait dévoilé l'existence de la lance, comment ils devaient se conduire avant et pendant la bataille. « Vous avez tous gravement péché, dit-il, et
« c'est pourquoi vous êtes humiliés. Vous avez crié au
« Seigneur, et le Seigneur vous a exaucés. Et main-
« tenant que chacun s'en remette à Dieu de ses pé-
« chés, et fasse cinq aumônes à raison des cinq plaies
« du Seigneur. S'il ne peut les faire, qu'il dise cinq
« fois *Pater noster*, etc.; et cela fait, et selon la ré-
« solution que les princes auront arrêtée pour la ba-
« taille, entreprenez-la au nom du Seigneur, soit de
« jour, soit de nuit, car le bras du Seigneur sera avec
« vous. Si quelqu'un doute de la victoire, qu'on lui
« ouvre les portes, qu'il aille auprès des Turcs, et il
« verra comment leur Dieu saura le sauver. Si quel-
« qu'un refuse de combattre, qu'il soit comme Judas
« qui trahit le Seigneur, abandonna les apôtres et ven-

« dit son Seigneur aux Juifs. Qu'ils combattent avec
« confiance pour le bienheureux Pierre tous ceux qui
« tiennent pour certain qu'il lui a promis qu'il ressus-
« citerait le troisième jour et qu'il lui apparaîtrait ;
« qu'ils combattent aussi parce que ce territoire ap-
« partient à la juridiction du bienheureux Pierre et
« non à celle des Païens. Que votre cri de ralliement
« soit *Dieu nous aide*, et en vérité Dieu vous aidera.
« Tous vos frères qui sont morts depuis le commen-
« cement de cette expédition seront aussi avec vous
« dans cette bataille. Chargez-vous de vaincre la
« dixième partie de vos ennemis, et vos frères, par
« la puissance de Dieu, combattront et vaincront les
« neuf autres dixièmes. Ne différez donc pas de faire
« la guerre, car, si vous ne faites ce que je dis, le
« Seigneur vous amènera d'un autre côté autant d'en-
« nemis qu'il vous en est venu d'un seul côté, et vous
« tiendra ainsi enfermés jusqu'à ce que les uns aient
« mangé les autres. Sachez donc maintenant qu'ils
« sont arrivés ces jours que le Seigneur a annoncés à
« la bienheureuse Marie, toujours vierge, et à ses apô-
« tres, en leur promettant qu'il élevera le royaume
« des Chrétiens, et qu'il rejetera et foulera aux pieds
« celui des Païens ; et gardez-vous de vous détourner
« pour aller dans leurs tentes chercher de l'or et de
« l'argent. »

Dieu, qui avait ordonné que ces paroles nous fussent annoncées par son apôtre, voulut alors dans sa
puissance que les cœurs de tous fussent fortifiés,
en sorte que chacun semblait déjà, dans sa foi et
son espérance, avoir triomphé de tous ses ennemis.
Ils s'encourageaient donc les uns les autres, et, en

s'exhortant ainsi, ils recueillaient leurs forces pour combattre. Le peuple même, qui les jours précédens avait paru consumé de misère et de frayeur, en vint bientôt à se répandre en injures contre les princes sur le retard qu'ils mettaient à combattre. Enfin le jour ayant été fixé, les nôtres envoyèrent d'abord Pierre l'Ermite auprès de Corbaran, chef des Turcs, « afin « qu'il renonçât à assiéger la ville, parce qu'elle ap- « partenait à la juridiction du bienheureux Pierre et « des Chrétiens. » Mais lui répondit fièrement « qu'à « tort ou à raison il voulait se rendre maître des Francs « et de la ville. » Et Pierre l'Ermite ne voulant pas s'incliner devant lui, il le força à lui adresser la parole en suppliant.

On demanda en ce moment lequel des princes défendrait la ville contre ceux qui occupaient la citadelle, tandis que les autres sortiraient pour aller combattre. Les nôtres élevèrent alors sur le revers de la montagne, en face des ennemis, un mur en chaux et des retranchemens; ils les garnirent d'un grand nombre de pierriers, et y laissèrent le comte Raimond, qui était alors malade à la mort, avec deux cents hommes.

Le jour du combat étant venu, dès le matin tous communièrent et se donnèrent à Dieu, soit pour la mort, si telle était sa volonté, soit pour l'honneur de l'Église romaine et de la race des Francs. Quant au combat, ils réglèrent que l'on formerait deux doubles rangs des gens du comte et de l'évêque, que les hommes de pied marcheraient devant les chevaliers, et se porteraient en avant ou s'arrêteraient, suivant les ordres de leurs princes; il en fut ordonné de même pour les gens de Boémond et de Tancrède, pour les gens du comte de Normandie et les Français, pour les gens du duc et les Bourguignons. Les hérauts allèrent dans toute la ville criant à haute voix que chaque homme eût à se réunir aux princes de son pays. On régla en outre que Hugues-le-Grand, le comte de Flandre et le comte de Normandie marcheraient les premiers au combat, après eux le duc, après le duc l'évêque, et qu'enfin Boémond s'avancerait à leur suite. Chacun donc se rallia à sa bannière et aux hommes de son pays, en dessous de la ville et devant la porte du pont. *O combien heureux le peuple qui a le Seigneur pour son Dieu*[1] ! O combien heureux le peuple que Dieu a élu ! O combien la face de cette armée était changée de tristesse en joie ! Les jours précédens les princes, les nobles et les hommes du peuple de cette armée s'en allaient aux églises, à travers les places de la ville, pour implorer le secours de Dieu, marchant pieds nus, pleurant, se frappant la poitrine et tellement tristes que le père, s'il rencontrait le fils, ou le frère son frère, ne lui rendait pas son salut, ou ne le regardait même pas. Maintenant vous les eussiez vus au contraire remplis d'ardeur faire sortir leurs chevaux, secouer leurs armes, brandir leurs lances, impatiens de tout repos et ne pouvant demeurer un instant sans témoigner leur allégresse par leurs actions ou leurs paroles. Mais pourquoi de plus longs discours ? Ils eurent enfin la faculté de sortir, et les dispositions qui avaient été arrêtées par les princes furent régulièrement exécutées.

Pendant ce temps le chef des Turcs, Corbaran,

[1] Psaume 143, v. 15.

jouait aux échecs dans sa tente. Ayant appris que les Chrétiens s'avançaient pour combattre, et l'esprit troublé d'une nouvelle à laquelle il ne s'attendait nullement, il appela un certain Turc nommé Miredalin, qui s'était enfui d'Antioche, homme noble et bien connu de nous par ses exploits de chevalier, et lui dit : « Qu'est-« ce donc? Ne m'avais-tu pas dit que les Francs étaient en « petit nombre et ne viendraient pas me combattre? » Et Miredalin répondit : « Je n'ai pas dit qu'ils ne vien-« draient pas combattre; mais attends, je vais les voir, « et je te dirai s'il te sera facile de les vaincre. » Déjà notre troisième ligne s'avançait, et lorsqu'il eut vu la disposition de nos troupes, Miredalin dit à Corbaran : « Certes, ces hommes peuvent être tués, mais ils ne « peuvent être mis en fuite. » Et alors Corbaran lui dit : « Nuls d'entre eux ne pourront donc être repoussés? » Et Miredalin répondit : « Non, ils ne céderont pas de « la largeur d'une semelle, dût toute la race des Païens « s'élancer sur eux. » Alors Corbaran, quoique troublé, forma contre nous des corps nombreux de guerriers ; et tandis qu'ils eussent pu, dès le principe, nous empêcher de sortir de la ville, alors ils nous laissèrent avancer paisiblement. Les nôtres cependant dirigèrent leurs corps vers les montagnes, en prenant garde à ne pas être enveloppés sur leurs derrières. Or, ces montagnes étaient éloignées du pont de deux grands milles environ. Nous nous avançâmes donc sur un vaste espace, comme les clercs ont coutume de marcher dans les processions; et en vérité c'était bien pour nous une procession, car les prêtres et beaucoup de moines, revêtus de leurs étoles blanches, marchaient en avant de nos chevaliers, invoquant par

leurs chants l'assistance de Dieu et le patronage des saints. De leur côté les ennemis voulurent nous attaquer et nous lancèrent des flèches. Corbaran, en outre, manda à nos princes qu'il était prêt à faire maintenant ce que naguère il avait refusé, savoir : « Que cinq ou dix Turcs combattissent contre autant de Francs, sous la condition que ceux dont les chevaliers seraient vaincus se retireraient paisiblement devant les autres. » A cela, les nôtres répondirent : « Vous
« ne l'avez pas voulu, lorsque nous l'avons voulu;
« maintenant donc que nous nous sommes préparés au
« combat, que chacun combatte selon son droit. »

Lorsque nous eûmes occupé toute la plaine, ainsi que nous l'avons dit, un certain corps de Turcs, qui était demeuré derrière nous, vint attaquer nos hommes de pied ; mais ceux-ci ayant formé le cercle soutinrent vigoureusement le choc des ennemis. Les Turcs ne pouvant en aucune façon parvenir à les repousser, allumèrent du feu tout autour d'eux, afin que ceux qui ne redoutaient pas le glaive fussent du moins atteints par le feu, et par ce moyen ils les forcèrent à se retirer, car il y avait en ce lieu beaucoup de foin qui était fort sec.

Tandis que nos corps d'armée sortaient de la ville, les prêtres demeuraient sur les remparts, les pieds nus, revêtus de leurs habits sacerdotaux, et invoquant Dieu, afin qu'il défendît son peuple et confirmât, dans cette bataille, par la victoire des Francs, les témoignages qu'il a scellés de son sang. Dans cet espace de terrain que nous traversâmes depuis le pont jusqu'aux montagnes, nous eûmes à faire de grands efforts, parce que les ennemis voulaient nous envelopper; et quoique pendant ce temps leurs corps d'armée les plus nombreux pesassent sur nous, qui faisions partie du corps d'armée de l'évêque, cepenpendant, grâce au secours de la lance du Seigneur qui était là, ils ne nous blessèrent personne, et ne nous lancèrent pas même de flèches. Je vis ces choses, moi qui parle, et je portais en ce lieu la lance du Seigneur. Que si quelqu'un prétend qu'Héraclius, vice-comte et porte-bannière de l'évêque, fut blessé dans ce combat, qu'il sache qu'il avait remis sa bannière à un autre et quitté notre corps.

Lorsque tous les hommes propres au combat furent sortis de la ville, il parut au milieu de nous cinq nouveaux corps d'armée. Car, ainsi que je l'ai déjà dit, nos princes n'avaient formé que huit corps, et il s'en trouva treize en dehors de la ville. Il n'y a qu'une seule chose véritablement mémorable que nous ne devions point passer sous silence. Lorsque nous commençâmes à sortir pour aller combattre, le Seigneur envoya sur toute son armée une pluie divine, pluie fine, mais tellement agréable, que quiconque en était atteint se sentait rempli de toute grâce et de toute force, méprisait les ennemis et marchait comme s'il eût toujours été nourri au milieu des délices des rois. Chose non moins admirable, il en arriva tout autant à nos chevaux; car quel est l'homme à qui son cheval ait manqué, si ce n'est après l'issue du combat, quoiqu'aucun d'eux depuis sept jours n'eût mangé autre chose que des écorces et des feuilles d'arbre? En outre, le Seigneur multiplia tellement notre armée, que nous qui avant le combat étions moins nombreux que les ennemis, nous nous trouvâmes, durant le combat, bien plus nombreux. Les nôtres donc s'étant avancés, et ayant pris leurs positions, il ne nous fut pas même permis de livrer combat, car les ennemis prirent soudain la fuite, et les nôtres les poursuivirent jusqu'au coucher du soleil. Le Seigneur opéra admirablement, tant sur les hommes que sur les chevaux ; car les hommes ne se laissèrent point détourner du combat par leur avidité, et ces chevaux affamés, que leurs maîtres avaient conduits au combat presque sans les faire manger, poursuivirent bientôt après, avec une extrême légèreté, les chevaux des Turcs, tous gras et très-habiles à la course.

Ce ne fut pas la seule joie que le Seigneur voulut nous accorder. Les Turcs qui avaient fortifié la citadelle de la ville, voyant les leurs précipiter leur fuite, perdirent eux-mêmes toute espérance, et les uns se rendirent aux nôtres, en obtenant seulement grâce pour la vie, tandis que les autres se hâtèrent de fuir. Quoique la bataille eût été conduite avec tant d'ardeur d'un côté et tant de timidité de l'autre, les ennemis cependant ne perdirent qu'un petit nombre de leurs chevaliers ; mais parmi leurs hommes de pied à peine s'en échappa-t-il un seul. Toutes leurs tentes furent enlevées, ainsi que beaucoup d'or et d'argent et de riches dépouilles, et l'on prit en outre des vivres, des troupeaux et des chameaux en quantités qui ne pouvaient être mesurées ni comptées. Là se renouvela pour nous l'événement de Samarie, au sujet de la mesure de fleur de froment et d'orge qui était vendue au prix d'une statère. Ces choses se passèrent la veille de la fête des apôtres Pierre et Paul, intercesseurs auxquels cette victoire de l'Église pélerine des Francs fut accordée par notre Seigneur Jésus-Christ, qui vit et demeure avec ses serviteurs, Dieu favorable aux siècles des siècles. Amen.

A la suite de cette victoire, il arriva que nos princes, Boémond, le comte, le duc et le comte de Flandre prirent en commun possession de la citadelle de la ville; mais Boémond s'empara des tours plus élevées, éprouvant déjà les passions qui devaient enfanter l'iniquité. En conséquence, il expulsa de vive force du château les hommes du duc, du comte de Flandre et du comte de Saint-Gilles, disant qu'il avait juré au Turc qui lui avait livré la ville qu'il serait seul à la posséder. Après cela, et comme il avait fait impunément cette première tentative, il en vint à demander les citadelles de la ville et les portes, que le comte, l'évêque et le duc avaient gardées depuis le moment où nous avions été assiégés. Tous lui cédèrent à l'exception du comte. Celui-ci, quoiqu'il fût malade, ne voulut livrer la porte du pont, ni aux prières, ni aux promesses, ni aux menaces de Boémond.

Et ce ne fut pas seulement parmi nos princes que la discorde s'éleva à cette époque; elle rompit aussi les liens qui unissaient le peuple, en sorte qu'il y eut bien peu d'hommes qui n'eussent des démêlés avec leurs compagnons ou leurs domestiques, pour des affaires de larcin ou de vol à force ouverte; et cependant il n'y avait dans la ville aucun juge qui pût ou voulût juger ces différends, et ce genre d'injustice fut poussé par chacun aussi loin qu'il lui fut possible. Le comte et l'évêque étaient gravement malades pendant ce temps, et ne pouvaient protéger personne contre de telles insultes.

Mais pourquoi nous arrêter plus long-temps à ces détails? Amollis par l'oisiveté et les richesses, les nôtres, au mépris des ordres de Dieu, différèrent jusqu'au commencement de novembre de poursuivre le voyage qu'ils avaient entrepris. Au premier moment après la fuite des Turcs, les villes des Sarrasins étaient tellement consternées et frappées de terreur que si nos Francs fussent alors montés à cheval, il n'y eût pas eu une de ces villes, jusqu'à la cité de Jérusalem, qui eût osé, à ce que nous croyons, lancer contre eux une pierre.

Pendant ce temps, le seigneur Adhémar, évêque du Puy, aimé de Dieu et des hommes, cher à tous et en toutes choses, se rendit en paix dans le sein du Seigneur, le premier jour d'août. Tous les Chrétiens qui se trouvaient rassemblés en éprouvèrent une douleur si grande, que nous qui avons entrepris d'écrire tout ceci, à raison de la grandeur des événemens, nous n'avons jamais pu mesurer l'étendue de cette affliction. On reconnut plus évidemment encore combien il avait été utile à l'armée de Dieu et à ses princes, lorsqu'on vit après sa mort ceux-ci se diviser entre eux, Boémond retourner dans la Romanie, et le duc de Lorraine partir pour se diriger vers Roha.

Après que l'évêque eut été enseveli à Antioche, dans l'église du bienheureux Pierre, et la seconde nuit, le Seigneur Jésus apparut, avec le bienheureux André et ce même évêque, à ce Pierre Barthélemi, qui avait révélé l'existence de la lance dans la chapelle du comte, où ladite lance était déposée. L'évêque lui adressa la parole, disant: « Grâces soient ren« dues à Dieu, à tous mes frères et à Boémond, qui

« m'ont délivré de l'enfer ; car j'ai péché gravement,
« après que la lance du Seigneur a été découverte.
« C'est pourquoi j'ai été conduit dans l'enfer, et là j'ai
« été flagellé très-rudement, et ma tête et mon visage
« ont été brûlés, ainsi que tu peux le voir; et mon
« ame est demeurée en ce lieu, depuis l'heure où elle
« est sortie de son corps, jusqu'à celle où ce miséra-
« ble corps qui m'appartenait a été livré à la poudre.
« Le Seigneur m'a rendu, au milieu même des flammes
« de l'incendie, ce vêtement que tu vois, parce que
« je l'avais donné à un pauvre pour l'amour de Dieu,
« lorsque je reçus l'ordination d'évêque; et quoique la
« géhenne déployât ses fureurs, quoique les ministres
« du Tartare fissent contre moi des efforts insensés,
« ils n'ont pu cependant me faire aucun mal intérieu-
« rement. De toutes les choses que j'ai apportées de ma
« patrie, aucune ne m'a été aussi utile que cette chan-
« delle, que mes amis ont présentée à l'offrande pour
« l'amour de moi, et ces trois deniers que j'avais aussi
« offerts devant la lance : ces objets ont relevé mes
« forces, lorsque j'éprouvais une faim mortelle, en
« m'avançant pour sortir de l'enfer. Mon seigneur
« Boémond a dit qu'il transporterait mon corps à Jé-
« rusalem : que ce soit un effet de sa bonté de ne pas
« me changer de place, parce qu'il y a encore ici quel-
« que chose du sang du Seigneur, auquel il m'a as-
« socié. Mais s'il doute des choses que je te dis, qu'il
« ouvre mon sépulcre, et il verra ma tête et mon vi-
« sage brûlés. J'ai confié ma famille à mon seigneur
« le comte; qu'il lui fasse du bien, afin que Dieu lui
« fasse miséricorde et accomplisse ce qu'il lui a promis.
« Que mes frères ne s'affligent point si ma vie est finie,

« car jamais je ne leur ai été aussi utile que je le serai,
« s'ils veulent observer les commandemens de Dieu.
« En effet, j'habiterai avec eux, et tous mes frères,
« dont la vie est finie comme la mienne, habiteront
« aussi avec eux, et je leur apparaîtrai et je les con-
« solerai beaucoup mieux que je n'ai fait jusqu'ici. Et
« vous mes frères, souvenez-vous des peines de l'enfer,
« qui sont si rudes et si horribles. Servez donc le Sei-
« gneur, qui peut vous délivrer de ces peines et de
« tous les autres maux. Oh! combien est heureusement
« né celui qui ignorera les peines de l'enfer! Le Sau-
« veur pourra faire cette grâce à ceux qui auront ob-
« servé ses commandemens. Ce qui demeurera de
« cette chandelle ce matin, conserve-le. Que le comte
« élise, avec ceux qu'il voudra choisir lui-même, un
« évêque pour me remplacer; car il ne serait pas juste
« qu'après ma mort la bienheureuse Marie, toujours
« vierge, n'eût pas d'évêque; que l'un de mes *pallium*
« soit donné par vous à l'église du bienheureux An-
« dré. » Et le bienheureux André lui adressa ses re-
mercîmens.

Après cela le bienheureux André, s'avançant de plus près, parla en ces termes : « Que tous écoutent
« ce que Dieu dit par ma bouche, disant : Souviens-
« toi, comte, du don que le Seigneur t'a accordé; ce
« que tu fais, fais-le en son nom, afin que le Seigneur
« dirige tes actions et tes paroles et exauce tes prières.
« La première cité que le Seigneur nous a accordée,
« savoir celle de Nicée s'est détournée de lui; le Sei-
« gneur nous a donné cette ville et l'a enlevée à nos
« ennemis, et ensuite il n'y a pas été connu; et si
« quelqu'un y a invoqué le nom du Seigneur, il a été

« battu de verges, et les œuvres de Dieu n'y ont point
« été pratiquées. Mais, dans sa bonté, le Seigneur
« n'a pas voulu vous abandonner sans vous accorder
« ce que vous avez demandé, et plus même que vous
« n'avez osé demander. Il vous a donné cette lance
« qui a frappé de plaies son corps, d'où a coulé le
« sang de notre rédemption. Et Dieu ne vous a point
« donné de faire de cette ville-ci comme vous avez fait
« de l'autre ville, et vous pouvez voir qu'en raison de
« vos mérites Dieu ne vous l'a point donnée. Le Sei-
« gneur te prescrit, ô comte, de t'enquérir lequel
« voudra se faire seigneur de cette ville au dessus des
« autres, et tu lui demanderas quelle domination il
« prétend y exercer à cause du Seigneur. Que si toi et
« tes autres frères, à qui Dieu a donné cette ville,
« vous apprenez qu'il soit fidèle et qu'il veuille obser-
« ver ou rendre la justice, qu'il la possède. S'il ne
« veut pas observer ou rendre la justice, et s'il veut
« la posséder par sa seule puissance, toi et tes frères
« demandez conseil à Dieu, et Dieu vous donnera
« conseil; et les hommes qui suivent la bonne voie ou
« qui aiment Dieu, ne te manqueront point. Mais que
« ceux qui ne veulent pas suivre la bonne voie re-
« tournent auprès de celui qui n'aura pas voulu ob-
« server la justice, et ils verront comment Dieu les
« sauvera. Ils recevront la malédiction de la part de
« Dieu et de sa mère, telle que Lucifer l'a reçue lors-
« qu'il est tombé du ciel. Et vous, si vous êtes tous
« d'accord, demandez conseil par la prière, et Dieu
« vous donnera conseil. Si la concorde règne entre
« vous, tenez conseil pour élire un patriarche qui soit
« de votre loi. Les hommes qui seront venus à vous

« de la captivité pour suivre votre loi, ne les laissez
« point aller; mais ceux qui se seront prononcés dans
« le Khorazan pour adorer le Dieu des Turcs, ne les
« recevez point; traitez-les comme des Turcs, en-
« voyez-en deux ou trois en prison, et ceux-là vous
« feront connaître les autres. Après que ces choses
« auront été faites par vous, demandez conseil au
« Seigneur sur l'expédition pour laquelle vous êtes
« venus, et il vous conseillera bien. Jérusalem est près
« de vous, à dix journées de marche; mais si vous ne
« voulez pas observer les choses susdites, de dix an-
« nées vous n'irez pas à Jérusalem. Et, après dix
« années, je rétablirai les infidèles en honneur, et
« cent d'entre eux prévaudront contre mille d'entre
« vous. Et vous, hommes du Christ, adressez au Sei-
« gneur la demande que les apôtres lui adressèrent,
« et comme il leur a donné, de même il vous donnera
« aussi à vous. Vous, comte et Boémond, allez à l'é-
« glise du bienheureux André, et il vous donnera le
« meilleur conseil devant Dieu; et ce que Dieu aura
« mis dans votre cœur, faites-le; et comme le bien-
« heureux André vous a visités, visitez-le aussi et
« faites que vos frères le visitent. Que la concorde soit
« entre vous, comte et Boémond, ainsi que l'amour
« de Dieu et du prochain. Si vous vous accordez bien
« ensemble, nulle chose ne pourra vous diviser. Il
« convient d'abord que vous fassiez connaître la jus-
« tice que vous devez rendre. Autant il y aura d'hom-
« mes dans chaque évêché, que tous produisent leurs
« richesses, qu'ils assistent les pauvres de leur pays
« autant qu'ils le pourront et qu'il sera nécessaire.
« D'ailleurs faites toutes choses ainsi que vous en serez

« tombés d'accord ; et ceux qui ne voudront pas ob-
« server cette règle de justice et toutes les autres,
« contraignez-les à le faire. Et si quelqu'un veut pos-
« séder une autre ville de celles que Dieu vous don-
« nera, faites qu'il se conduise selon ce qui est dit
« ci-dessus ; et s'il ne veut pas le faire, que le comte
« et les enfans de Dieu le battent de verges. » Ces
choses furent d'abord reçues avec foi et ensuite ou-
bliées, car les uns dirent : Rendons la ville à l'empereur, et les autres ne le voulurent pas. Au milieu de
ces discordes et des troubles qui les suivirent, les in-
térêts des pauvres furent mis de côté ; et quant au conseil que les princes devaient aller demander auprès
de saint André, il n'en fut rien fait.

Sur ces entrefaites, les Turcs d'Alep assiégèrent un
certain château. Les Turcs qui y étaient enfermés, affligés de cet événement, mandèrent au duc, qui se
trouvait dans le pays, de venir prendre possession de
ce château, disant que, dans la suite, ils ne voulaient
avoir pour seigneur qu'un homme de la race des Francs.
C'est pourquoi le duc retourna à Antioche et adressa
d'instantes prières au comte, qui s'était déjà relevé de
sa maladie, et qui avait lui-même convoqué ses chevaliers et ses hommes de pied pour aller, dans l'intérêt des pauvres, recueillir du butin. Le duc supplia
donc le comte de porter secours aux Turcs qui ré-
clamaient l'assistance de Dieu pour la gloire de la race
des Francs et pour l'amour de Dieu et de lui-même,
ajoutant qu'après la destruction des machines des
Turcs assiégeans, les Turcs assiégés voulaient embrasser la croix. A la suite de ces prières et d'autres
semblables, le comte partit avec le duc. Mais lorsque

ces choses furent connues aux Turcs, ils levèrent le siége. Lorsque notre armée fut arrivée à Hasarth, le duc reçut des otages du château, en garantie de sa fidélité future, et le comte retourna à Antioche, non sans que son armée essuyât de grandes pertes. Alors le comte rassembla de nouveau ses chevaliers, afin de conduire dans les campagnes ses pauvres, que la famine et l'ennui consumaient dans Antioche.

En ce temps saint André apparut à Pierre Barthélemi, dans la tente où habitaient l'évêque d'Agde, Raimond le chapelain du comte, et un autre chapelain nommé Simon. Celui-ci entendant les autres qui parlaient entre eux, savoir saint André et Pierre Barthélemi, couvrit sa tête, et, selon qu'il le rapporta lui-même, entendit beaucoup de choses; mais il ne se souvint que de ceci : « Seigneur, je dirai « ceci, dit l'évêque d'Agde; je ne sais si ce fut en « songe ou non : un vieillard se présenta devant moi « revêtu d'une étole blanche, tenant dans ses mains « la lance du Seigneur, et me dit : Crois-tu que cette « lance soit celle de Jésus-Christ? Et je répondis : Je « le crois, Seigneur; et après qu'il m'eut fait la même « question, une seconde et une troisième fois, je dis : « En vérité, je crois, Seigneur, que cette lance est « celle qui tira le sang du flanc de notre Seigneur Jé« sus-Christ, par lequel nous sommes tous rachetés. » Et après cela l'évêque me poussa vivement, moi Raimond, qui dormais à côté de lui ; et m'étant alors éveillé, je vis un éclat extraordinaire ; et, comme si mon cœur eût été frappé d'une grâce particulière, je me mis à demander à ceux qui étaient près de moi s'ils n'éprouvaient pas quelque chose, comme au mi-

lieu d'une grande agitation populaire; et tous les autres se mirent à dire: « Nullement. » Mais Pierre, à qui la révélation avait été faite, lorsque nous l'interrogeâmes à l'envi les uns des autres sur ce que nous venons de rapporter, nous répondit : « Ce n'est pas
« sans raison que vous voyez ici un éclat tout-à-fait
« agréable; car le père, de qui procède toute grâce,
« a séjourné longuement ici. » Et comme nous lui demandâmes de nous faire connaître les choses qui lui avaient été dites, il nous dit ceci au comte et à nous :
« Cette nuit le Seigneur et le bienheureux André sont
« venus ici sous la forme qu'ils ont coutume de revêtir,
« et suivis d'un troisième qui était petit de taille, re-
« vêtu d'habits de lin et portant une barbe très-lon-
« gue. Et le bienheureux André m'a adressé beaucoup
« de menaces, parce que j'avais abandonné, dans un
« lieu indigne, les reliques de son propre corps re-
« trouvées à Antioche dans son église même; et il m'a
« dit : Lorsque je fus précipité du haut d'une certaine
« montagne par les infidèles, je me cassai deux doigts;
« et, après ma mort, un homme les prit et les porta
« à Antioche; et toi, lorsque tu les as retrouvés,
« tu n'en as pris aucun soin, tu as souffert que l'un
« te fût ravi, et tu as abandonné l'autre d'une ma-
« nière indigne. Et alors il me montra sa main, à
« laquelle il manquait deux doigts. Après cela, ô
« comte, il m'a porté beaucoup de plaintes contre
« toi; car, après avoir reçu le don vénérable que le
« Seigneur n'a accordé à nul autre, tu ne crains pas
« de pécher gravement et méchamment en présence
« du Seigneur. C'est pourquoi le Seigneur a fait de-
« vant toi le miracle que voici. Lorsqu'il y a cinq jours,

« tu as présenté à l'offrande un cierge assez grand pour
« qu'il eût pu durer trois jours et autant de nuits, il
« n'a rendu cependant aucune clarté, et, se fondant
« tout de suite, il est tombé en terre. Et cette nuit,
« au contraire, tu as offert un cierge tellement pe-
« tit qu'il pouvait durer à peine jusqu'au chant du
« coq ; maintenant il est jour, le cierge dure encore,
« et le tiers même n'en est pas consumé. C'est pour-
« quoi le Seigneur te commande : N'entreprends rien
« sans avoir fait d'abord pénitence : autrement, et
« quelque chose que tu fasses, tu tomberas en terre
« comme un cierge fondu. Que si tu fais pénitence,
« quelque chose que tu entreprennes au nom du Sei-
« gneur, Dieu l'achèvera et la consommera ; et comme
« tu vois durer ce petit cierge, le Seigneur fera grand
« tout ce que tu auras entrepris, quoique ce soit d'a-
« bord petit. » Et comme le comte se défendit alors
d'avoir aussi gravement péché, Pierre lui raconta son
péché, et le comte se confessa et fit pénitence. Et
alors Pierre dit de nouveau au comte : « Le bienheu-
« reux André se plaint, ô comte, de tes conseillers,
« parce qu'ils te conseillent sciemment beaucoup de
« mal. C'est pourquoi il t'ordonne de ne pas admettre
« ces hommes à tes conseils, s'ils ne jurent auparavant
« de ne plus te conseiller le mal sciemment. Écoute
« encore ceci, comte : le Seigneur te mande de ne
« pas faire de nouveaux retards, parce que tu ne re-
« cevras aucun secours avant que Jérusalem ait été
« prise. Lorsque tu seras près de Jérusalem, que cha-
« cun de vous descende de cheval à deux lieues. Si
« vous vous conduisez ainsi, le Seigneur vous donnera
« sa Cité. » Après cela saint André me rendit à moi-

même mille actions de grâces, parce que j'avais fait consacrer dans Antioche l'église qui avait été construite en son nom. Saint André me dit ces choses et d'autres encore, dont ce n'est pas ici l'occasion de parler; ensuite ils disparurent lui et ses compagnons.

Le comte se rendit donc en Syrie avec la foule des pauvres et un petit nombre de chevaliers, et assiégea vigoureusement la première ville des Sarrasins qu'il rencontra, nommée Albar : il tua là plusieurs milliers de Sarrasins, et plusieurs autres milliers furent ramenés et vendus à Antioche. Ceux qui se rendirent à lui dans le cours du siége et par la crainte de la mort, il leur permit de s'en aller en liberté. Ayant ensuite tenu conseil avec ses chapelains et ses princes, il élut un prêtre pour évêque d'une manière fort convenable et honorable pour celui-ci. En effet, après qu'il eut convoqué tous ceux qui étaient avec lui, un de ses chapelains monta sur un mur et fit connaître à toute l'assemblée les intentions du comte. Le peuple ayant vivement insisté pour que cette élection fût faite, le même chapelain demanda de nouveau s'il y avait quelqu'un dans le clergé qui réunît les suffrages du peuple, et qui, résistant aux Païens autant qu'il lui serait possible, pût servir à la fois en ce lieu Dieu et ses frères. Comme tous gardaient le silence, nous appelâmes alors un certain Pierre, né à Narbonne, nous mîmes sous ses yeux le fardeau de l'épiscopat, lui demandant de ne point hésiter à l'accepter pour l'amour de Dieu et de ses frères, s'il était dans de telles dispositions qu'il aimât mieux mourir que d'abandonner cette ville. Celui-ci s'étant déclaré animé de ces dispositions, le peuple le loua beaucoup tout d'une voix, et rendit mille actions de grâces à Dieu qui voulait avoir un évêque romain dans l'Église d'Orient pour administrer son peuple. Le comte concéda alors à l'évêque la moitié de la ville et de tout son territoire. Cette ville d'Albar était située au-delà d'Antioche et à deux journées de marche.

Mais déjà le commencement de novembre approchait, époque à laquelle tous les princes avaient promis de se rassembler à Antioche pour se remettre en route et reprendre leur expédition. Le comte ayant laissé à Albar son armée, l'évêque qu'il avait élu, un grand nombre de prisonniers et des richesses considérables, fruit du butin, retourna à Antioche avec beaucoup de joie. Tous les princes s'y étaient pareillement rendus, à l'exception de Baudouin frère du duc. Ce Baudouin s'étant dirigé vers l'Euphrate avant la prise d'Antioche, avait pris possession de Roha, ville très-riche et très-célèbre, et remporté de grands avantages sur les Turcs dans une infinité de combats.

Avant de passer à raconter d'autres événemens, je crois ne devoir point omettre de rapporter un fait qui concerne le duc de Lorraine. Celui-ci donc, tandis qu'il se rendait à cette époque à Antioche, suivi de douze chevaliers, vit tout à coup paraître devant lui cent quarante Turcs. Prenant aussitôt les armes, et encourageant ses chevaliers par ses discours, il s'élança vigoureusement sur les ennemis. Les Turcs voyant les Francs plus disposés à chercher la mort dans le combat que leur salut dans la fuite, quelques-uns descendirent de cheval, afin que les autres combattissent avec plus de sécurité, sachant que leurs compagnons ne quitteraient point le champ de bataille, puisqu'ils se dessaisissaient de leurs chevaux. Le combat s'engagea donc avec beaucoup d'acharnement et dura long-temps; mais enfin les chevaliers du duc s'encourageant les uns les autres, et parce qu'ils faisaient entre eux le nombre des apôtres, et parce qu'ils regardaient leur seigneur comme le vicaire du Christ, s'élancèrent avec intrépidité au milieu de l'escadron des Turcs. Dieu accorda au duc une si grande victoire qu'il tua au moins trente de ses ennemis, et leur enleva autant de prisonniers; puis il poursuivit les autres jusque dans les marais et sur les bords du fleuve, et força les uns à se tuer, les autres à se précipiter dans les eaux. A la suite de ce brillant succès, le duc se rendit à Antioche, faisant porter les têtes des morts par ceux des Turcs qu'il menait vivans à sa suite, ce qui fut pour les nôtres un grand sujet de joie.

Tous les princes s'étant rassemblés dans l'église du bienheureux Pierre, commencèrent à s'occuper entre eux de la continuation de notre voyage. Alors quelques-uns, qui possédaient des châteaux et des revenus dans la ville d'Antioche, dirent : « Que fera-
« t-on d'Antioche? Qui la gardera? L'empereur ne vien-
« dra pas; car ayant appris que les Turcs nous assié-
« geaient, et ne se confiant ni en sa puissance, ni en
« la multitude d'hommes qu'il avait avec lui, il s'est
« enfui. L'attendrons-nous donc encore? Certes il ne
« viendra pas à notre secours celui qui a forcé nos
« frères à s'en retourner, lorsqu'ils venaient à nous
« comme auxiliaires de Dieu. Si nous abandonnons
« cette ville, et que les Turcs s'en emparent, la fin
« sera pire que le commencement. Que tous donc la
« concèdent à Boémond, parce qu'il est sage, qu'il

« saura très-bien la conserver, et que son nom est
« grand parmi les païens. » Mais le comte Raimond et
d'autres répondirent à cela : « Nous avons juré à l'em-
« pereur sur la croix du Seigneur, sur la couronne d'épi-
« nes, et sur beaucoup d'autres saintes reliques, de ne
« retenir, contre sa volonté, aucune des villes, aucun
« des châteaux qui font partie de son Empire. » Ainsi
les uns parlant contre les autres, de cette manière et de
beaucoup d'autres encore, la discorde se mit entre nos
princes, si bien qu'ils furent sur le point de prendre
les armes. Le duc et le comte de Flandre mettaient
fort peu d'intérêt à l'affaire d'Antioche ; mais, quoiqu'ils voulussent bien que Boémond en prît possession, ils n'osaient cependant approuver ses préten-
tions, craignant de s'exposer à la honte d'un parjure.
Par suite de ces contestations, on différa de s'occuper
du voyage, et de diverses autres choses qui eussent
tourné à l'avantage de l'expédition et des pauvres.
Lorsque le peuple s'en fut aperçu, chacun commença
à dire à son voisin, et bientôt ouvertement et à tout
le monde : « Puisque les princes, soit par crainte,
« soit par suite des sermens qu'ils ont faits à l'empe-
« reur, ne veulent pas nous conduire à Jérusalem,
« choisissons parmi les chevaliers un homme fort, que
« nous servirons fidèlement, et avec lequel nous puis-
« sions être en sûreté ; et si la grâce de Dieu est avec
« nous, rendons-nous à Jérusalem, sous la conduite
« de ce même chevalier. Quoi donc ? Ne suffit-il pas
« à nos princes que nous soyons demeurés ici pendant
« un an, et que deux cent mille hommes armés y aient
« succombé ? Que ceux qui le veulent reçoivent l'or
« de l'empereur, que ceux qui le veulent reçoivent

« les revenus d'Antioche. Quant à nous, remettons-
« nous en route sous la conduite du Christ, pour le-
« quel nous sommes venus. Périssent misérablement
« tous ceux qui veulent demeurer à Antioche, comme
« ont péri naguère ses habitans! Que si ce grand pro-
« cès élevé à l'occasion d'Antioche dure plus long-
« temps, renversons ses murailles, et cette paix qui
« unissait les princes entre eux avant que la ville fût
« prise, les réunira de nouveau après sa destruction.
« Autrement, et avant que nous soyons entièrement
« détruits ici par la famine et par l'ennui, hâtons-nous
« de retourner chacun dans notre pays. » Ces discours
et d'autres semblables amenèrent enfin une paix mal
plâtrée entre Boémond et le comte, et le jour ayant
été fixé, on ordonna au peuple de se préparer pour
suivre la route, objet de ses vœux.

Les préparatifs nécessaires ayant été faits au jour
fixé, le comte de Saint-Gilles et le comte de Flandre
se rendirent en Syrie, et là ils assiégèrent d'abord
Marrah, ville très-riche et très-peuplée, située à huit
milles d'Albar. Les citoyens de Marrah étaient très-
orgueilleux, parce que dans une certaine circonstance
ils avaient tué, en un combat, un grand nombre des
nôtres; ils maudissaient notre armée, se répandaient
contre elle en injures, et afin de nous provoquer plus
vivement, ils plaçaient des croix sur leurs murailles,
et les accablaient de toutes sortes d'insultes. Par ces
motifs, dès le second jour de notre arrivée, nous les
attaquâmes avec tant d'ardeur, que si nous eussions
eu quatre échelles de plus, la ville se fût trouvée
prise; mais comme nous n'en avions que deux, qui
même étaient trop courtes et trop faibles, nous

n'osâmes pas monter dessus; il fut résolu alors que l'on construirait des machines et des claies, afin de pouvoir attaquer et renverser les murailles, et que l'on abattrait les chaussées pour combler les fossés. Sur ces entrefaites, Boémond arriva avec son armée, et assiégea la ville d'un autre côté. Quoique les dispositions dont je viens de parler ne fussent point terminées, nous résolûmes, à peu près sur les instigations de Boémond, qui n'avait pas assisté au premier assaut, de livrer une nouvelle attaque en comblant le fossé; mais cette entreprise fut inutile, et le combat même tourna à notre désavantage, plus encore que le précédent. En outre, il survint une si grande disette dans l'armée que vous eussiez vu, chose vraiment déplorable à rapporter, plus de dix mille hommes se répandre dans les champs comme des troupeaux, creuser dans la terre pour voir s'ils ne pourraient y trouver par hasard quelques grains de froment, d'orge, de fèves, ou de tout autre légume. Dans le même temps, et quoiqu'on préparât les machines dont j'ai parlé, pour livrer des assauts, quelques-uns des nôtres, voyant la misère du peuple et l'extrême audace des Sarrasins, désespérèrent de la miséricorde de Dieu, et prirent la fuite.

Mais Dieu, qui prend soin de ses serviteurs, ne différa pas davantage d'avoir compassion de son peuple qu'il vit livré aux plus affreuses tribulations. C'est pourquoi il employa les bienheureux apôtres Pierre et André pour nous faire connaître sa volonté et les moyens d'apaiser la terrible colère qu'il avait contre nous. Ceux-ci donc, venant dans la chapelle du comte au milieu de la nuit, éveillèrent Pierre à qui ils avaient déjà fait voir la lance. Pierre aussitôt, les voyant couverts de vêtemens difformes et très-sales, et ayant auprès de lui les coffres dans lesquels étaient enfermées les reliques, crut que c'étaient des pauvres qui venaient chercher à enlever quelque chose dans sa tente. Saint André portait une vieille tunique déchirée sur les épaules; sur l'un des trous de l'épaule gauche une pièce avait été recousue, sur l'épaule droite il n'y avait rien, et en outre il était fort mal chaussé. Le bienheureux Pierre n'avait qu'une chemise grossière et très-longue qui lui descendait jusqu'aux talons. Alors Pierre Barthélemi leur dit : « Qui êtes-vous, seigneurs, « ou que demandez-vous ? » Et le bienheureux Pierre répondit : « Nous sommes les envoyés de Dieu. Je suis « Pierre, et celui-ci est André. Mais nous avons voulu « t'apparaître sous cette forme, afin que tu connusses « quels grands avantages obtient celui qui sert Dieu « en toute dévotion. Sous ces traits et sous ces habits, « tels que tu nous vois, nous approchons de Dieu, et « voici ce que nous devenons. » A peine avait-il dit qu'ils devinrent tels qu'on ne pouvait rien voir de plus éclatant et de plus beau. Pierre qui voyait ces choses, effrayé de cet éclat subit, tomba sur la terre comme un homme mort; et, couvert de sueur dans son angoisse, il inonda la natte sur laquelle il était tombé. Le bienheureux Pierre le relevant alors, lui dit : « Tu « es tombé bien vite. » Et celui-ci répondit : « Oui, « seigneur. » Et le bienheureux Pierre reprit : « Ainsi « tomberont tous ceux qui vivent dans l'incrédulité « ou dans la transgression des ordres de Dieu. Mais « s'ils se repentent de leurs méfaits, s'ils élèvent leur « voix vers Dieu, le Seigneur les relèvera, comme je

« t'ai relevé après que tu es tombé ; et de même que
« ta sueur est retombée sur la natte et y est demeurée,
« de même Dieu enlève les péchés de ceux qui croient
« à lui. Dis-moi comment se trouve l'armée ? » Et
Pierre répondit : « Certes, seigneur, elle est frappée
« d'une grande terreur par la famine et par toutes sortes
« de misères. » Et le bienheureux Pierre reprit : « En
« vérité, ils doivent être dans une grande terreur ceux
« qui ont abandonné le Dieu tout-puissant, et ne se
« souviennent pas des périls auxquels il les a arrachés,
« pour lui en rendre quelques actions de grâces. En
« effet, lorsque vous étiez tous vaincus et humiliés
« dans les murs d'Antioche, parce que vous avez crié
« au Seigneur, tellement que nous qui étions dans le
« ciel nous vous avons tous entendus, le Seigneur
« vous a exaucés et vous a envoyé sa lance comme un
« gage de victoire, et ensuite il vous a fait merveil-
« leusement et glorieusement triompher de vos enne-
« mis qui vous avaient assiégés. Et maintenant com-
« ment vous croyez-vous en sûreté, vous qui avez of-
« fensé Dieu si gravement? Quelles hautes montagnes
« ou quels antres pourraient vous protéger ? Fussiez-
« vous dans un lieu élevé et bien fortifié, y eussiez-vous
« en abondance toutes les choses nécessaires à la vie,
« là même vous ne pourriez vivre en sécurité, puis-
« que cent mille adversaires menaceraient chacun de
« vous. Parmi vous règnent le meurtre, les rapines et
« le larcin ; il n'y a point de justice, il y a beaucoup
« d'adultères, tandis qu'il serait très-agréable à Dieu
« que chacun de vous prît une femme. La justice avant
« tout, ainsi l'ordonne le Seigneur : lorsqu'un indi-
« vidu quelconque aura fait violence à un pauvre, que

« tout ce qui se trouve dans la maison de l'oppresseur
« soit publiquement vendu. Quant aux dîmes, je vous
« dis que si vous les rendez, tout ce qui vous sera né-
« cessaire, le Seigneur est prêt à vous le donner ; et
« cette ville, il vous la donnera aussi, par un effet de
« sa miséricorde et non point à cause de vos mérites. »

Le matin, lorsque Pierre eut rapporté ces choses au comte, l'évêque d'Orange et celui d'Albar convoquèrent le peuple, et nous lui exposâmes ce que nous venons de raconter. Séduits par l'espoir de prendre bientôt la ville, les fidèles offrirent de grandes aumônes et des prières au Dieu tout-puissant, afin qu'il délivrât le peuple de ses pauvres pour l'amour seul de son nom. Après cela on fabriqua promptement des échelles, on construisit une tour en bois, on tressa des claies, et au jour fixé on commença le combat. Cependant ceux qui étaient enfermés dans la ville, tandis que les nôtres travaillaient à miner les murailles, lançaient pêle-mêle sur eux des pierres, des traits, des feux, des bois, des ruches remplies d'abeilles et de la chaux. Mais, par la puissance et la miséricorde de Dieu, il n'y eut aucun des nôtres, ou du moins un très-petit nombre qui en fussent blessés. Cependant les nôtres attaquèrent hardiment les murailles avec leurs pierriers et dressèrent leurs échelles. Le combat dura depuis le lever jusqu'au coucher du soleil, et avec tant d'ardeur que nul ne prit un seul moment de repos, et que le soir encore on était incertain qui remporterait la victoire. Enfin tous les nôtres élevèrent ensemble leurs voix vers le Seigneur, afin qu'il se montrât favorable à son peuple et qu'il accomplît les promesses de ses apôtres. Aussitôt le Seigneur fut présent et nous donna la ville selon les paroles des apôtres. Guilfert de Tours monta avant tous les autres ; un grand nombre d'hommes le suivirent et s'emparèrent des remparts et de quelques-unes des tours de la ville. La nuit survint alors et mit un terme au combat. Les Sarrasins cependant occupaient encore quelques tours et une partie de la ville. C'est pourquoi les chevaliers, comptant qu'ils ne se rendraient que le lendemain matin, veillèrent en dehors des murs de la ville, afin qu'aucun d'eux ne se sauvât secrètement. Mais ceux à qui leur vie était moins précieuse, et que leurs longs jeûnes avaient accoutumés à n'en faire aucun cas, ne craignirent pas d'attaquer les Sarrasins au milieu même des ténèbres de la nuit, en sorte que les pauvres enlevèrent ainsi tout le butin de la ville et s'emparèrent des maisons. Le matin venu, les chevaliers rentrèrent dans la ville et ne trouvèrent plus que peu de chose à prendre pour eux-mêmes. Les Sarrasins, pendant ce temps, s'étaient enfermés dans des cavernes souterraines, et l'on n'en voyait point, ou seulement un bien petit nombre. Les nôtres, après avoir enlevé tout ce qu'ils trouvèrent sur la terre, crurent que tout le reste était enfermé avec les Sarrasins, et parcoururent les cavernes en allumant des feux et faisant de la fumée de soufre ; et comme cependant ils ne trouvaient pas beaucoup de choses à enlever, tous les Sarrasins qu'ils pouvaient saisir, ils les accablaient de coups jusqu'à la mort pour en obtenir leurs dépouilles. Il arriva à quelques-uns des nôtres, tandis qu'ils conduisaient des Sarrasins dans la ville pour chercher du butin, que ceux-ci les conduisirent auprès de quelques puits et s'y précipitèrent tout à coup, aimant mieux chercher la mort la plus prompte que découvrir leurs propriétés ou même quelque chose que ce fût. Aussi tous subirent-ils la mort, et ensuite ils furent jetés dans les fossés de la ville et en dehors des remparts. Ainsi donc on ne trouva pas beaucoup de richesses à enlever dans cette ville.

Sur ces entrefaites, il s'éleva une querelle entre les hommes de Boémond et ceux du comte, parce que les chevaliers de Boémond avaient peu travaillé à l'assaut et avaient cependant occupé le plus grand nombre des tours et possédaient la plus grande partie des prisonniers. Et Dieu avait fait en cela une chose vraiment admirable. Avant la prise de Marrah, et lorsque nous exposions au peuple, ainsi que nous l'avons rapporté, les ordres des saints apôtres Pierre et André, Boémond et ses compagnons se moquaient de nous. Aussi lui et ceux qui étaient avec lui, loin d'être utiles dans le combat, nous furent plutôt nuisibles. Mais comme ils avaient en même temps la plus grosse part du butin, quelques hommes de la maison du comte en étaient extrêmement indignés. Les seigneurs eux-mêmes ne s'accordaient pas mieux entre eux, parce que le comte voulait donner la ville à l'évêque d'Albar, et que Boémond ne voulait pas remettre certaines tours qui s'étaient livrées à lui, disant : « Tant que le comte ne me « remettra pas les tours d'Antioche, je ne consentirai « à rien. »

Cependant les chevaliers et le peuple en vinrent bientôt à demander quand il plairait aux princes de se remettre en route. Quoique notre voyage fût entrepris depuis bien long-temps, il nous semblait tous les jours que nous ne faisions que le commencer, puisqu'il n'était point encore terminé. Boémond disait qu'il fallait remettre jusqu'à Pâques, et nous étions alors au temps de la Nativité du Seigneur. En outre beaucoup des nôtres étaient désespérés, parce qu'il y avait très-peu de chevaux dans l'armée, que le duc était absent, et qu'un grand nombre de chevaliers s'étaient rendus auprès de Baudouin à Roha. C'est pourquoi il en partit encore beaucoup d'autres. Enfin l'évêque d'Albar et quelques nobles se rassemblèrent avec le peuple des pauvres et appelèrent le comte. Lorsque l'évêque eut fini son discours, les chevaliers et tout le peuple se prosternèrent devant le comte, et le supplièrent, en versant beaucoup de larmes, « de se faire « le conducteur et le seigneur de l'armée, lui à qui le « Seigneur avait confié sa lance, ajoutant qu'il n'avait « reçu la lance du Seigneur qu'afin que, si les au- « tres princes venaient à manquer, lui-même s'ap- « puyant sur ce grand bienfait du Seigneur, ne re- « doutât point de se porter en avant avec le peuple en « toute sécurité. Qu'autrement, il n'avait qu'à remettre « la lance au peuple, et que le peuple irait bien à Jé- « rusalem, sous la conduite même du Seigneur. » Or le comte hésitait encore à cause de l'absence des autres princes, craignant, s'il voulait fixer un jour à lui tout seul, que les autres, par jalousie, ne voulussent pas le suivre. Mais enfin le comte fut vaincu par les larmes des pauvres, et désigna le quinzième jour pour celui du départ. Mais aussitôt Boémond, indigné, ordonna de proclamer dans la ville que le cinquième ou le sixième jour serait celui où l'on se remettrait en route, et, après cela, il retourna à Antioche. Le comte chercha alors avec l'évêque comment il pourrait conserver la ville, et quels hommes et combien d'hommes il pourrait y laisser pour la garder.

Cependant le comte manda au duc de Lorraine et aux autres princes qui n'étaient point venus à Marrah qu'ils eussent à se réunir en un lieu convenu, afin que tous ensemble pussent s'occuper des choses qui seraient utiles pour le voyage et pour le peuple de Dieu. Ils se réunirent donc à Roha, située à peu près à moitié chemin entre Antioche et Marrah. Mais là, tous les princes, après avoir eu une conférence, se trouvèrent encore plus mal ensemble, car tous se refusaient à poursuivre le voyage, et à cause d'eux un grand nombre d'autres le refusaient aussi. Le comte voulut alors donner au duc dix mille sous, autant au comte Robert de Normandie, six mille au comte de Flandre, cinq mille à Tancrède et aux autres princes, tant qu'ils étaient. Pendant ce temps les pauvres qui étaient demeurés à Marrah, ayant appris que le comte voulait laisser beaucoup de chevaliers et d'hommes de pied de son armée dans cette ville, pour veiller à sa défense, se dirent entre eux : « Quoi donc, des contes-
« tations au sujet d'Antioche! des contestations au sujet
« de Marrah ! en tout lieu que Dieu nous aura donné,
« y aura-t-il donc des contestations entre les princes,
« en sorte que l'armée du Seigneur soit de jour en
« jour réduite? Certes, il n'y aura plus désormais de
« procès à l'occasion de cette ville-ci. Venez, renver-
« sons ses murailles ; rétablissons la paix entre les
« princes, et rendons la sécurité au comte; il ne per-
« dra plus cette ville. » Alors les faibles et les infirmes se levant de dessus leurs couchettes, et s'appuyant

sur des bâtons, se rendirent vers les murailles, et là, ces pierres que trois ou quatre paires de bœufs n'auraient tirées qu'avec beaucoup de peine, un homme épuisé par la faim les poussait sans efforts au pied des remparts, et les faisait rouler au loin. L'évêque d'Albar et les gens de la maison du comte parcouraient la ville, se plaignant de ces désordres, et défendant de continuer; mais dès que les gardiens avaient passé, les autres qui s'étaient cachés, ou avaient fui à l'apparition de l'évêque et de ses compagnons, revenaient aussitôt, et recommençaient leur travail de destruction. Ceux qui n'osaient s'y livrer pendant le jour, ou ne le pouvaient à cause de la surveillance, y employaient toute la nuit; et à peine se trouva-t-il dans le peuple un homme trop faible ou trop infirme pour ne pas s'adonner à cette œuvre.

Dans ce même temps, l'armée souffrait d'une si grande famine, que le peuple dévorait avec avidité un grand nombre de cadavres Sarrasins déjà tout puants, et qui avaient demeuré deux semaines, et même plus, dans les fossés de la ville. Ce spectacle jeta l'épouvante chez beaucoup de gens, tant de notre race que de celle des étrangers. Aussi, parmi les nôtres, un grand nombre s'en retournaient désespérant du succès du voyage, s'il ne venait de nouveaux secours de la race des Francs. De leur côté, les Sarrasins et les Turcs disaient entre eux : « Qui donc
« pourra résister à ce peuple, tellement obstiné et
« cruel que, pendant un an, ni la famine, ni le glaive,
« ni aucun autre péril, n'ont pu le faire renoncer au
« siége d'Antioche, et que maintenant il se nourrit
« de la chair humaine? » Tels étaient les propos, et

d'autres du même genre, que les païens tenaient sans cesse sur notre compte ; car Dieu nous avait rendus un objet de terreur à toutes les nations, mais nous ne le savions pas.

Le comte, cependant, revenu à Marrah après sa conférence avec les princes, fut saisi d'une grande colère contre le peuple, au sujet de la destruction des murailles ; mais lorsqu'on lui eut rapporté que l'évêque, non plus que les autres princes, n'avaient pu réussir à détourner le peuple de son entreprise, soit en menaçant, soit en frappant, il reconnut sur-le-champ l'effet de la volonté divine, et donna l'ordre de renverser de fond en comble ces murailles. En même temps la famine augmentait de jour en jour. Comme le moment assigné pour le départ était près d'arriver, nous ordonnâmes que le peuple présentât ses aumônes et ses prières à Dieu pour le succès du voyage. Le comte voyant qu'aucun des princes les plus considérables ne venait se réunir à lui, et que le peuple dépérissait de plus en plus, donna l'ordre de le conduire dans les campagnes pour chercher des vivres, et lui-même se porta en avant avec ses chevaliers ; mais cette résolution ne fut point agréable à quelques-uns de ses familiers, qui disaient : « Il y a dans l'armée tout au plus trois cents cheva-« liers ; d'ailleurs le nombre des hommes armés n'est « pas considérable : les uns iront-ils à l'expédition « tandis que les autres demeureront ici dans cette « ville détruite, et qui n'a plus de fortifications ? » Et ils blâmaient l'excessive légèreté du comte. Celui-ci cependant partit dans l'intérêt des pauvres, se rendit maître de beaucoup de châteaux, fit un grand nombre de prisonniers, et enleva un riche butin. Tandis qu'il revenait victorieux et se livrant aux transports de la joie après avoir tué beaucoup de Sarrasins, six ou sept de nos pauvres furent pris et tués par les païens, et tous, lorsqu'ils furent morts, se trouvèrent avoir des croix sur l'épaule droite. Le comte et ceux qui étaient avec lui ayant vu cela, rendirent toutes sortes d'actions de grâces au Dieu tout-puissant qui s'était souvenu de ses pauvres, et tous furent infiniment fortifiés par cette pensée. Aussi, et afin de donner satisfaction à ceux qui étaient demeurés à Marrah pour garder les bagages, les nôtres transportèrent un de ces hommes qui respirait encore, et nous vîmes en lui une chose vraiment admirable. A peine cet homme avait-il dans tout son corps un point où son ame pût encore demeurer cachée, et cependant il vécut sept ou huit jours sans prendre de nourriture, prenant à témoin Jésus devant lequel il allait paraître en jugement, et affirmant, sans hésitation, que Dieu était l'auteur de la croix qu'il portait. Ainsi fortifiés par le produit du butin et par cette apparition de la croix, les nôtres déposèrent leurs dépouilles dans un certain château qui s'appelait Capharda, situé sur la route, à quatre lieues de Marrah; et comme ils avaient laissé leurs compagnons dans cette ville, ils y retournèrent avec le comte, au jour fixé, et après que l'on eut brûlé la ville on se remit en route. Le comte marcha en avant pieds nus, avec ses clercs et l'évêque d'Albar, tous implorant la miséricorde de Dieu et la protection des saints. Tancrède nous suivit avec quarante chevaliers, et beaucoup d'hommes de pied. Lorsque les nobles rois de cette terre d'Arabie eurent appris notre marche, ils envoyèrent présenter à nos comtes leurs supplications et beaucoup de présens, disant qu'ils voulaient, dès ce moment et par la suite, devenir leurs tributaires, qu'ils apporteraient des vivres gratis, et feraient le commerce avec nous. Ayant donc reçu leurs sermens pour gage de sécurité, et des otages pour nous conduire, nous poursuivîmes notre marche. Le roi de Césarée nous donna des guides, qui, dès le premier jour, nous dirigèrent mal, à ce qu'il nous parut ; car nous trouvâmes, au lieu où nous nous arrêtâmes, une grande disette de toutes choses, excepté d'eau. Le second jour ces mêmes guides nous firent entrer imprudemment dans une certaine vallée où les troupeaux du roi et de toute la contrée s'étaient réfugiés par suite de la frayeur que nous inspirions; car le roi avait su, long-temps auparavant, que nous arriverions dans son pays, et donné l'ordre à tous les Sarrasins de fuir devant nous. S'il leur eût prescrit au contraire de venir à notre rencontre, ils n'en auraient rien fait. Ce même jour Raimond de l'Isle et ses compagnons prirent un Sarrasin porteur de lettres du roi à tous les gens du pays pour leur ordonner de fuir devant nous. Lorsque ces choses furent connues du roi, il dit : « J'a-« vais en effet prescrit à tous mes hommes de fuir, « autant qu'ils le pourraient, devant la face des Francs; « mais ceux-ci sont venus à eux : je vois que Dieu a « élu cette race ; c'est pourquoi qu'elle fasse tout ce « qu'elle voudra, je ne lui serai point contraire. » Alors ce roi lui-même bénit Dieu qui pourvoit abondamment aux besoins de ceux qui le craignent. Voyant une abondance si subite et si complète, nos chevaliers et un grand nombre d'hommes forts parmi le

menu peuple, prenant alors tout leur argent, se rendirent à Césarée et à Camela pour acheter de beaux chevaux arabes, disant : « Puisque Dieu prend soin de « notre nourriture, nous, prenons soin de ses pauvres « et de ses chevaliers. » Et par ce moyen il arriva que nous eûmes jusqu'à mille chevaux de trait excellens. De jour en jour nos pauvres recouvraient la santé, nos chevaliers se rassuraient et prenaient des forces, et ainsi notre armée se multipliait. Plus nous nous portions en avant, et plus Dieu nous accordait de plus grands bienfaits. Quoique nous eussions toutes choses en suffisance, quelques hommes parvinrent à engager le comte à se détourner un peu de sa route, comme pour aller à Gibel, ville située sur les bords de la mer; mais Tancrède et plusieurs autres hommes braves et forts empêchèrent l'exécution de ce projet en disant : « Dieu a visité le peuple de ses pauvres, et nous, de-
« vons-nous nous détourner de notre route? Qu'il
« nous suffise de nos fatigues passées devant Antio-
« che, des combats et du froid, de la famine et de
« toutes les misères que nous avons eu à supporter.
« Voulez-vous donc conquérir le monde à vous seuls?
« Détruirons-nous tous les habitans du monde? Voici,
« de cent mille chevaliers, à peine nous en reste-
« t-il mille ; de deux cent mille hommes de pied ar-
« més et plus, maintenant il n'y a pas plus de cinq
« mille hommes armés ; attendrons-nous que nous
« soyons tous anéantis? Viendra-t-il d'autres hommes
« de notre pays, parce qu'ils apprendront que nous
« avons pris Antioche et Gibel, et que les autres villes
« des Sarrasins sont à nous? Allons à Jérusalem pour
« laquelle nous sommes venus, et en vérité Dieu nous

« la donnera. Et alors, par le seul effet de la crainte que
« l'on aura de ceux qui viendront de notre pays et des
« autres pays, les autres villes, telles que Gibel, Tri-
« poli, Tyr et Accon, qui se trouvent sur notre route,
« seront abandonnées par les habitans. »

Tandis que nous nous portions toujours plus avant, des Turcs et des Arabes marchaient à la suite de notre armée, et massacraient et dépouillaient ceux de nos pauvres qui, dans leur faiblesse, ne pouvaient marcher aussi vite, et demeuraient en arrière. Après que de pareils accidens furent arrivés une première et une seconde fois, le jour suivant le comte se plaça dans une embuscade, jusqu'à ce que toute l'armée eût défilé. Les ennemis, encouragés par l'impunité et par l'espoir du butin, marchèrent à sa suite, selon leur coutume; mais lorsqu'ils eurent dépassé le lieu de l'embuscade, les nôtres sortirent tout à coup de leur retraite avec le comte, attaquèrent les escadrons ennemis, les mirent en désordre et les massacrèrent; puis ils leur enlevèrent leurs meilleurs chevaux, qui furent ramenés par eux à notre armée, au milieu des plus grands transports de joie. Après cela on ne vit plus les ennemis s'avancer à notre suite, car le comte marchait toujours derrière les hommes faibles, avec une troupe de chevaliers bien armés. Les autres chevaliers, également bien armés, se portaient fréquemment en avant de l'armée, avec le comte de Normandie, Tancrède et l'évêque d'Albar, afin que les ennemis ne pussent nous inquiéter par leurs attaques imprévues, en avant ou en arrière de nous. Le comte n'ayant qu'un petit nombre de chevaliers, lorsqu'il partit de Marrah, avait demandé à l'évêque d'Albar de laisser une garde dans cette ville, et de marcher avec lui. L'évêque donc y laissa sept chevaliers et trente hommes de pied avec Guillaume Pierre, de Similiac, l'un de ses chevaliers, homme fidèle et dévoué à Dieu, qui fit si bien prospérer les affaires de l'évêque, avec l'aide du Seigneur, qu'en peu de temps il en décupla la valeur, et qu'il eut bientôt avec lui soixante et dix hommes de pied au lieu de trente, et soixante chevaliers et même plus.

En ce temps, on tint conseil au sujet de la route que nous avions à suivre, et l'on résolut de quitter celle qui conduit à Damas, et de se diriger vers les bords de la mer, afin que, si les navires que nous avions laissés dans le port d'Antioche venaient nous rejoindre, nous pussions, par leur intermédiaire, entretenir des relations de commerce avec l'île de Chypre et les autres îles. Tandis que nous poursuivions notre route, ainsi qu'il avait été arrêté, les habitans du pays quittaient leurs villes, leurs châteaux, leurs campagnes, y laissant toutes sortes de richesses. Ayant donc tourné de grandes montagnes, nous arrivions dans une certaine vallée extrêmement fertile, lorsque certains paysans, fiers de leur multitude et des fortifications de leur château, ne voulurent ni envoyer auprès de nous pour demander la paix, ni nous abandonner leur fort. Ils attaquèrent même nos écuyers et des hommes de pied, qui n'avaient pas d'armes et parcouraient les campagnes pour chercher des vivres, et en ayant tué quelques-uns, ils envoyèrent leurs dépouilles dans leur citadelle. Remplis d'indignation, les nôtres se dirigèrent vers ce château, et les paysans n'hésitèrent point à se porter à leur rencontre jusqu'au pied de la montagne, sur laquelle il était situé. Alors les nôtres ayant tenu conseil formèrent leurs corps d'hommes de pied et de chevaliers, et, s'avançant par trois côtés à la fois, ils gravirent sur le revers de la montagne, poussant les paysans devant eux et les forçant à se retirer. Les Sarrasins étaient trente mille environ, et leur château se trouvait placé sur la pente d'une montagne très-élevée, en sorte que lorsqu'ils le voulaient, ils se réfugiaient dans l'intérieur de ce château, tandis que d'autres occupant des points plus élevés, résistaient pendant quelque temps aux nôtres. Enfin nous nous mîmes à proférer notre cri de ralliement accoutumé dans les grandes occasions, *Dieu nous aide, Dieu nous aide!* et nos ennemis en furent tellement troublés, qu'une centaine d'entre eux tombèrent morts à la porte même du château, sans avoir reçu aucune blessure, et par le seul effet de leur frayeur et de la foule qui se précipitait sur eux. Il y avait en dehors du château une grande quantité de bœufs, de chameaux et de moutons, et notre peuple s'occupait à les enlever. Tandis que le comte continuait à combattre avec quelques chevaliers, nos pauvres s'étant emparés du butin commencèrent à revenir l'un après l'autre, d'abord les hommes de pied, et ensuite les chevaliers plébéiens. Nos tentes avaient été dressées loin du château, et à dix milles environ. Le comte, sur ces entrefaites, ordonna que les chevaliers et les hommes de pied prissent position. Les Sarrasins, tant ceux qui s'étaient portés sur la montagne la plus élevée, que ceux qui occupaient le château, voyant alors que la plupart des nôtres s'étaient retirés, commencèrent à chercher les moyens de se réunir, et le comte sans y prendre garde, se trouva bientôt presque entièrement abandonné par ses chevaliers. La partie de la montagne sur laquelle se trouvait le château était roide et couverte de pierres, et il n'y avait qu'un sentier escarpé, le long duquel les chevaux pouvaient tout au plus marcher à la suite l'un de l'autre. Embarrassé au milieu de ces difficultés, le comte continua à s'avancer avec ceux qui le suivaient, comme pour se porter vers ceux qui étaient descendus du haut de la montagne, et leur livrer combat, et ceux-ci ne doutèrent pas que le comte ne les eût bientôt rejoints. Mais alors les nôtres rebroussèrent chemin, et se remirent à descendre vers la vallée, se croyant presque en sûreté. Trompés dans leur attente, et voyant les nôtres descendre tranquillement, les Sarrasins, tant ceux du haut de la montagne que ceux du château, s'élancèrent en même temps sur les nôtres; et, dans cette occurrence, quelques-uns des nôtres sautèrent à bas de leurs chevaux, d'autres se jetèrent dans les précipices et n'échappèrent à la mort qu'à travers les plus grands périls; quelques-uns succombèrent en combattant vigoureusement. La seule chose que nous sachions positivement, c'est que jamais le comte ne s'est trouvé dans un plus grand danger. Irrité contre lui-même et contre les siens, il rejoignit l'armée, convoqua le conseil, et se plaignit vivement de ceux des chevaliers qui s'en étaient allés sans en avoir obtenu la permission, et l'avaient ainsi exposé à la mort. Tous promirent alors de ne point abandonner le siége de ce château, jusqu'à ce qu'il pût être renversé de fond en comble par la grâce de Dieu. Mais Dieu qui les conduisait, afin qu'ils ne fussent point retenus par de viles occupations, répandit l'épouvante durant la nuit parmi les habitans du château, à tel point qu'ils prirent précipitamment la fuite, sans se donner même le temps d'ensevelir leurs morts. Le matin, lorsque nous y fûmes arrivés, nous ne trouvâmes plus que des dépouilles, et le fort était entièrement vide d'habitans.

Nous avions en ce temps-là auprès de nous des députés de l'émir de Camela, du roi de Babylone et du roi de Tripoli. Ceux-ci ayant vu l'extrême audace et la force des nôtres, demandèrent au comte la permission de s'en aller, promettant très-positivement de revenir. Ils partirent donc avec quelques-uns de nos hommes et revinrent peu après avec de grands présens et beaucoup de chevaux. Le siége de ce château, qui jusqu'alors n'avait pu être pris par personne, avait répandu la terreur dans toute la contrée. Aussi les habitans du pays adressèrent-ils au comte des supplications et de riches présens, lui demandant avec de vives instances de leur envoyer ses bannières et son sceau, jusqu'au moment où il pourrait faire prendre possession de leurs villes et de leurs châteaux.

Il était en effet d'usage dans notre armée, dès que la bannière d'un Franc était arborée sur une ville ou sur un château, que nul autre de la même race n'allât l'attaquer. En conséquence, le roi de Tripoli fit dresser les bannières du comte dans ses châteaux. Le nom de ce dernier était si fameux qu'il ne se trouvait inférieur à nul autre. Nos chevaliers envoyés à Tripoli y ayant vu des richesses royales, un pays abondant en toutes choses, une ville extrêmement peuplée, persuadèrent au comte d'aller assiéger le château d'Archas, place très-forte et inexpugnable, disant qu'au bout de quatre ou cinq jours il recevrait du roi de Tripoli tout l'or et l'argent qu'il pourrait desirer. Conformément aux intentions de ces chevaliers, nous allâmes donc assiéger ce fort devant lequel nos hommes les plus braves eurent à supporter plus de fatigues que jamais. Nous y perdîmes en outre tant et de si illustres chevaliers, que le récit seul en est déplorable. Là fut tué le seigneur Pons de Balazun par une pierre lancée d'une machine. Je le recommande aux prières de tous les hommes orthodoxes, particulièrement de ceux d'au delà des Alpes, et de vous, vénérable pontife du Vivarais, pour qui j'ai entrepris d'écrire tout ceci. Maintenant ce qui m'en reste à rapporter, je continuerai à l'écrire sous l'inspiration de Dieu qui a fait toutes ces choses, avec la même constance qui m'a animé jusqu'à présent. Je prie donc et je supplie instamment tous ceux qui l'entendront de croire que les choses sont telles que je les dirai. Que si je cherche à écrire quelque chose au delà de ce qui a été cru ou vu, ou si j'ai fait quelque supposition en haine de qui que ce soit, que Dieu me frappe de toutes les plaies de l'enfer et m'efface du livre de vie ; car, quoique j'ignore une foule d'autres choses, je sais du moins ceci, qu'ayant été promu au sacerdoce durant le pélerinage du Seigneur, je dois bien plutôt obéir à Dieu, en attestant la vérité, que chercher à capter les dons de tout autre en forgeant des mensonges. Mon très-chéri Pons de Balazun mourut donc, ainsi que je l'ai déjà dit, dans le sein du Seigneur, devant le château d'Archas : mais comme, selon les paroles de l'Apôtre, *la charité ne périt jamais* [1], je veux conti-

---

[1] Ire. Épître de saint Paul aux Corinthiens, chap. XIII, v. 8.

nuer mon ouvrage dans les mêmes sentimens de charité, et que Dieu me soit en aide.

Quelque temps après que nous eûmes commencé ce siége, nos navires arrivèrent d'Antioche et de Laodicée avec beaucoup d'autres navires de Vénitiens et de Grecs, tous portant du froment, du vin, de l'orge, de la viande de porc et beaucoup d'autres marchandises. Mais comme la citadelle d'Archas était située à un mille de la mer, et que les matelots ne surent où aborder, ils s'en retournèrent dans le port de Laodicée et dans celui de Tortose. Cette ville de Tortose, extrêmement bien fortifiée, garnie de murailles et d'ouvrages avancés, et remplie de toutes sortes de richesses, avait été abandonnée par ses habitans Sarrasins, dans la frayeur qu'ils avaient conçue de notre armée, car Dieu avait répandu une si grande terreur parmi les Sarrasins et les Arabes de ce pays, qu'ils croyaient que nous pouvions toutes choses et que nous voulions les exterminer. Ceci s'était passé avant que nous eussions commencé le siége d'Archas.

Cependant Dieu ne voulut point faire prospérer ce siége, parce que nous l'avions entrepris contre la justice et dans d'autres vues que pour l'amour de lui ; en conséquence, il nous envoya toutes sortes d'adversités. Et il est remarquable que, tandis que, dans les autres combats ou assauts, nous étions tous toujours prêts au combat et bien disposés, ici, au contraire, tous se trouvaient lâches, ou leurs efforts ne produisaient aucun résultat. Si quelques-uns voulaient tenter quelque entreprise avec plus d'ardeur, ils étaient eux-mêmes blessés ou leurs projets déjoués. Là Anselme de Ribourgemont partit glorieusement pour une autre vie. S'étant levé le matin, il appela les prêtres auprès de lui, se confessa de ses omissions et de ses péchés, et demanda miséricorde à Dieu et aux prêtres, annonçant à ceux-ci que la fin de sa vie était proche. Et comme les prêtres s'étonnaient de ses paroles, parce qu'ils le voyaient sain et bien portant, il leur dit : « Ne « vous étonnez pas, mais écoutez-moi plutôt. Cette « nuit j'ai vu le Seigneur Engelram de Saint-Paul qui « a été tué à Marrah, et je l'ai vu non point en songe, « mais étant éveillé. Et je lui ai dit : Qu'est-ce donc? « vous étiez mort, et voici maintenant vous vivez ! « Et il m'a répondu : Certes ils ne meurent point « ceux qui ont terminé leur vie au service du Christ. « Et comme je lui demandais de nouveau d'où lui était « venue son excessive beauté, il me répondit : Tu ne « dois point t'étonner de ma beauté, parce que j'habite « une très-belle maison. Et aussitôt il me montra dans « le ciel une maison tellement belle, que je ne crois « pas qu'il y ait rien de plus beau. Et comme je de- « meurais frappé de stupeur en voyant l'éclat de cette « maison, il me dit encore : On t'en prépare une « beaucoup plus belle d'ici à demain. Et à ces mots il « disparut. »

Il arriva ce même jour, après qu'il eut raconté ces choses à plusieurs personnes, qu'Anselme se mit en marche pour aller combattre les Sarrasins. Ceux-ci sortant en cachette de leur fort, avaient coutume de s'avancer jusque vers nos tentes pour chercher à nous enlever quelque chose ou à faire du mal à quelqu'un des nôtres. Ce jour-là le combat s'étant engagé vivement des deux parts, Anselme, après avoir résisté avec vigueur, fut frappé à la tête par une pierre lancée d'une machine, et sortit ainsi de ce monde pour aller habiter le lieu que Dieu lui avait préparé.

Nous reçûmes alors un député du roi de Babylone qui nous renvoyait en même temps tous ceux que nous lui avions adressés, après les avoir retenus captifs pendant un an, dans l'incertitude où il était s'il ferait la paix avec nous ou avec les Turcs. Nous avions voulu traiter avec lui et convenir « que s'il nous prêtait « secours pour prendre Jérusalem, ou s'il nous livrait « cette ville avec ses dépendances, nous lui rendrions « toutes les villes que les Turcs lui avaient enlevées à « mesure que nous les prendrions, et que nous parta- « gerions avec lui toutes les villes des Turcs qui ne fai- « saient pas partie de son royaume, si nous pouvions « avec son secours parvenir à nous en rendre maî- « tres. » Les Turcs, de leur côté, et selon ce qui nous a été rapporté, avaient voulu convenir avec lui que « s'il marchait contre nous, ils adoreraient Ali que « lui-même adore, et qui est de la race de Mahomet; « qu'en outre ils adopteraient sa monnaie, lui paie- « raient tribut, et feraient en outre beaucoup d'autres « choses, dont je ne sais pas positivement le détail. » Le roi de Babylone savait, pour ce qui nous concerne, que nous étions peu nombreux, et que l'empereur Alexis était notre mortel ennemi; car, à la suite de la bataille que nous livrâmes à ce même roi de Babylone auprès d'Ascalon, nous trouvâmes dans sa tente même des lettres que l'empereur Alexis lui avait écrites sur notre compte; et tels étaient les motifs pour lesquels il avait retenu nos députés captifs pendant un an dans les murs de Babylone. Mais ensuite, ayant appris que nous étions entrés sur son territoire, et que nous dévastions les habitations des campagnes et les champs, il nous manda que nous eussions à nous rendre sans armes à Jérusalem, par troupes de deux ou trois cents, et à en repartir après avoir adoré le Seigneur. Mais nous nous moquâmes de ses propositions, espérant en la miséricorde de Dieu, et nous le menaçâmes, s'il ne nous livrait Jérusalem sans condition, de détruire sa ville de Babylone. A cette époque, en effet, un de ses émirs occupait Jérusalem. Lorsque ce roi eut appris que les Turcs avaient été vaincus par nous devant Antioche, il assiégea Jérusalem, sachant que les Turcs, tant de fois battus et mis en fuite par nous, ne viendraient pas s'opposer à son entreprise. Enfin, après avoir donné de très-beaux présens à ceux qui la défendaient, il prit possession de la ville de Jérusalem, et offrit des cierges et de l'encens au sépulcre du Seigneur et sur le mont Calvaire.

Je reviens maintenant au siége d'Archas. Tandis que notre armée faisait les plus grands efforts devant cette place, ainsi que je l'ai déjà dit, nous fûmes informés que le pape des Turcs s'avançait pour nous combattre; et comme il était de la race de Mahomet, qu'il traînait à sa suite des peuples innombrables, on nous ordonna donc aussitôt de nous préparer pour le combat. On envoya l'évêque d'Albar au duc et au comte de Flandre qui avaient mis le siége devant Gibel, château situé sur les bords de la mer, à peu près à égale distance d'Antioche et d'Archas et à deux journées de marche de chacune de ces villes. Ces princes ayant reçu notre message, abandonnèrent leur siége et vinrent en hâte nous rejoindre. On apprit cependant la fausseté de la nouvelle qu'on nous avait rapportée; et l'on sut que les Sarrasins l'avaient inventée, afin de nous effrayer par de telles menaces et de procurer quelques instans de repos à ceux qui étaient assiégés dans Archas. Les armées ainsi réunies, ceux de l'armée du comte eurent à montrer leurs beaux chevaux arabes et les richesses que Dieu leur avait accordées dans le pays des Sarrasins, parce qu'ils s'étaient exposés à la mort pour l'amour de lui, et les autres ne pouvaient montrer que leur pauvreté. On prêcha alors que le peuple eût à donner la dîme de toutes les choses qu'il avait prises, parce qu'il y avait dans l'armée beaucoup de pauvres et de malades, et l'on prescrivit que le quart de ces dîmes fût donné par eux à ceux de leurs prêtres qui leur disaient la messe, le second quart aux évêques, et le reste en deux portions à Pierre l'Ermite, que l'on avait préposé au soin des pauvres, tant du clergé que du peuple : c'est pourquoi il devait recevoir deux portions, dont l'une était affectée aux pauvres du clergé, et l'autre aux pauvres du peuple. Ainsi Dieu enrichissait notre armée en chevaux, en mulets, en chameaux et en toutes les choses nécessaires à la vie, au point que nous-mêmes en étions tout étonnés et frappés de stupeur. Mais cette extrême abondance fit naître les querelles et l'orgueil parmi les princes, si bien que ceux qui chérissaient Dieu du fond de leur cœur, desiraient pour nous la pauvreté et les chances terribles de la guerre.

Le roi de Tripoli voulut nous donner quinze mille pièces d'or de monnaie sarrasine, et en outre des chevaux et des mulets, beaucoup de vêtemens, et de plus toutes les années des tributs bien plus considérables encore, à condition que sa ville ne fût point assiégée. Une de ces pièces d'or valait huit ou neuf sous de la monnaie de notre armée, et notre monnaie consistait en sous de Poitou, de Chartres, du Mans, de Lucques, de Valence, de Melgueil et du Puy, dont deux valaient un des précédens. Le seigneur de Gibel, craignant d'être de nouveau assiégé, envoya aussi à nos princes cinq mille pièces d'or, des chevaux, des mulets et beaucoup de vin, et nous avions en outre dans notre armée des vivres en abondance. Quelques Sarrasins, frappés de terreur ou saisis de zèle pour notre loi, se faisaient aussi baptiser, et prononçaient anathème contre Mahomet et toute sa race. C'est pourquoi chacun de nos princes envoyait dans les villes des Sarrasins des députés porteurs de lettres de sa part, par lesquelles chacun s'annonçait toujours comme le seigneur de toute notre armée. Telle était la conduite que tenaient nos princes à cette époque. Tancrède, en particulier, jetait partout le désordre : après avoir reçu du comte Raimond cinq mille sous et deux chevaux arabes très-beaux et très-bons, pour demeurer à son service jusqu'à ce qu'on fût arrivé à Jérusalem, il voulut ensuite se retirer et passer auprès du duc de Lorraine. Il en résulta beaucoup de contestations, et enfin Tancrède se sépara méchamment du comte.

En ce temps il nous fut fait beaucoup de révélations, qui nous étaient envoyées de Dieu. En voici une qui est écrite au nom de celui à qui elle fut faite : « L'an de l'Incarnation de notre Seigneur Jésus-Christ, « mil quatre-vingt-dix-neuf, et le deuxième jour du « mois d'avril, au milieu de la nuit, moi Pierre, étant « couché dans la chapelle du comte de Saint-Gilles,

« au siége d'Archas, je songeais en moi-même à ce
« prêtre auquel le Seigneur apparut avec la croix,
« lorsque nous étions enfermés dans Antioche et as-
« siégés par les Turcs, et comme j'étais fort étonné
« que le Seigneur ne m'eût jamais apparu avec la croix,
« je le vis tout à coup entrer, et avec lui ses apôtres
« Pierre et André, et un autre encore grand et gros,
« brun et presque chauve, et ayant de grands yeux. »
« Et le Seigneur me dit : « Que fais-tu ? » Et je ré-
« pondis : « Seigneur, me voilà. » Et le Seigneur me dit
« de nouveau : « Tu as failli être perdu avec les autres.
« Mais à quoi pensais-tu tout à l'heure ? » Et je répondis :
« Seigneur père, je pensais à ce prêtre auquel vous
« êtes apparu avec la croix. » Et le Seigneur : « Je sais
« cela. » Et il ajouta : « Crois que je suis le Seigneur
« pour lequel vous êtes tous venus, et qui a souffert
« sur la croix pour les pécheurs, dans Jérusalem, ainsi
« que tu le verras bientôt. » Et au même moment je
« vis une croix faite de deux pièces de bois noires et
« rondes ; mais elle n'était ni polie ni assemblée, seule-
« ment les deux traverses avaient une incision vers leur
« milieu, et portaient l'une sur l'autre. Et le Seigneur
« me dit : « Voici la croix que tu cherchais. » Et alors
« le Seigneur fut étendu et crucifié sur cette croix,
« comme au temps de la Passion : sur la droite Pierre
« soutenait la croix avec sa tête, sur la gauche, André
« la soutenait avec son cou, et sur le derrière le troi-
« sième avec ses mains. Et le Seigneur me dit : « Tu
« diras ceci à mon peuple que tu m'as vu ainsi. Vois-
« tu mes cinq plaies ? Ainsi vous êtes vous-mêmes di-
« visés en cinq classes. La première est celle des hom-
« mes qui ne redoutent ni les traits, ni le glaive,

« ni aucune espèce de tourment ; et cette classe est
« semblable à moi ; car je suis venu à Jérusalem, au
« milieu des glaives, des lances et de toute espèce de
« tourmens. Ils sont semblables à moi, car je n'ai
« point hésité à affronter les glaives, les lances, le
« fouet, les bâtons et enfin la croix : ils meurent pour
« moi ; moi aussi je suis mort pour eux ; je suis en eux
« et ils sont en moi. Lorsque de tels hommes meurent,
« ils sont placés à la droite de Dieu, où je me suis
« assis après ma résurrection et lorsque je suis monté
« aux cieux. La seconde classe est celle des hommes
« qui sont les auxiliaires des premiers, qui les gar-
« dent sur leurs derrières, et auprès desquels ils peu-
« vent se réfugier. Ceux-là sont semblables aux apô-
« tres qui me suivaient et mangeaient avec moi. La
« troisième classe est celle des hommes qui fournissent
« aux précédens des pierres et des traits : ceux-là
« sont semblables à ceux qui, lorsqu'ils me virent sur
« la croix, s'affligèrent de ma passion, se frappèrent
« la poitrine, et s'écrièrent qu'on me faisait injustice.
« La quatrième classe est celle des hommes qui voyant
« commencer la guerre, s'enferment dans leurs mai-
« sons et s'occupent uniquement de leurs affaires, ne
« croyant pas que la victoire se trouve dans ma puis-
« sance, mais dans la sagesse des hommes. Ceux-là
« sont semblables à ceux qui ont dit de moi : il est
« digne de mort, qu'il soit crucifié, parce qu'il s'est
« fait roi et s'est dit fils de Dieu. La cinquième classe
« est celle des hommes qui, lorsqu'ils entendent le cri
« de guerre, regardent de loin, s'informent du motif
« de ces cris, donnent aux autres des exemples de lâ-
« cheté et non de bravoure, ne veulent pas braver

« de périls non seulement pour moi, mais pas même
« pour leurs frères, et sous prétexte de prendre leurs
« précautions, invitent ceux qui veulent combattre
« ou fournir des armes aux combattans, à se retirer
« avec eux pour regarder. Ceux-là sont semblables à
« Juda le traître, et à Pilate le juge. » Or, le Seigneur
« était nu sur la croix et enveloppé seulement d'une
« petite draperie, qui lui prenait depuis les genoux jus-
« qu'aux reins, et cette draperie était d'une couleur in-
« certaine entre le noir et le rouge ; et il y avait autour
« de cette draperie des bandelettes blanches, rouges
« et vertes. Ensuite la croix ayant disparu, le Seigneur
« demeura dans le même costume sous lequel il était
« venu à moi auparavant, et alors je lui dis : « Seigneur
« Dieu, si je dis ces choses ils ne me croiront point. »
« Et le Seigneur me répondit : « Veux-tu connaître ceux
« qui ne croiront point ces choses ? » Et je dis : « Oui
« Seigneur. » Et le Seigneur : « Que le comte ras-
« semble les princes et le peuple, qu'il se prépare à
« faire la guerre et à assiéger le château lorsqu'il en
« sera temps : que le héraut le plus connu profère trois
« fois le cri de ralliement : *Dieu nous aide,* et qu'il se
« prépare à accomplir toutes les dispositions. Et alors
« comme je t'ai dit, tu verras se former les diverses
« classes, et toi et tous ceux qui auront cru ces choses
« vous distinguerez les incrédules. » Et je dis alors :
« Seigneur, que ferons-nous des incrédules ? » Et le
« Seigneur me répondit : « Ne les épargnez pas, tuez-
« les, parce qu'ils ont été traîtres pour moi et frères de
« Judas Iscariot. Les choses qui leur auront appar-
« tenu, donnez-les à ceux qui sont de la première
« classe, selon qu'il sera nécessaire. Si vous vous con-

« duisez ainsi, vous aurez trouvé la voie droite, au-
« tour de laquelle vous avez tourné jusqu'à présent.
« Et comme les autres choses que tu leur as annoncées
« sont arrivées sans aucun changement, celles-ci aussi
« arriveront. Sais-tu quelle race j'ai chérie particuliè-
« rement? » Et je répondis : « Seigneur, la race des
« Juifs. » Et le Seigneur : « Ceux-là, parce qu'ils ont
« été incrédules, je les ai pris en haine et je les ai mis
« au dessous de toutes les autres races. Gardez-vous
« donc de devenir incrédules, car vous demeureriez
« avec les Juifs, et je choisirais d'autres peuples, et je
« ferais par eux ce que je vous avais promis. Tu leur
« diras encore ceci : pourquoi craignent-ils de faire
« justice, et qu'y a-t-il de meilleur que la justice?
« Voici la justice que je veux qu'ils observent. Qu'ils
« établissent des juges par maisons et par races. Lors-
« qu'un homme en aura offensé un autre, que celui
« qui a reçu l'injure lui dise : frère, voudrais-tu qu'il
« te fût fait ainsi? Après cela, si le malfaiteur ne se
« désiste pas, que l'autre lui résiste au nom de sa puis-
« sance : qu'ensuite le juge ait la faculté d'enlever au
« malfaiteur tous ses biens ; que la moitié soit à celui
« qui a reçu l'insulte, et le reste au souverain. Que si
« le sage tarde à faire ces choses pour quelque motif
« que ce soit, toi, vas à lui et le réprimande, lui disant
« que s'il ne se corrige, il ne sera point absous jus-
« qu'au dernier jour des siècles, à moins que tu ne le
« relèves. Ne sais-tu pas combien sont sévères les
« prohibitions? Voilà, j'ai défendu à Adam de toucher
« à l'arbre de la science ; il a transgressé mes comman-
« demens, et lui et sa postérité sont tombés dans la cap-
« tivité et dans la misère, jusqu'à ce que moi-même

« venant en chair, je les ai rachetés en mourant de
« la mort de la croix. Quant aux dîmes, quelques-
« uns ont fait bien, en les donnant comme je l'ai com-
« mandé. Ceux-là aussi je les multiplierai, et je ferai
« qu'ils soient reconnus entre tous les autres. Lors-
« que le Seigneur eut dit ces choses, je me mis à
« lui demander de me rendre dans sa charité la con-
« naissance des lettres, qu'il m'avait naguère enle-
« vées. Et le Seigneur me dit : « Ce que tu sais ne te
« suffit donc pas pour être raconté? Et cependant tu
« veux en savoir davantage. » Et aussitôt je me semblai
« à moi-même tellement instruit, que je ne demandai
« à rien savoir de plus. Et le Seigneur me dit : « Ce
« que tu sais te suffit-il maintenant ? » Et je répondis :
« Cela me suffit. » Et le Seigneur me dit de nouveau :
« Que t'ai-je dit? réponds? » Et je n'en sus rien ; et
« comme le Seigneur me pressait de lui répéter quel-
« que chose de ce qu'il m'avait dit, je répondis : « Sei-
« gneur, je n'en sais rien. » Et le Seigneur me dit :
« Va et annonce ce que tu sais, et que ce que tu sais
« te suffise. »

Lorsque nous eûmes rapporté ces choses à nos frères, quelques-uns commencèrent à dire qu'ils ne croi-
raient jamais que Dieu parlât de cette manière à un
homme, et laissât de côté les princes et les évêques, pour
se montrer ainsi à un homme grossier et sans conséquence ; ils témoignèrent aussi des doutes sur la lance
du Seigneur. C'est pourquoi nous convoquâmes ceux
de nos frères à qui la révélation de la lance avait été faite
auparavant, et ensuite Arnoul, chapelain du comte de
Normandie, qui était le chef de tous les incrédules ;
comme il était lettré, beaucoup de gens croyaient en

lui : nous lui demandâmes alors pourquoi il avait des doutes, et lorsqu'il eut dit que l'évêque du Puy en avait eu aussi, un prêtre, Pierre nommé Didier, répondit : « Après la mort de l'évêque du Puy, je l'ai vu, et avec « lui le bienheureux Nicolas. Et à la suite de beau-« coup d'autres choses, l'évêque me dit : Je suis « maintenant en chœur avec le bienheureux Nicolas ; « mais comme j'ai douté de la lance du Seigneur, moi « qui aurais dû croire plus que tout autre, j'ai été « conduit en enfer, et là mes cheveux sur la partie « droite de ma tête, et la moitié de ma barbe ont été « brûlés, et quoique je ne sois pas en voie de châti-« ment, cependant je ne pourrai voir Dieu claire-« ment que lorsque mes cheveux et ma barbe auront « repoussé comme ils étaient auparavant. » Ce prêtre nous annonça cela et beaucoup d'autres choses de la part de Dieu : lesquelles nous arrivèrent en effet dans la suite, et dont je pourrai parler en leur place.

Il vint encore un autre prêtre nommé Éverard, qui dit : « Dans le temps que les Turcs assiégeaient notre « armée dans Antioche, j'étais à Tripoli. Je m'étais « rendu là avant la prise d'Antioche pour y chercher « les choses nécessaires à ma subsistance. Ayant appris « qu'Antioche était prise, et que les nôtres y étaient « tenus renfermés si étroitement que nul d'entre eux « ne pouvait en sortir ou y rentrer; ayant de plus en-« tendu raconter tous les autres maux qui accablaient « les assiégés, et toutes les faussetés que les Sarra-« sins et les Turcs ajoutaient encore au récit des maux « véritables, inquiet pour ma vie, je me réfugiai dans « une église. Là je me prosternai devant la majesté de « la mère du Seigneur, et je commençai à implorer,

« par son intercession, la miséricorde de Dieu avec
« des larmes et des prières. Pendant quelques jours
« de suite je fis ainsi, demeurant sans manger et lui
« disant : O reine et souveraine, ceux-ci sont les
« pélerins qui ont quitté leurs petits enfans, leurs
« femmes et tous ceux qui leur étaient chers, et sont
« venus ici, de lointain pays, pour le nom de votre
« Fils et pour le vôtre : ils combattent pour votre Fils,
« prenez compassion d'eux. O souveraine, que dira-
« t-on de vous et de votre Fils dans leur pays, si vous
« les livrez aux mains des Turcs? Et lorsque j'eus
« répété très-souvent ces prières et d'autres sembla-
« bles, toujours triste et gémissant, un certain Sy-
« rien, qui était chrétien, vint à moi et me dit : Aie
« bon courage et garde-toi de pleurer plus long-
« temps. Et il ajouta : Naguère j'étais devant la porte
« de l'église de la bienheureuse Marie mère du Sei-
« gneur, un clerc vint à moi revêtu de vêtemens
« blancs, et comme je lui demandais qui il était et
« d'où il venait, il me répondit : Je suis Marc l'évan-
« géliste. Je viens d'Alexandrie, et je me suis dé-
« tourné pour venir ici dans l'église de la bienheureuse
« Marie, toujours vierge. Et comme je lui demandais
« de nouveau où il allait, il me dit : notre Seigneur
« Jésus-Christ est à Antioche, et il a ordonné à tous
« ses disciples de s'y rendre, parce que les Francs
« doivent combattre contre les Turcs, et que nous
« leur serons en aide. Et après avoir dit cela, il s'en
« est allé. Et moi je ne croyais pas beaucoup à ce
« qu'il me disait, et je ne cessais de verser des lar-
« mes et de me livrer à ma douleur, et alors le même
« Syrien me dit : Écoute : il est écrit dans l'évangile

« du bienheureux Pierre, que nous possédons, que
« la race des Chrétiens qui doivent prendre Jérusalem
« sera enfermée dans Antioche, et qu'elle n'en pourra
« sortir qu'après qu'elle aura découvert la lance du
« Seigneur. Et le prêtre ajouta : Si vous doutez d'au-
« cune de ces choses, qu'on fasse un feu, et au nom
« de Dieu et pour témoigner toutes ces choses, je
« passerai au travers. »

Il vint alors un autre prêtre nommé Etienne, surnommé Valentin, homme de grand témoignage et de
bonne vie, qui dit : « Le Seigneur Jésus lui-même m'a
« parlé au milieu de nos plus grandes tribulations dans
« Antioche ; il m'a promis devant sa mère, la bienheu-
« reuse Vierge Marie, que dans cinq jours à partir de
« ce moment, il ferait miséricorde à son peuple, et met-
« trait un terme à ses grandes fatigues, s'il revenait à lui
« de tout son cœur. Et en ce jour même la lance du
« Seigneur fut retrouvée, par où je crois que les pro-
« messes du Seigneur ont été accomplies. Que si vous
« en doutez, aussitôt après que j'eus vu ces choses,
« j'offris à l'évêque du Puy, en présence de toute la
« multitude et pour en rendre témoignage, que s'il le
« voulait, je traverserais des feux, ou je me précipi-
« terais du haut de la tour la plus élevée. Et mainte-
« nant je vous l'offre encore de même. »

L'évêque d'Agde vint aussi, et dit : « Je ne sais
« si j'ai vu en songe ou éveillé : Dieu le sait. Un
« homme vêtu de blanc vint et s'arrêta devant moi. Il
« tenait dans ses mains la lance du Seigneur, et me
« dit : « Crois-tu que cette lance est celle du Seigneur ? »
« Et je répondis : « Je le crois, Seigneur. Et moi
« aussi j'avais eu des doutes sur cette lance. Comme il

« m'adressa gravement la même question une seconde
« et une troisième fois, je lui dis : Je crois, Seigneur,
« que cette lance est celle de notre Seigneur Jésus-
« Christ. Et après cela il me quitta. »

Et moi Raimond qui ai écrit ces choses en présence
de nos frères et des évêques, je dis alors : « J'étais
« présent lorsqu'on creusait pour découvrir la lance
« du Seigneur, et avant qu'elle eût paru tout entière
« au dessus de la terre, je baisai la pointe de cette
« lance. Il y a dans l'armée plusieurs autres hommes
« qui ont vu cela avec moi. » Et j'ajoutai : « Il y a un
« autre prêtre, nommé Bertrand du Puy, qui était
« de la maison de l'évêque du Puy, du vivant de
« ce dernier. Ce prêtre était mortellement malade :
« comme il désespérait entièrement de sa vie, l'évêque
« du Puy lui apparut avec Héraclius, son porte-ban-
« nière, qui dans le grand combat livré devant An-
« tioche, avait été frappé d'une flèche au visage, tan-
« dis qu'il renversait dans son intrépidité les rangs
« des Turcs, et qui était mort en ce lieu. L'évêque dit
« donc au prêtre : Bertrand, que fais-tu? Et Héra-
« clius dit : Seigneur, il est malade. Et l'évêque ré-
« pondit : Il est malade à cause de son incrédulité.
« Et le prêtre dit sur cela : Seigneur, est-ce que je
« ne crois pas à la lance du Seigneur, comme à la
« passion du Seigneur? Et l'évêque dit : Il y a en-
« core beaucoup d'autres choses auxquelles il faudrait
« croire. »

Et, quoique ceci n'appartienne pas à mon sujet,
comme c'est intéressant, j'ajouterai cependant quelque chose encore, pour l'amour des hommes de bien.
Le prêtre s'étant rassis en présence de l'évêque et

d'Héraclius son seigneur (car il était malade et ne pouvait se tenir debout), il vit sur le visage de son seigneur que sa blessure n'était pas guérie, et lui dit : « Qu'est-ce là ? » Et Héraclius lui répondit : « Lorsque « je me suis présenté devant mon Seigneur, je l'ai sup- « plié que cette plaie ne se fermât jamais, parce que « j'avais livré ma vie pour lui, et le Seigneur me l'a « accordé. »

Après avoir entendu ces choses et beaucoup d'autres encore, Arnoul crut et se confessa ; puis, il promit à l'évêque d'Albar de demander pardon de son incrédulité en présence de tout le peuple assemblé. Au jour fixé, Arnoul ayant été appelé, et s'étant présenté devant le conseil, commença par dire qu'il croyait bien, mais qu'il voulait parler à son seigneur, avant de demander pardon à ce sujet.

Ayant entendu ces paroles, Pierre Barthélemi, rempli d'indignation, dit en homme simple et qui connaissait bien la vérité : « Je veux et je supplie qu'on « fasse un très-grand feu ; je passerai au travers avec « la lance du Seigneur. Si c'est la lance du Seigneur, « je passerai sain et sauf ; si c'est une fausseté, je serai « brûlé par le feu, car je vois que l'on ne croit ni aux « apparitions ni aux témoins. » Ces propositions nous plurent, et après lui avoir ordonné un jeûne, nous annonçâmes qu'on allumerait le feu le jour où notre Seigneur a été couvert de plaies, et mis sur la croix pour notre salut. Le jour où ces choses se passèrent était la veille du vendredi.

Au jour fixé et dès le matin, on fit les préparatifs du feu, qui se trouvèrent terminés après midi. Les princes et le peuple se rassemblèrent au nombre de quarante mille hommes ; les prêtres y assistèrent pieds nus et portant leurs vêtemens sacerdotaux. On fit en branches sèches d'olivier un bûcher qui avait quatorze pieds en longueur : il y avait deux monceaux de bois, entre lesquels on avait laissé un vide d'un pied de largeur environ, et chacun des deux monceaux de bois avait quatre pieds de hauteur. Lorsque le feu fut violemment allumé ; moi, Raimond, je dis en présence de toute la multitude : « Si Dieu tout-puissant a parlé « à cet homme face à face, et si le bienheureux André « lui a montré la lance du Seigneur, tandis qu'il « veillait lui-même, qu'il passe à travers ce feu sans « être blessé : mais s'il en est autrement, et si ce n'est « qu'un mensonge, qu'il soit brûlé avec la lance qu'il « portera dans ses mains. » Et tous fléchissant les genoux, répondirent *Amen !*

Cependant le feu était tellement ardent que la flamme s'élevait dans l'air à trente coudées, et que nul ne pouvait s'en approcher. Alors Pierre Barthélemi, revêtu seulement d'une tunique, fléchissant les genoux devant l'évêque d'Albar, prit Dieu à témoin « qu'il l'avait vu lui-même face à face sur la croix, et « qu'il avait appris les choses qui sont écrites ci-dessus « de lui et des bienheureux apôtres Pierre et André ; « qu'il n'avait lui-même inventé aucune des choses « qu'il avait dites sous le nom de saint André, ou de « saint Pierre, ou du Seigneur lui-même, et que s'il « avait menti en rien, il ne pût jamais traverser le feu « qui était devant lui. Quant aux autres péchés qu'il « avait commis contre Dieu et son prochain, il pria « que Dieu les lui remît, et que l'évêque, tous les « autres prêtres et le peuple qui s'étaient rassemblés

« pour ce spectacle priassent pour lui. » Après cela, l'évêque lui ayant remis la lance entre les mains, il fléchit encore le genou, fit le signe de la croix et entra d'un pas ferme, et sans la moindre crainte, dans le feu, portant toujours sa lance; il s'arrêta sur un certain point au milieu des flammes, et traversa ensuite par la grâce de Dieu. Il y a quelques personnes qui virent un nouveau signe avant qu'il fût entré dans le feu, savoir, un oiseau volant au dessus de lui, et se précipitant ensuite dans les flammes. Éverard le prêtre, dont j'ai déjà fait mention, et qui par la suite est demeuré à Jérusalem pour l'amour de Dieu, vit cela; Guillaume, fils de Bon, excellent chevalier, né à Arles, et dont le témoignage est sincère, atteste aussi avoir vu la même chose. Un autre excellent chevalier, nommé Guillaume le mauvais garçon, vit, avant que Pierre entrât dans la flamme, un homme portant un vêtement sacerdotal, et ayant une chasuble repliée sur la tête; puis, ne le voyant plus ressortir, et croyant que c'était Pierre Barthélemi, il se mit à pleurer, pensant que celui-ci avait été consumé par les flammes. L'affluence était si grande, que tous les hommes ne pouvaient voir les mêmes choses. Aussi nous a-t-il été fait beaucoup d'autres rapports, mais nous nous dispensons de les consigner ici, dans la crainte d'ennuyer le lecteur; et, attendu d'ailleurs que trois témoins irréprochables suffisent dans toute affaire. Voici cependant une chose que nous ne pouvons passer sous silence. Après que Pierre eut traversé le feu, et quoique l'incendie fût encore très-actif, le peuple se mit à ramasser les tisons, les charbons et la cendre avec une si grande ardeur, qu'en peu de temps il n'en resta plus du tout. Dans la croyance de ces mêmes hommes, le Seigneur dans la suite a produit de grandes choses par le moyen de ces divers objets.

Après que Pierre Barthélemi fut sorti du feu, si bien que sa tunique ne fut point brûlée, et qu'on ne put non plus découvrir aucun indice de la moindre atteinte sur la pièce d'étoffe très-fine avec laquelle on avait enveloppé la lance du Seigneur, le peuple se jeta sur lui, lorsqu'il eut fait sur tout le monde le signe de la croix, avec la lance du Seigneur, et crié à haute voix *Dieu nous aide;* le peuple, dis-je, se jeta sur lui, le renversa à terre, et il fut foulé aux pieds au milieu de cette immense multitude, chacun voulant le toucher, ou prendre quelque chose de son vêtement, pour s'assurer que c'était bien lui. On lui fit ainsi trois ou quatre blessures dans les jambes; en lui enlevant des morceaux de chair, on lui brisa l'épine du dos, et on lui enfonça les côtes. Il eût même expiré sur la place, à ce que nous présumons, si Raimond Pelet, chevalier très-noble et très-fort, n'eût rassemblé aussitôt un groupe de ses compagnons, et s'élançant au milieu de cette foule agitée n'eût délivré Pierre, en combattant pour lui jusqu'à s'exposer aux plus grands dangers. Nous même alors nous étions rempli de sollicitude et d'angoisse, en sorte que nous ne saurions en dire davantage sur ce point. Lorsque Raimond Pelet eut transporté Pierre dans notre maison, et après avoir pansé ses blessures, nous commençâmes par lui demander pourquoi il s'était arrêté au milieu du feu. Il nous répondit ceci : « Le Seigneur m'est apparu au milieu du

« feu, et me prenant par la main, m'a dit : Parce que
« tu as eu des doutes sur la découverte de la lance,
« lorsque le bienheureux André te l'a révélée, tu ne
« traverseras point sans blessure, mais tu ne verras
« point l'enfer ; et, après ces mots, il m'a quitté. Aussi
« voyez, si vous le voulez, mes brûlures. » Et en effet
il avait quelques brûlures sur les jambes, mais en petit
nombre : ses plaies au contraire étaient grandes. Après
cela, nous convoquâmes tous ceux qui avaient eu des
doutes sur la lance du Seigneur, afin qu'ils vinssent
et qu'ils vissent la face de Pierre, sa tête et ses autres
membres, et qu'ils comprissent la vérité au sujet de
tout ce qu'il avait rapporté sur la lance et sur d'autres
choses, puisqu'il n'avait pas craint, pour leur rendre
témoignage, de se jeter au milieu d'un si grand incendie. Beaucoup vinrent en effet, et voyant la face de
Pierre et tout son corps, ils glorifièrent Dieu, disant :
« Dieu peut bien nous protéger au milieu des glaives
« de nos ennemis, puisqu'il a délivré cet homme de
« ce torrent de flammes. Certes, nous n'aurions pas
« cru qu'une flèche pût passer intacte à travers ce feu,
« comme cet homme y a passé.

Après cela Pierre appela auprès de lui Raimond, le
chapelain du comte, et lui dit : « Pourquoi as-tu voulu
« que, pour rendre témoignage de la lance du Sei-
« gneur et des autres choses que j'avais dites de la part
« de Dieu, je passasse au travers de ce feu ? Je sais
« trop que tu as eu ces pensées. » Et il lui dit les pensées qu'il avait eues. Et comme Raimond niait qu'il
eût eu de telles pensées, Pierre Barthélemi lui répondit : « Tu ne peux me le nier, car j'en ai la certi-
« tude. C'est par la bienheureuse Vierge Marie et par

« l'évêque du Puy que j'ai appris cette nuit les choses
« que tu nies. Je m'étonne qu'après n'avoir point douté
« des paroles du Seigneur et de ses apôtres, tu aies
« voulu faire une expérience à mes propres périls, et
« seulement pour ces choses. » Alors Raimond, voyant
ses pensées dévoilées et se reconnaissant coupable devant Dieu, se répandit en larmes amères; et Pierre lui
dit : « Ne te désespère pas cependant, car la très-
« sainte vierge Marie et saint André obtiendront ton
« pardon devant Dieu. Toi, de ton côté, supplie-les
« avec les plus vives instances. »

Dans le même temps il s'éleva entre nos princes tant
et de si grandes querelles que notre armée fut presque entièrement divisée. Mais Dieu, qui était notre
conducteur et notre Seigneur, empêcha que ses bienfaits ne fussent ainsi perdus. La ville de Tripoli, dont
j'ai déjà fait mention, était située non loin de notre
camp. Le seigneur de cette ville, informé de la discorde qui régnait entre nos princes, répondit à ceux
des nôtres qui l'invitaient à leur payer tribut : « Que
« sont donc les Francs ? Que sont vos chevaliers et
« quelle est leur puissance ? Voici, le troisième mois
« s'écoule depuis que l'armée des Francs a assiégé la
« forteresse d'Archas, et on ne m'a pas livré un seul
« assaut, je n'ai pas vu un seul homme armé, et ce-
« pendant les vôtres ne sont qu'à quatre lieues de moi.
« Qu'ils viennent donc ici, nous les verrons, nous
« éprouverons leurs chevaliers. Pourquoi deviendrais-
« je tributaire de ces hommes dont je n'ai pas vu la
« face, dont je ne connais pas la force ? » Lorsque ces
paroles furent rapportées dans notre armée, tous dirent à l'envi : « Voilà ce que nous avons gagné à nos

« querelles et à nos discordes ; on blasphême contre
« Dieu et nous sommes méprisés. » Nos princes donc
s'étant tous réunis résolurent que l'évêque d'Albar
garderait le camp avec une partie de l'armée, et que
les princes, après avoir formé les rangs des hommes
de pied et des chevaliers dans l'ordre établi pour les
combats, iraient livrer assaut aux remparts de la ville.

Au jour fixé, les nôtres étant partis dans l'ordre
déterminé, les Tripolitains sortirent pour se porter à
leur rencontre, se confiant dans leur multitude et leur
ardeur tumultueuse, et se préparant à combattre. Il
existe un mur très-solide et assez élevé qui sert d'a-
queduc à la ville, et qui n'est séparé de la mer que
par un chemin qui n'est pas très-large. La ville est entourée par les eaux de la mer de trois côtés. Ce mur
fait en aqueduc dont nous parlons, les Sarrasins le
fortifièrent encore, afin de pouvoir sortir et rentrer
comme d'un château dans un autre, s'il leur survenait
quelque malheur. En voyant cette multitude ennemie
remplie de confiance en sa position et en ses armes,
les nôtres invoquant Dieu et brandissant leurs lances,
s'avancèrent étroitement serrés, hommes de pied et
chevaliers, comme dans une procession ; en sorte
qu'en les voyant vous eussiez dit que c'étaient des
amis et non des ennemis qui marchaient vers les rangs
opposés : mais, dès que la mêlée fut engagée, ils se
trouvèrent bien de véritables ennemis et non des amis.
La terre fut souillée du sang des Maures, et l'aqueduc
se remplit de leurs cadavres. Le Seigneur répandit
une si grande terreur parmi les ennemis, qu'à peine
quelques-uns d'entre eux purent-ils prendre la fuite
dès que les premiers coups furent portés. C'était une

chose vraiment délicieuse à voir que ce petit ruisseau de l'aqueduc emportant à la ville les cadavres mutilés des nobles et des gens du peuple. Il ne tomba qu'un ou deux des nôtres, et nous avons entendu dire que les ennemis perdirent au moins sept cents hommes. Étant donc revenus après cette grande victoire et chargés de dépouilles, nos princes dirent au peuple : « Aujourd'hui le roi de Tripoli nous a vus ; nous avons « vu le chemin de la ville, et nous avons examiné ses « abords. Et maintenant, si vous le trouvez conve- « nable, nous pensons qu'il est juste que le roi sache « demain quels chevaliers nous sommes. » Ils y retournèrent donc le jour suivant, mais ils ne trouvèrent personne en dehors de la ville. Après cela le roi de Tripoli manda à nos princes, que s'ils renonçaient au siége d'Archas, il leur donnerait quinze mille pièces d'or, beaucoup de chevaux, de mules, de vêtemens et de vivres, qu'il ferait commerce de toutes sortes de choses avec le peuple, et qu'il rendrait en outre tous ceux de notre race qu'il retenait prisonniers.

En ce temps il arriva des députés de l'empereur Alexis portant de grandes plaintes contre Boémond, parce qu'il retenait la ville d'Antioche au mépris des sermens qu'il avait faits à l'empereur. A cette époque, en effet, Boémond possédait Antioche. Informé que le comte était parti de Marrah pour se rendre dans l'intérieur de la Syrie, il avait expulsé de vive force les hommes du comte des tours qu'ils occupaient encore dans cette ville. L'empereur Alexis manda donc à nos princes qu'il leur donnerait beaucoup d'or et d'argent, et qu'il se rendrait avec eux à Jérusalem, s'ils voulaient attendre jusqu'à la fête de Saint-Jean ;

et l'on était alors près de la Pâque du Seigneur. Plusieurs des princes, parmi lesquels était le comte, dirent alors : « Attendons l'empereur, nous recevrons
« ses dons, nous l'aurons lui-même, il nous fera venir
« des denrées par mer et par terre, et nous vivrons
« en bonne harmonie sous sa seigneurie. Toutes les
« villes se rendront à lui, il les fortifiera ou les dé-
« truira comme il voudra. Peut-être en outre notre
« peuple, épuisé par de longues et continuelles fati-
« gues, voudra-t-il s'en retourner dès qu'il sera arrivé
« à Jérusalem et qu'il aura vu la ville du dehors. Con-
« sidérez combien et quels grands périls attendent en-
« core ceux qui desirent accomplir tout-à-fait leur
« entreprise. Assiégeons encore la forteresse d'Archas ;
« d'ici à un mois les habitans se rendront à nous ou
« seront pris de force, et comme on a parlé au loin
« de ce siége, si nous le quittons sans en avoir fini,
« notre armée sera livrée au mépris, puisque jusqu'à
« présent elle n'a rien entrepris qu'elle ait abandonné
« sans obtenir aucun résultat. »

D'autres disaient, au contraire : « L'empereur nous
« a toujours été nuisible, il a toujours menti, il a tou-
« jours dirigé ses pensées contre nous. Maintenant
« qu'il voit qu'il ne peut rien, et que nous réussissons
« par la grâce de Dieu, il cherche avec soin à nous
« détourner du but de notre voyage, de peur que ceux
« qui en entendront parler ne se disposent à suivre
« notre exemple et à marcher sur nos traces. Que ceux
« donc qu'il a si souvent offensés par ses paroles et ses
« actions, se gardent de se livrer encore et tout aussi
« vainement à sa foi. Mettons notre confiance dans le
« Christ notre chef, qui nous a délivrés déjà de tant

« de périls et d'une manière si inespérée, qui nous a
« protégés contre toutes les machinations et les fraudes
« de l'empereur, poursuivons la route dans laquelle
« nous nous sommes engagés, et, selon les promesses
« de Dieu, nous obtiendrons facilement ce que nous
« desirons. Et lorsque l'empereur sera informé de la
« prise de Jérusalem, alors il nous accordera dans le
« fait cette liberté qui n'a été jusqu'à présent que dans
« ses paroles, et nous aurons sujet aussi de nous fé-
« liciter de ses dons. » Le peuple approuvait beaucoup
cet avis ; mais les gens de la maison du comte étaient
fort nombreux, parce que le comte avait bravé la
mort pour l'intérêt du peuple, sans attendre les autres princes, et qu'il avait conféré de grands bénéfices
et rendu des services particuliers à beaucoup d'hommes, et en conséquence les conseils des princes et
les vœux du peuple rencontrèrent des obstacles.

Nous ordonnâmes au peuple, à cette époque, un
jeûne, des prières et des aumônes, afin que le Dieu
tout-puissant qui l'avait conduit jusque-là à travers
tant de pays daignât lui inspirer les choses qui seraient
agréables devant sa face au sujet de ce voyage. Les offrandes des fidèles obtinrent facilement devant Dieu
ce qu'elles sollicitaient. En effet, l'évêque du Puy apparut à Étienne Valentin, duquel j'ai déjà dit qu'il
avait vu le Seigneur avec sa croix : l'évêque le frappa
d'une verge pendant la nuit, au moment où il rentrait dans sa maison, et lui dit : « Étienne ! » Et il répondit : « Seigneur ! » Et en se retournant il le reconnut. Et l'évêque lui dit : « Pourquoi as-tu négligé une
« première et une seconde fois ce que je t'ai dit au
« sujet de la croix, en présence de notre souveraine

« et mère la bienheureuse Marie, toujours vierge? Je
« parle de la croix que je faisais toujours marcher de-
« vant moi, afin qu'elle fût portée à l'armée. Quelle
« bannière vaut mieux que la croix? Cette croix n'a-
« t-elle pas été assez insultée pour nous? cette croix
« ne vous a-t-elle pas bien conduits jusqu'à la lance du
« Seigneur? Maintenant notre souveraine, la bienheu-
« reuse Marie, toujours vierge, dit que, si vous ne
« possédez cette croix, vous ne pouvez avoir de sa-
« gesse. » Et le prêtre dit aussitôt : « Très-vénérable
« Seigneur, où est donc la bienheureuse Vierge Marie?»
Et aussitôt l'évêque la lui fit voir. Elle était éloignée
de lui à neuf ou dix coudées environ, son visage et
ses ornemens étaient véritablement admirables; elle
avait auprès d'elle la bienheureuse Agathe et une autre vierge portant deux cierges. Alors le prêtre dit à
l'évêque qui était auprès de Marie : « Seigneur, com-
« bien de choses on dit de vous dans l'armée sur ce
« que votre barbe et vos cheveux ont été brûlés dans
« l'enfer, et beaucoup d'autres choses encore aux-
« quelles on ne croit pas! Maintenant donc je vous
« supplie de me donner l'un de ces cierges en témoi-
« gnage des choses que vous dites, afin que je le porte
« au comte. » Alors l'évêque lui dit . « Si tu vois, re-
« garde ma face, est-elle brûlée? » Après cela l'évêque
s'approcha vers la bienheureuse Vierge, et ayant appris sa volonté, il revint auprès du prêtre, et lui dit :
« Ce que tu demandes, tu ne peux l'obtenir. Mais cet
« anneau que tu as à ton doigt, qui ne te sert pas, et
« que tu ne dois pas porter, vas et tu le donneras au
« comte, disant : la Vierge, mère très-sainte, t'envoie
« cet anneau; toutes les fois qu'il te manquera quelque

« chose, souviens-toi de la souveraine qui t'envoie
« cet anneau ; tu l'appelleras alors, et le Seigneur
« viendra à ton secours. » Le prêtre lui ayant alors
demandé ce qu'il voulait que fît son frère, l'évêque
répondit : « Qu'il supplie un évêque régulièrement élu
« de célébrer trois messes au Seigneur pour les ames
« de nos pères. » Et il ajouta : « Notre mère ordonne
« qu'à l'avenir la lance ne soit montrée que par un
« prêtre revêtu de ses vêtemens sacrés, et que la croix
« soit portée en avant. » Et alors l'évêque prit une
croix posée au haut d'une lance, et un homme revêtu
d'habits sacerdotaux le suivait, portant la lance dans
ses mains. Et alors l'évêque commença à entonner ce
chant : *Gaude, Maria Virgo, cunctas hæreses sola
interemisti.* « Réjouissez-vous, Marie Vierge, vous
« avez seule exterminé toutes les hérésies ! » Et aussitôt on vit paraître d'innombrables centaines de milliers d'hommes ; et ensuite toute cette sainte assemblée se dispersa.

Le lendemain matin le prêtre se présenta et demanda
d'abord si nous avions la lance ; et l'ayant vue, il se
mit à raconter, en versant beaucoup de larmes, ce que
j'ai dit ci-dessus. En conséquence, le comte envoya
Guillaume Hugues de Monteil, frère de l'évêque du
Puy, à Laodicée, où la croix avait été laissée dans la
chapelle de l'évêque lui-même.

Cependant Pierre Barthélemi épuisé par son mal,
suite des blessures et des foulures qu'il avait reçues,
appela auprès de lui le comte et tous les princes et
leur dit : « La fin de ma vie s'approche, et je sais que
« je serai jugé devant Dieu pour tout le mal que j'ai
« fait, ou dit, ou même pensé. Devant sa face et en

« votre présence, j'atteste encore le Seigneur que je
« n'ai inventé aucune des choses que je vous ai an-
« noncées, ni de celles que je vous dirai encore de la
« part de Dieu et de ses apôtres ; et comme vous avez
« vu celles que je vous ai annoncées, de même et sans
« aucun doute, vous verrez celles que je vous dirai,
« si toutefois vous servez Dieu fidèlement. Vous,
« comte, lorsque vous serez arrivé à Jérusalem, faites
« que votre armée demande à Dieu qu'il prolonge
« votre vie et vous la conserve, et Dieu vous la pro-
« longera autant que vous avez déjà vécu. Et lorsque
« vous serez revenu environ de cinq lieues, vous dé-
« poserez la lance du Seigneur dans l'église de Saint-
« Trophime, et là vous ferez faire une église et de la
« monnaie, que vous jurerez de ne pas faire fausse ; et
« vous ne permettrez pas non plus qu'on fasse aucune
« autre chose fausse. Ce lieu sera appelé Montjoie,
« et ces choses seront faites en Provence ; car le bien-
« heureux Pierre l'apôtre a promis à Trophime son
« disciple qu'il lui enverrait la lance du Seigneur. »
Après cela Pierre Barthélemi, à l'heure qui lui fut as-
signée par Dieu, s'en alla en paix et en sécurité dans
le sein du Seigneur ; et il fut enseveli dans le lieu
même où il avait passé à travers le feu avec la lance
du Seigneur.

Pendant ce temps, le comte et les autres princes
prenaient des informations auprès des habitans du
pays au sujet de la route de Jérusalem, pour savoir
comment ils pourraient faire ce trajet de la manière la
plus sûre et la plus facile. Alors quelques Syriens vinrent à nous. Près de là sont les montagnes du Liban,
dans lesquelles habitaient soixante mille Chrétiens; les

Chrétiens possédèrent pendant long-temps cette terre et ces montagnes, et ceux-là sont appelés Syriens, du nom de la ville de Tyr vulgairement appelée Sur. Mais lorsque les Sarrasins et les Turcs se levèrent, par le jugement de Dieu, les Syriens tombèrent dans la servitude, et furent tellement opprimés durant quatre cents ans et même plus, qu'un grand nombre d'entre eux se virent forcés d'abandonner leur patrie et la loi du Christ; et si quelques-uns, par la grâce de Dieu, réussirent à s'en défendre, ils étaient forcés de livrer leurs beaux petits enfans pour être circoncis ou faits Turcs, ou bien on les arrachait des bras de leurs mères après avoir massacré le père et outragé la mère. Cette race d'hommes fut enflammée d'une telle méchanceté, qu'ils renversèrent les églises de Dieu, détruisirent ses images et celles de ses saints. Lorsqu'ils n'avaient pas le temps de les détruire, ils leur arrachaient les yeux ou les perçaient de flèches, et renversaient tous les autels. Les grandes églises étaient par eux changées en mosquées. Si quelqu'un de ces Chrétiens ainsi tourmentés voulait avoir dans sa maison une image de Dieu ou de l'un de ses saints, il fallait qu'il la rachetât tous les mois ou tous les ans, ou bien elle était foulée aux pieds, jetée dans le fumier ou détruite sous ses propres yeux. Chose plus terrible encore à raconter, ils exposaient les jeunes gens dans des lieux de prostitution, et échangeaient leurs sœurs contre du vin pour mettre le comble à leurs scélératesses, et les mères n'osaient pas même déplorer ouvertement ces infortunes et d'autres encore également lamentables. Mais pourquoi m'arrêterais-je plus long-temps à ces récits? Sans doute cette race avait conspiré contre le Saint des Saints et son héritage; et si les nations des Francs ne fussent venues par l'ordre et l'inspiration de Dieu mettre un terme à ces maux, certainement Dieu eût armé contre elle jusqu'aux bêtes brutes, comme il l'a fait quelquefois même en notre présence. Qu'il me suffise d'en avoir dit ce qui est écrit ici.

Ces Syriens donc, dont nous avons parlé ci-dessus, et qui vinrent auprès du comte, interrogés sur la meilleure route à suivre, répondirent : « Il y a une « route par Damas assez en plaine, et où l'on trouve « beaucoup de vivres, mais vous n'y aurez de l'eau « que pendant deux jours. Il y a une autre route par « les montagnes du Liban, laquelle est sûre, et où « l'on trouve aussi des vivres, mais elle est très-dif- « ficile pour les bêtes de somme et pour les chameaux. « Il y a une troisième route le long de la mer, où l'on « trouve tant et de tels défilés, que cinquante ou cent « Sarrasins, s'ils veulent les garder, peuvent les dé- « fendre contre tout le genre humain. Et cependant « on lit dans l'évangile du bienheureux Pierre que « nous possédons, que si vous êtes la race qui doit « s'emparer de Jérusalem, vous devez passer le long « de la mer, quoique cela nous paraisse impossible à « cause de ses difficultés. On lit dans cet évangile qui « a été écrit chez nous, non seulement cela au sujet « de votre voyage, mais encore beaucoup d'autres « choses sur la manière dont vous vous êtes conduits, « et dont vous devez vous conduire. »

Tandis que les uns cherchaient à nous persuader par ces raisonnemens et d'autres semblables, et que d'autres parlaient différemment, Guillaume Hugues de Monteil revint avec la croix dont nous avons déjà fait mention. Aussitôt que les gens même de la maison du comte eurent vu cette croix ils furent saisis d'une telle agitation, qu'en dépit de l'avis du comte et des autres princes, ils brûlèrent leurs tentes et abandonnèrent le siége d'Archas. Les gens du comte donnant l'exemple, le comte fut troublé jusqu'aux larmes, et en vint à se détester lui et les siens. Dieu cependant ne changea point pour cela la volonté de son peuple. Le duc de Lorraine se montra le plus ardent pour poursuivre le voyage, et encouragea le peuple dans ses desseins. Nous renonçâmes donc à ce siége odieux et funeste d'Archas, et nous rendîmes devant Tripoli. Là le comte renouvela ses efforts auprès de tous les nobles, tant par prières que par présens, pour obtenir que l'on assiégeât la ville de Tripoli, mais tous s'y refusèrent.

En ce temps saint André l'apôtre apparut à Pierre Didier dont j'ai déjà parlé, et lui dit : « Vas et dis au
« comte : Ne sois pas ennemi de toi-même non plus
« que des autres, car vous ne recevrez point de secours
« avant que la ville de Jérusalem ait été prise. Ne t'in-
« quiète point si tu laisses le siége d'Archas non ter-
« miné. Ne t'afflige point de ce que cette ville et les
« autres villes qui sont sur votre route ne seront pas
« prises à présent; car il vous surviendra bientôt une
« guerre dans laquelle cette ville et beaucoup d'au-
« tres encore vous seront dévolues. Ainsi donc ne sois
« point inquiet ni pour toi ni pour les autres; mais
« plutôt tout ce que Dieu t'aura accordé, distribue-le
« généreusement en son nom, et sois pour tes hom-
« mes un compagnon et un ami fidèle. Si tu fais ainsi,
« le Seigneur te donnera Jérusalem et Alexandrie et

« Babylone ; mais si tu négliges ces avis, tu n'obtien-
« dras point de Dieu les choses qu'il t'a promises, tu
« ne recevras point de message de lui, et enfin tu te
« trouveras dans une position tellement difficile que
« tu ne sauras plus comment y échapper. » Le comte
entendit ces paroles du prêtre, mais il ne fit que les
entendre et les rejeta par ses œuvres; car après avoir
reçu beaucoup d'argent du roi de Tripoli, il ne voulut
en rien donner à personne, et de plus, tous les jours,
il maltraitait les siens en les accablant de coups et
d'affronts. Et non seulement le prêtre dit ces choses,
mais il en avait dit beaucoup d'autres encore sur ce qui
s'était passé auparavant, et j'en choisirai un exemple
que je veux citer.

A l'époque où nous voulûmes partir d'Antioche,
ce prêtre vint auprès de moi, Raimond, et me dit
qu'un homme lui était apparu en vision et lui avait
dit : « Vas dans l'église du bienheureux Léonce ; tu y
« trouveras des reliques, quatre reliques de saints ;
« tu les prendras avec toi et les apporteras à Jéru-
« salem. » Et dans la même vision il lui montra ces reliques et le lieu où elles étaient déposées, et lui apprit les noms des saints. Le prêtre s'étant éveillé et
n'ayant pas une entière confiance en sa vision, il se
mit à prier, suppliant Dieu, si cette révélation venait
réellement de lui, de la lui envoyer du moins une seconde fois. Quelques jours après, le même saint se
présenta de nouveau en vision devant le prêtre, et
l'accabla de menaces parce qu'il avait dédaigné les ordres du Seigneur, lui annonçant que si de là au cinquième jour de la semaine il n'avait enlevé ces reliques,
il en résulterait un grand préjudice pour lui et pour

le comte Isoard son seigneur. Le comte Isoard de Die était, autant du moins que cet homme le savait, fidèle à Dieu et fort utile à nous tous par sa sagesse et sa valeur. Le prêtre m'ayant rapporté ces choses à moi, Raimond, j'en fis le récit à l'évêque d'Orange, au comte de Saint-Gilles et à quelques autres, et tous alors ayant pris des cierges, nous nous rendîmes à l'église de Saint-Léonce. Nous offrîmes nos cierges et nos prières à Dieu et aux saints de cette église, afin que le Dieu tout-puissant, qui avait sanctifié ceux-ci, nous les donnât pour compagnons et pour auxiliaires, et que les saints ne dédaignassent point l'alliance d'hommes pélerins et exilés pour l'amour de Dieu, mais plutôt qu'ils s'unissent de plus en plus avec nous, et nous unissent ainsi avec Dieu. Le matin venu, nous nous rendîmes avec le prêtre aux lieux où étaient les saintes reliques, et nous les trouvâmes comme il nous avait été annoncé. Ces saints étaient Cyprien, Omèze, Léonce et Jean Chrysostome. Au milieu de ces petites cachettes nous trouvâmes une chasuble avec les reliques. Lorsque nous demandâmes au prêtre à quel saint appartenait cette relique, il nous répondit qu'il ne le savait pas; lorsque nous demandâmes aux habitans du pays s'ils savaient à qui elle appartenait, ils dirent aussi qu'ils ne le savaient pas; ceux-ci nommaient saint Mercure, ceux-là nommaient d'autres saints. Le prêtre voulut alors la prendre et l'emporter avec les autres reliques, et moi Raimond, je lui dis d'une voix forte, en présence de tous ceux qui étaient là : « Si ce saint veut venir à Jérusalem, qu'il fasse
« connaître son nom et sa volonté. Sinon, qu'il de-
« meure ici : rendrons-nous des honneurs à des osse-

« mens inconnus? » Et ce jour-là cette relique fut laissée au même lieu. Puis le prêtre rassembla les autres reliques, et les enveloppa dans une draperie et dans son manteau. La nuit suivante le prêtre étant encore éveillé, un jeune homme de quinze ans environ, et d'une grande beauté, se présenta devant lui et lui dit : « Pourquoi n'as-tu pas enlevé mes reliques avec celles « des autres. » Et le prêtre lui dit : « Qui êtes-vous, « Seigneur ? » Et le jeune homme : « Ne sais-tu pas « qui est le porte-bannière de cette armée ? » Et le prêtre : « Je ne le sais pas, Seigneur. » La question répétée une seconde fois ayant amené la même réponse de la part du prêtre, le jeune homme le menaça d'une voix terrible, disant : « En vérité, tu le diras. » Et alors le prêtre dit : « Seigneur, on dit que saint George est « le porte-bannière de cette armée. » Et alors le jeune homme : « Tu as bien dit ; je suis saint George en effet. « Prends donc mes reliques et dépose-les avec les « autres. » Le prêtre ayant différé pendant quelques jours de le faire, saint George se présenta de nouveau à lui, et lui commanda avec sévérité, disant : « Ne « tarde plus d'enlever demain mes reliques : tu trou- « veras à côté, dans une petite fiole, du sang de la « sainte vierge martyre Thècle, tu le prendras éga- « lement, et après cela tu diras une messe. » Le prêtre trouva et accomplit tout ce que saint George lui avait dit.

Avant de passer à d'autres sujets, je ne dois point omettre de parler de ceux qui, par zèle pour notre très-sainte expédition, ne craignirent point de naviguer à travers les espaces vastes et inconnus de la mer Méditerranée et de l'Océan. Les Anglais informés de l'entreprise qui avait pour objet de venger notre Seigneur Jésus-Christ, sur ceux qui s'étaient indignement emparés de la terre natale du Seigneur et de ses Apôtres, entrèrent dans la mer d'Angleterre, firent le tour de l'Espagne après avoir traversé l'Océan, et sillonnant ensuite la mer Méditerranée, arrivèrent après de grands efforts au port d'Antioche et à la ville de Laodicée, avant que notre armée eût atteint celle-ci du côté de la terre. Les navires de ces Anglais et ceux des Génois nous furent alors infiniment utiles. Nous eûmes par eux les moyens de faire des siéges et de commercer avec sécurité avec l'île de Chypre et les autres îles. Ces vaisseaux parcouraient la mer tous les jours, et par leur protection les vaisseaux des Grecs étaient aussi en sûreté, car les Sarrasins craignaient de les attaquer. Lorsque les Anglais virent notre armée partir pour Jérusalem, reconnaissant eux-mêmes que leurs forces navales étaient fort réduites par le laps du temps (car dans le principe ils avaient eu jusqu'à trente navires, et alors il ne leur en restait plus que neuf ou dix), les uns abandonnèrent leurs vaisseaux, d'autres y mirent le feu, et tous se joignirent à notre marche.

Tandis que nos princes suscitaient sans cesse de nouveaux motifs de retard devant les murs de Tripoli, le Seigneur envoya à son peuple une si grande ardeur pour marcher vers Jérusalem, que nul ne put plus se contenir ni retenir les autres. Étant donc partis un soir, malgré les ordres des princes et malgré notre affection pour l'armée, nous marchâmes toute la nuit, et le jour suivant nous arrivâmes à Béryte. Puis ayant occupé à l'improviste un défilé qui s'appelle *Bouche-*

Torse, nous parvînmes à Accon en peu de jours et sans avoir rencontré aucun obstacle. Le roi d'Accon craignant que nous ne missions le siége devant cette ville, et voulant nous en détourner, jura au comte que « si nous prenions la ville de Jérusalem, « ou bien si nous demeurions vingt jours dans le pays « de Judée, sans que le roi de Babylone nous vînt « faire la guerre, ou bien encore si nous pouvions rem-« porter la victoire sur lui, il se rendrait à nous et « nous livrerait sa ville, et qu'en attendant il demeu-« rerait notre ami. » Étant donc partis d'Accon un jour, vers le soir, nous allâmes établir notre camp à côté des marais qui sont situés tout près de Césarée. Tandis que, selon l'usage, les uns se promenaient en dehors du camp pour chercher ce dont ils avaient besoin, et que d'autres s'informaient auprès de ceux qu'ils connaissaient des lieux où s'étaient établis leurs compagnons, un pigeon qui volait au dessus de l'armée, mortellement blessé par un épervier, vint tomber au milieu des nôtres. L'évêque d'Agde l'ayant pris, trouva une lettre que cet oiseau transportait, et qui était conçue à peu près en ces termes : « Le roi « d'Accon au duc de Césarée. Une race de chiens a « passé chez moi, race folle et querelleuse, à laquelle, « si tu aimes ta loi, tu dois chercher à faire beaucoup « de mal, tant par toi que par les autres. Si tu le veux « tu le pourras facilement. Fais savoir ces mêmes choses « dans les autres villes et dans les châteaux. » Le matin nous ordonnâmes à l'armée de se rassembler, et nous fîmes connaître le contenu de cette lettre aux princes et à tout le peuple, et nous leur fîmes voir combien Dieu se montrait rempli de bonté pour eux, puisque les oiseaux même ne pouvaient traverser les airs pour nous faire du mal, et venaient au contraire nous livrer les secrets de nos ennemis. En conséquence nous célébrâmes les louanges du Dieu tout-puissant et nous lui offrîmes nos actions de grâce. Nous partîmes de là avec autant de sécurité que de joie, beaucoup d'hommes marchaient avec la première portion de l'armée, et nous nous avancions avec la dernière.

Lorsque les Sarrasins qui habitaient à Ramla, eurent appris que nous venions de traverser un fleuve situé dans le voisinage, ils abandonnèrent leurs fortifications et leurs armes, et laissèrent derrière eux beaucoup de froment dans leurs greniers et toutes les récoltes qu'ils avaient déjà ramassées. Nous arrivâmes en cette ville le jour suivant, et nous reconnûmes que Dieu combattait réellement pour nous. Aussi nous offrîmes nos vœux à saint George, et, comme il s'était déclaré notre guide, les princes et le peuple jugèrent convenable d'élire en ce lieu un évêque, parce que c'était la première église que nous rencontrions sur la terre d'Israël, et en outre afin que le bienheureux George voulût bien intercéder pour nous auprès de Dieu, et nous conduire fidèlement à travers la terre de sa résidence. Ramla est située à seize milles de Jérusalem. Là nous eûmes une conférence, et les uns disaient : « N'allons pas « pour le moment à Jérusalem, allons plutôt vers l'É- « gypte et Babylone, si nous pouvons par la grâce de « Dieu remporter la victoire sur le roi d'Égypte, alors « nous conquerrons non seulement Jérusalem, mais « encore Alexandrie, Babylone et plusieurs autres « royaumes ; que si nous allons maintenant à Jéru- « salem et si nous abandonnons ensuite le siége, faute

« d'y trouver de l'eau en quantité suffisante, nous ne
« réussirons ni dans cette entreprise ni dans les sui-
« vantes. » Mais les autres répondaient : « Il y a tout
« au plus dans l'armée quinze cents chevaliers, et le
« nombre des hommes de pied armés n'est pas grand.
« Comment peut-on conseiller que nous entrions dans
« des pays inconnus et très-éloignés, où nous ne pour-
« rons recevoir aucun secours de notre race, et que
« nous n'allions pas prendre la Cité sainte, sans compter
« que nous ne pourrons prendre position en ces lieux
« ni en revenir quand il sera nécessaire? N'en faisons
« rien; suivons notre route, et quant au siége, à la
« soif et à la faim et autres maux que vous redoutez,
« que Dieu y pourvoie pour ses serviteurs. » Ayant
donc laissé une garnison avec le nouvel évêque dans
le château de Ramla, nous chargeâmes les bœufs et
les chameaux, toutes les bêtes de somme et les chevaux, et nous remîmes en route pour Jérusalem.
Mais nous oubliâmes et nous dédaignâmes l'ordre que
Pierre Barthélemi nous avait donné, de ne nous approcher de Jérusalem, à deux lieues de cette ville,
qu'en marchant les pieds nus, car chacun voulait de-
vancer tous les autres, entraîné par son ardeur à
s'emparer des châteaux et des maisons de campagne,
attendu qu'il était d'usage parmi nous, lorsque quelqu'un était arrivé le premier à un château ou à une
maison de campagne et y avait dressé sa bannière et
placé des gardes, que nul autre après lui ne cherchât
à s'en emparer. Poussés par cette espérance, les pélerins se levaient au milieu de la nuit sans attendre
leurs compagnons, et ce fut ainsi qu'ils prirent possession de toutes les montagnes et des maisons de cam-

pagne situées dans la plaine du Jourdain. Un petit nombre d'hommes, à qui les ordres de Dieu étaient plus précieux, s'avançaient marchant pieds nus et gémissaient profondément sur cette désobéissance à la parole du Seigneur, et cependant nul ne détournait son compagnon ou son ami de ces expéditions ambitieuses. Lorsque nous fûmes arrivés auprès de Jérusalem, marchant ainsi dans notre orgueil, les Sarrasins sortant de la ville et s'avançant à la rencontre de ceux des nôtres qui se présentèrent les premiers, blessèrent grièvement des hommes et des chevaux, et ce jour-là vit tomber trois ou quatre hommes morts, et il y eut beaucoup de blessés.

Le duc, le comte de Flandre et le comte de Normandie assiégèrent la ville du côté du nord, et occupèrent l'espace qui s'étend depuis l'église de Saint-Étienne, située au nord vers le milieu de la ville, jusqu'à la tour qui fait l'angle et se trouve tout près de la tour de David. Le comte s'établit avec son armée du côté de l'occident depuis le terrain qu'occupait le duc jusqu'à la descente de la montagne de Sion ; mais comme ses hommes ne pouvaient s'avancer de plein-pied pour attaquer les murs de la ville, attendu qu'ils en étaient séparés par une vallée, le comte résolut de prendre une autre position. Un jour donc, le comte ayant tourné la ville et étant arrivé sur la montagne de Sion, et ayant vu l'église et entendu rapporter les miracles que Dieu avait opérés en ce lieu, dit aux princes et à ceux qui étaient avec lui :
« Si nous abandonnons les objets sacrés que Dieu
« nous présente en ce lieu, et si par la suite les Sar-
« rasins s'en emparent, que sera-ce de nous, sur-

« tout s'ils les souillent ou les détruisent en haine de « nous? Qui sait si Dieu ne nous donne pas ces choses « pour nous tenter et pour éprouver à quel point nous « l'aimons? Je sais du moins ceci d'une manière cer- « taine, que si nous ne conservons ces objets précieu- « sement, Dieu ne nous livrera point ceux qui sont « dans l'intérieur de la ville. » En conséquence, et malgré l'opposition des princes, le comte donna l'or- dre de transférer ses tentes en ce lieu, ce qui excita tant de déplaisir parmi les autres, qu'ils ne voulaient ni prendre position, ni faire le service de surveil- lance pendant la nuit; chacun demeura au lieu où il s'était d'abord établi, et il n'y en eut qu'un petit nombre qui voulussent marcher à la suite du comte. Celui-ci, en distribuant de grandes récompenses, attira de jour en jour à son service des chevaliers et des hommes de pied qu'il engageait pour défendre son nouveau camp. Les objets sacrés qu'on trouva dans cette église sont les sépulcres du roi David, de Salo- mon et du premier martyr saint Étienne : c'est de là que la bienheureuse Vierge Marie partit pour s'élancer hors de ce monde; là le Seigneur célébra la cène, et, ressuscitant parmi les morts, apparut à ses disciples et à Thomas; là encore les apôtres reçurent le feu divin par l'envoi du Saint-Esprit.

Ayant donc établi le siége de ce côté, un jour que les princes étaient venus visiter un ermite sur la mon- tagne des Oliviers, celui-ci leur dit : « Si demain vous « assiégez la ville jusqu'à la neuvième heure, le Sei- « gneur vous la livrera. » Et comme ils lui répondi- rent : « Nous n'avons pas de machines pour attaquer « les murailles, » l'ermite leur dit alors : « Dieu est

« tout-puissant, et s'il le veut, il escaladera une mu-
« raille avec une échelle de jonc. Le Seigneur est tou-
« jours près de ceux qui travaillent pour la vérité. »
Ayant en conséquence préparé toutes les machines
qui purent être disposées pendant la nuit, le lendemain ils attaquèrent la ville depuis le matin jusqu'à
la troisième heure avec une si grande vigueur, que les
Sarrasins se virent forcés d'abandonner le mur intérieur; car les nôtres détruisirent les ouvrages avancés,
et quelques-uns d'entre eux montèrent même jusque
sur les murs intérieurs. La ville était donc au moment
d'être prise, lorsque la crainte et la faiblesse se glissèrent
dans les cœurs des nôtres ; ils renoncèrent à leur entreprise, et alors nous perdîmes un grand nombre
d'hommes. Le lendemain on ne recommença point l'attaque.

Après cela tous se répandirent dans la contrée en-
vironnante pour chercher des vivres ; on ne parla
pas même de rassembler les matériaux nécessaires
pour attaquer et prendre la ville, chacun ne songea
qu'à son ventre et à sa gueule, et ce qui est encore
bien plus mauvais, on n'invoquait point le Seigneur afin
qu'il nous délivrât de tous les maux sous lesquels nous
étions mortellement accablés. Avant notre arrivée les
Sarrasins avaient bouché les puits, vidé les citernes
et obstrué les canaux naturels des sources. Déjà le
Seigneur lui-même avait changé les fleuves en déserts, et des sources d'eau en des lieux arides à cause
de la malice des habitans[1]; aussi était-on réduit à faire
les plus grands efforts pour chercher de l'eau. Il y a
au pied de la montagne une source qu'on appelle la

[1] Psaume 106, v. 33.

piscine de Siloé, source considérable, mais qui ne coulait que de trois en trois jours. Les habitans disaient qu'elle ne coulait que le sixième jour de la semaine, et que les autres jours il y avait comme un marais tout autour. Nous ignorons ce qui en était, si ce n'est que telle était la volonté de Dieu. Mais lorsque l'eau coulait pour nous, ainsi que nous l'avons déjà dit, chaque troisième jour on s'élançait avec une telle impétuosité et une telle presse pour la puiser, que les hommes s'y précipitaient les uns les autres, et qu'il y périssait beaucoup de bêtes de somme et de bétail. La source étant ainsi remplie, et de ceux qui y tombaient, et des cadavres d'animaux, les hommes les plus forts se livraient des combats à mort sur le point où l'eau sortait à travers une fente de rocher, et les hommes faibles ne laissaient pas d'enlever l'eau la plus malpropre. On voyait un grand nombre de malades couchés autour de la source ; ne pouvant élever la voix, tant leur langue était desséchée, et ouvrant seulement la bouche, ils tendaient les mains à ceux qu'ils voyaient emporter de l'eau. Dans les champs, les chevaux, les mulets, les bœufs et la plupart des bestiaux demeuraient immobiles, ne pouvant faire un seul pas ; et lorsqu'enfin ils étaient épuisés et desséchés par la force de leur soif, ils tombaient roides aux lieux où ils étaient long-temps demeurés, en sorte que le camp était infecté de puanteur. Dans cette malheureuse situation on envoyait au loin, et à des fontaines situées à deux ou trois lieues, pour y chercher de l'eau et faire abreuver les animaux. Mais lorsque les Sarrasins eurent appris que nos hommes allaient de tous côtés sans armes pour chercher des sources, ils se mirent à leur tendre des embûches au milieu de ces montagnes extrêmement ardues, tuèrent ou firent prisonniers autant d'hommes qu'ils voulurent, et leur enlevèrent en outre leurs bêtes de somme et leurs bestiaux. Aussi lorsque quelqu'un parvenait à apporter de l'eau jusqu'au camp, il la vendait tout ce qu'il voulait, et cinq ou six écus ne suffisaient pas pendant une journée à un homme qui avait soif et qui voulait boire de l'eau claire. Quant au vin il n'en était jamais question ou du moins très-rarement, et la chaleur, la poussière et le vent mettaient enfin le comble aux maux que causait cette disette d'eau. Mais pourquoi parler plus longuement de ces choses? Peu d'hommes cependant se souvenaient de Dieu ou prenaient soin de faire des choses qui eussent été utiles pour assiéger la ville, ou pour provoquer la miséricorde de Dieu. Et comme nous ne reconnaissions point Dieu au milieu de nos afflictions, Dieu ne se montrait point favorable à des ingrats.

Sur ces entrefaites des messagers vinrent annoncer que neuf de nos navires avaient abordé à Joppé, et que les matelots demandaient qu'on leur envoyât du secours afin que l'on pût garder la tour de Joppé, et qu'eux-mêmes pussent demeurer en sécurité dans le port. Joppé est une ville détruite à l'exception de sa citadelle, et celle-ci même est à peu près ruinée, et il n'y reste qu'une tour en bon état. Mais il y a un port qui n'est éloigné de Jérusalem que d'une journée de marche, et c'est le point où la mer est le plus près de Jérusalem. En apprenant l'arrivée de ces navires, tous les nôtres furent remplis de joie, et le comte leur envoya Geldemar surnommé Charpenel, avec vingt chevaliers et environ cinquante hommes de pied, et après lui il fit partir Raimond Pelet avec cinquante chevaliers, et Guillaume de Sabran suivi de ses compagnons. Geldemar étant arrivé dans les plaines qui sont en deçà de Ramla, rencontra quatre cents Arabes et deux cents Turcs environ. Ayant alors disposé ses chevaliers en raison de leur petit nombre, et mis ses arche en première ligne, il s'avança sans hésitation vers les ennemis, mettant toute sa confiance en Dieu. Les ennemis, espérant qu'il leur serait possible de l'enlever lui et ses hommes, voltigeaient, lançaient des flèches et l'enveloppaient. Du côté de Geldemar trois ou quatre chevaliers succombèrent, entre autres Achard de Montmerle, très-noble jeune homme et illustre chevalier; d'autres furent blessés; tous les archers périrent, et les ennemis de leur côté perdirent beaucoup de monde. Cependant ceux-ci continuaient toujours à se battre, et nos valeureux chevaliers ne désespéraient pas de la miséricorde de Dieu; s'enflammant de plus en plus par leurs blessures et à l'aspect même de la mort, ils pressaient les ennemis avec un acharnement d'autant plus grand qu'ils en avaient reçu de plus grands maux. Mais tandis que nos chefs épuisés par leurs fatigues plutôt qu'abattus par la crainte cherchaient enfin les moyens d'éviter un plus long combat, on vit s'élever au loin un nuage de poussière, et Raimond Pelet arriva en toute hâte et s'élança dans la mêlée. La poussière qu'il avait soulevée était telle, que les ennemis crurent qu'il menait à sa suite un bien plus grand nombre de chevaliers. Ainsi par la grâce de Dieu les nôtres furent délivrés et les ennemis vaincus et mis en fuite;

on leur tua deux cents hommes environ, et on leur enleva de riches dépouilles, car les hommes de ces diverses nations sont dans l'usage, lorsqu'ils prennent la fuite et se sentent serrés de près par leurs ennemis, de jeter d'abord leurs armes, ensuite leurs vêtemens et enfin leurs selles. A la suite de ce combat nos chevaliers, quoique en petit nombre, massacrèrent une grande quantité d'ennemis, jusqu'à en être fatigués, et ils enlevèrent les dépouilles des autres. Lorsqu'ils eurent rassemblé et partagé leur butin, nos chevaliers se rendirent à Joppé où les matelots les accueillirent avec de tels transports de joie, et furent dès lors en une si grande sécurité, qu'ils oublièrent leurs navires et négligèrent toute surveillance du côté de la mer. Ils firent part aux arrivans du pain, du vin et des poissons qu'ils avaient apportés avec eux. Mais tandis que les matelots, se livrant à leur allégresse et à leur sécurité, ne prenaient aucun soin de veiller pendant la nuit, ils se trouvèrent une nuit enveloppés à l'improviste et au milieu de la mer par les ennemis. Ayant reconnu au point du jour qu'ils ne pouvaient se battre contre une si grande multitude, ils abandonnèrent leurs navires emportant seulement tout le butin, et ainsi vainqueurs et vaincus retournèrent à Jérusalem. Un seul de ces navires était allé chercher du butin et ne fut pas pris : lorsqu'il revint chargé de riches dépouilles, ayant vu les autres vaisseaux enveloppés par la flotte ennemie, il fit force de voiles et de rames, retourna à Laodicée et raconta à nos compagnons et à nos amis ce qui nous était arrivé dans les environs de Jérusalem.

Nous reconnûmes cependant que tous ces maux

nous étaient survenus bien justement, puisque nous refusions d'ajouter foi aux paroles qui nous étaient adressées de la part de Dieu. Désespérant de la miséricorde divine, les Chrétiens descendaient dans les plaines du Jourdain, cueillaient des dattes et se faisaient baptiser dans les eaux du fleuve, principalement dans l'intention de se rendre à Joppé après avoir vu Jérusalem et en abandonnant le siége, et de chercher ensuite une manière quelconque de repartir. Mais le Seigneur, en disposant des navires, se déclara contre ceux qui ne croyaient point en lui.

A cette époque nous eûmes des conférences, parce que les princes ne s'entendaient point entre eux. Là on porta plainte contre Tancrède de ce qu'il s'était emparé de Bethléem et avait fait dresser sa bannière sur l'église de la Nativité du Seigneur comme sur une maison ordinaire. On demanda aussi que l'un des princes fût élu roi et chargé de la garde de la ville, de peur que, si elle demeurait à tous en commun, après que le Seigneur nous l'aurait livrée, elle ne fût gardée par personne, et que tous, au contraire, ne concourussent à la détruire. Mais les évêques et le clergé répondirent à cette demande : « Qu'il ne fallait pas élire
« un roi là où le Seigneur avait souffert et porté la
« couronne d'épines. Que si quelqu'un disait dans son
« cœur : Je suis assis sur le trône de David, et je pos-
« sède son royaume, héritier dégénéré de la foi et de
« la sagesse de David, Dieu le ferait peut-être voler
« au loin et s'irriterait contre lui-même et contre sa
« race. Qu'en outre le prophète s'était écrié, disant :
« Lorsque le Saint des Saints sera venu, toute onc-
« tion cessera ; et qu'il était évident aux yeux de toutes

« les nations que ce temps était arrivé. Qu'ainsi l'on
« n'avait qu'à élire un délégué qui serait chargé de la
« garde de la ville, et distribuerait entre ceux qui
« l'assisteraient les tributs et les revenus de la con-
« trée. » Ces motifs et d'autres encore firent ajourner
l'élection, et elle fut différée jusqu'à huit jours après
la prise de Jérusalem. Et ce ne fut pas seulement cette
chose, mais d'autres encore qui ne nous réussirent
pas ; et de jour en jour les fatigues et les tribulations
du peuple allaient croissant.

Enfin Dieu, miséricordieux et favorable à cause de
son cœur, et aussi afin que nos adversaires n'insul-
tassent pas à sa loi, disant : « Où donc est leur Dieu ? »
nous fit connaître par l'évêque du Puy, le seigneur
Adhémar, comment nous pourrions apaiser sa colère
et obtenir miséricorde. Nous cependant nous ordonnâmes de faire ces choses sans proclamer les ordres
du Seigneur, de peur que le peuple, s'il négligeait de
s'y conformer, ne devînt encore plus coupable et ne
fût frappé de nouvelles afflictions. Car le Seigneur avait
tant de bontés pour nous, qu'il nous envoyait ses messagers ; mais comme ceux-ci étaient choisis parmi nos
frères, on ne les croyait pas. L'évêque donc parla à
Pierre Didier, disant : « Va parler aux princes et à tout
« le peuple, et dis-leur : Vous qui êtes venus ici de
« pays si éloignés pour adorer Dieu et le Seigneur des
« armées, sanctifiez-vous de vos souillures, et que
« chacun renonce à ses œuvres de dépravation. Après
« cela, faites le tour de la ville de Jérusalem pieds nus
« et invoquant Dieu, et jeûnez. Si vous faites ainsi,
« et si vous attaquez Jérusalem avec vigueur pendant
« neuf jours, vous la prendrez. Autrement le Seigneur

« multipliera sur vos têtes tous les maux que vous avez
« déjà soufferts. »

Le prêtre ayant rapporté ces choses au frère de l'évêque Guillaume Hugues, au comte Isoard son seigneur, et à quelques hommes du clergé, ceux-ci rassemblèrent le conseil des princes et tout le peuple, et leur dirent : « Hommes frères, vous connaissez les
« motifs de notre voyage et des fatigues que nous
« avons supportées, et cependant nous nous condui-
« sons avec une telle négligence que non seulement
« nous ne cherchons point à nous procurer les choses
« nécessaires pour attaquer et prendre la ville, mais
« même nous ne prenons aucun soin de nous récon-
« cilier avec Dieu que nous avons tous offensé si
« souvent et en tant de manières, et que nous avons
« rejeté bien loin de nous par nos œuvres dépra-
« vées. Maintenant donc, si cela vous paraît conve-
« nable, que chacun se réconcilie avec celui de ses
« frères qu'il a offensé, et que le frère pardonne au
« frère avec bonté. Après cela humilions-nous de-
« vant Dieu, faisons le tour de la ville de Jérusalem
« pieds nus, et implorons la miséricorde de Dieu par
« l'intercession des saints, afin que ce Dieu tout-
« puissant, qui s'est revêtu de chair pour nous et au
« milieu de nous ses serviteurs, détruisant ainsi les
« formes de sa puissance, qui, humblement assis sur
« un âne, est entré dans cette ville afin de souffrir
« pour nous sur la croix le supplice de la mort, tandis
« que la foule se précipitait en procession à sa ren-
« contre et lui rendait honneur ; afin, disons-nous,
« que ce Dieu tout-puissant nous ouvre la ville pour
« l'honneur et la gloire de son nom, et nous accorde à

« tous d'entrer en jugement avec ses ennemis et les
« nôtres, lesquels ont usurpé dans leur indignité et
« souillé le lieu de sa passion et de sa sépulture, et
« font tous leurs efforts pour nous dépouiller du bien-
« fait de l'humiliation divine et de notre rédemption. »
Ces paroles furent agréables aux princes et à tout le
peuple; en conséquence, on ordonna publiquement
que le sixième jour de la semaine qui était prochain,
les clercs eussent à se préparer à faire une procession avec leurs croix et les reliques des saints, et
que tous les chevaliers et les hommes forts les suivis-
sent avec leurs trompettes et leurs bannières, marchant pieds nus et portant leurs armes.

Nous exécutâmes donc toutes ces choses avec joie,
conformément aux ordres de Dieu et des princes. Nous
nous rendîmes sur la montagne des Oliviers, et lorsque nous fûmes arrivés au lieu d'où le Seigneur monta
aux cieux après sa résurrection, nous prêchâmes devant le peuple, disant : « Puisque nous avons suivi le
« Seigneur jusqu'au lieu de son ascension, et que nous
« ne pouvons le suivre plus loin, que chacun pardonne
« à son frère qui l'a offensé, afin que Dieu nous de-
« vienne favorable. » Tous en effet pardonnèrent, et
faisant de grandes aumônes, ils imploraient la miséricorde de Dieu, lui demandant de ne pas abandonner
son peuple au dernier moment, après l'avoir conduit
jusque-là glorieusement et miraculeusement. Dieu
fut touché de compassion, car tout ce qui nous avait
été contraire jusqu'alors se tourna à notre plus grand
avantage.

Si j'omets ici beaucoup de choses, il en est une cependant que je ne veux point passer sous silence. Tan-

dis que nous faisions le tour de la ville en dehors dans tout l'appareil d'une procession, les Sarrasins et les Turcs nous suivaient dans l'intérieur, nous adressant toutes sortes de railleries, attachant des croix à des potences sur leurs murailles, et les accablant ensuite d'insultes et de coups. Nous vîmes ces insultes de près, et comptant sur la miséricorde de Dieu, nous pressâmes nos travaux de nuit comme de jour, afin de nous rendre maîtres de la ville. Le duc et les comtes de Normandie et de Flandre avaient chargé Gaston de Béarn de diriger les ouvriers qui construisaient les machines, tressaient les claies et travaillaient aux chaussées pour attaquer les remparts. Ce Gaston, prince d'une grande noblesse, était honoré de tout le monde à cause de ses services et de sa vaillance; en cette occasion il distribua avec sagacité entre les ouvriers le travail que les princes lui avaient confié, et le dirigea avec beaucoup de sagesse et d'activité. Les princes s'occupaient exclusivement du soin de faire transporter les bois nécessaires, et Gaston s'employait avec sollicitude à faire construire les machines dont on avait besoin. Le comte Raimond avait aussi chargé Guillaume Richard de diriger ses ouvriers sur la montagne de Sion, et l'évêque d'Albar de veiller sur les Sarrasins et les autres hommes qui transportaient du bois. Je dis les Sarrasins, car les hommes du comte avaient pris beaucoup de châteaux et de maisons de campagne, et faisaient travailler des Sarrasins comme des esclaves; ils se mettaient cinquante ou soixante, et transportaient ainsi sur leur cou une poutre énorme que quatre paires de bœufs n'auraient pu traîner, et qui servait ensuite à la construction des machines. En un mot

chacun travaillait avec le même zèle et la même bonne volonté, soit aux constructions, soit aux autres ouvrages auxquels il pouvait être employé, nul ne se montrait paresseux, et l'on ne refusait les services de personne. Tous travaillaient gratis et de plein gré, à l'exception des ouvriers à qui l'on donnait un salaire sur le produit des collectes que l'on avait faites parmi le peuple. Mais le comte payait ce qu'il devait à ses ouvriers sur ses propres revenus. Certainement la main du Seigneur travaillait aussi et aidait à ceux qui travaillaient. Tous nos préparatifs ayant été terminés en peu de temps, et nos machines se trouvant prêtes, les princes tinrent conseil et dirent : « Que tout homme
« se dispose à combattre le cinquième jour de la se-
« maine : en attendant donnons nos soins aux prières,
« aux veilles et aux aumônes. Vous fournirez vos bêtes
« de somme, afin qu'avec nos ouvriers et nos bûche-
« rons elles transportent des poutres, des perches,
« des pieux et de petites branches pour faire des claies.
« Que les chevaliers se mettent deux à deux pour
« faire une claie recourbée ou une échelle. Et n'hé-
« sitez point à travailler pour Dieu, car dans peu de
« temps il mettra un terme à vos travaux. » Toutes ces propositions furent acceptées avec empressement, et l'on décida ensuite lesquels des princes devaient, avec les gens de leur nation, attaquer chacune des parties de la ville qui furent désignées, et en quels lieux devaient être dressées telles ou telles machines.

Les Sarrasins enfermés dans la ville, voyant la grande quantité de machines que nous construisions, firent de tels travaux sur les points les plus faibles de leurs murailles, que quelques-uns des nôtres désespérèrent de pouvoir les attaquer avec succès. Le jour fixé pour l'assaut s'approchait. Le duc, le comte de Flandre et le comte de Normandie, voyant les nombreux et grands travaux de fortifications que les Sarrasins avaient faits pour les opposer à nos entreprises, transportèrent pendant toute la nuit leurs machines, leurs claies et leurs autres instrumens de guerre vers cette partie de la ville qui s'étend depuis l'église du bienheureux Étienne jusqu'à la vallée de Josaphat. Vous tous qui lirez ceci, ne croyez point que ce fût un petit travail ou une entreprise insignifiante. Il y avait presque un mille de distance depuis le lieu d'où les machines toutes démontées étaient transportées, pièce par pièce, jusqu'à celui où on les remontait de nouveau. Le matin venu, les Sarrasins furent frappés de stupeur en voyant que, dans l'espace de la nuit, on avait transporté sur ce point tous les instrumens de guerre et toutes les tentes, et les nôtres même n'éprouvèrent pas une moindre surprise. Là, tout fidèle put reconnaître d'une manière évidente que la main de Dieu était avec nous. Ce changement fut fait d'abord parce que la nouvelle position était plus en plaine et offrait par conséquent plus de facilité pour pousser les instrumens de guerre contre les murailles, car on ne pouvait les mouvoir que sur un terrain plat ; et en second lieu, parce qu'on reconnut que ce côté de la ville était plus faible : comme il se trouvait plus éloigné de notre camp, du côté du septentrion, les assiégés n'y avaient pas fait de nouveaux travaux de défense.

Dans le même temps le comte et les siens travaillaient avec non moins d'ardeur sur la montagne de

Sion, qui se trouve au midi de la ville. Il avait alors beaucoup d'hommes pour l'aider, savoir Guillaume Richard, et avec lui tous les marins Génois, qui, comme je l'ai dit, avaient perdu leurs navires devant Joppé. Ils en avaient retiré les cordes; leurs marteaux en fer, leurs clous, leurs scies, leurs doloires et leurs haches et instrumens nous furent dans la suite infiniment utiles.

Mais pourquoi m'arrêter plus long-temps à ces détails? Le jour assigné pour le combat étant arrivé, on commença l'assaut. Voici le seul fait que je veuille rapporter avant d'aller plus loin. Selon l'opinion de beaucoup de personnes et la nôtre, il y avait alors dans l'intérieur de la ville jusqu'à soixante mille hommes de guerre, indépendamment des petits enfans et des femmes, dont le nombre était incalculable. Les nôtres, autant que nous pouvons l'évaluer, n'étaient pas plus de douze mille hommes en état de porter les armes, mais nous avions beaucoup d'hommes faibles et de pauvres, et il y avait dans notre armée douze à treize cents chevaliers, à ce que je crois, et pas davantage. Nous disons ces choses afin que vous compreniez que, soit que l'on entreprenne de grandes ou de petites choses, ce que l'on entreprend au nom du Seigneur n'est jamais entrepris en vain; et les pages qui vont suivre serviront à le prouver.

Dès que les nôtres commencèrent à menacer les tours et les murailles, on vit voler de tous côtés des pierres lancées par les machines et les pierriers, et des flèches innombrables comme la grêle. Mais les serviteurs de Dieu supportèrent patiemment ces maux, ayant résolu dans leur foi ou de succomber, ou de se venger en ce jour de leurs ennemis. On combattait donc sans que rien annonçât la victoire. Lorsque les nôtres se furent approchés des murailles avec leurs machines, les assiégés se mirent à lancer non seulement des pierres et des flèches, mais encore du bois et de la paille, avec du feu par dessus; puis ils jetèrent sur les machines des marteaux en bois enveloppés de poix, de cire, de soufre, d'étoupes et de petits chiffons enflammés, et ces marteaux étaient garnis de clous de tous côtés, en sorte que sur quelque point qu'ils tombassent, ils s'y attachaient aussitôt et s'embrasaient ensuite. Les assiégés jetaient ainsi du bois et de la paille, afin que la flamme arrêtât du moins ceux que ne pouvaient arrêter ni le glaive ni la vue de ces hautes murailles, ni les fossés profonds qui les en séparaient. On combattit ce jour-là depuis le lever jusqu'au coucher du soleil, et d'une manière tellement admirable que je ne crois pas qu'on ait jamais rien fait de plus étonnant. Nous invoquions encore le Dieu tout-puissant notre chef et notre guide, remplis de confiance en sa miséricorde, lorsque la nuit survint et redoubla les craintes que l'on éprouvait dans les deux camps opposés. Les Sarrasins redoutaient que les nôtres ne prissent possession de la ville pendant la nuit, ou que du moins le jour suivant, après avoir renversé les ouvrages avancés et comblé les fossés, ils ne parvinssent plus facilement à se rendre maîtres des murailles. Les nôtres, de leur côté, ne redoutaient qu'une seule chose, savoir, que les Sarrasins ne trouvassent quelque moyen d'incendier les machines qu'on avait rapprochées d'eux, et de prendre de nouvelles forces à la suite de cet événement. En conséquence, des deux côtés on veilla pour se garder, on travailla, et l'on fut en proie aux sollicitudes qui chassent le sommeil. D'un côté était une espérance positive, de l'autre une crainte agitée. Les uns, portés de bonne volonté, travaillaient à l'œuvre de Dieu pour prendre la ville ; les autres, combattant pour la loi de Mahomet, étaient forcés de travailler à l'œuvre de la résistance. Vous ne sauriez croire les efforts prodigieux et de toute espèce qui furent faits durant cette nuit des deux côtés. Le matin venu, les nôtres furent saisis d'une telle ardeur qu'ils s'avancèrent vers les murailles et y poussèrent leurs machines. Les Sarrasins en avaient fait de leur côté un si grand nombre qu'ils en opposaient neuf ou dix à chacune des nôtres et mettaient ainsi de grands obstacles à nos entreprises. Ce jour cependant était le neuvième que le prêtre avait indiqué comme celui où la ville devait être prise. Mais pourquoi m'arrêté-je plus long-temps? Déjà nos machines étaient toutes fracassées par le grand nombre de coups de pierres qu'elles avaient reçus, et nos hommes succombaient à l'excès de leur fatigue. Mais il restait encore la miséricorde de Dieu, toujours inexpugnable, qui n'a jamais été vaincue et qui se manifeste toujours en temps opportun au milieu des plus grandes tribulations.

Voici un fait que je ne veux pas passer sous silence. Tandis que deux femmes cherchaient à ensorceler l'un de nos pierriers, une pierre fortement lancée atteignit et mit en pièces ces deux femmes, ainsi que trois enfans, et chassant leurs ames de leurs corps, détourna les effets de leurs enchantemens.

Vers midi les nôtres étaient déjà tout en désordre

par suite de leur fatigue et du désespoir auquel ils se livraient ; car chacun d'eux avait en tête plusieurs adversaires, les murailles étaient en outre très-solides et élevées, et les ennemis avaient en leur faveur beaucoup de ressources et de circonstances propices qui les aidaient à se défendre et se tournaient contre nous. Entre cet affaiblissement des nôtres et cette élévation de nos adversaires s'avança comme médiatrice la miséricorde de Dieu qui convertit notre deuil en joie, et puisse-t-elle ne nous être jamais enlevée ! Tandis que quelques-uns des nôtres tenaient déjà conseil entre eux pour enlever leurs machines, dont les unes étaient détruites par le feu, les autres toutes brisées, un chevalier venant de la montagne des Oliviers et portant un bouclier s'avança vers ceux qui étaient avec le comte et vers les autres, pour les appeler à entrer dans la ville. Nous n'avons jamais pu savoir quel était ce chevalier. A cette vue les nôtres déjà tout languissans se ranimèrent et coururent vers les murailles, les uns portant des échelles, les autres lançant des cordes par dessus. Quelques jeunes gens allumèrent des flèches et les lancèrent tout embrasées sur les matelas qui garnissaient les redoutes que les Sarrasins avaient élevées en face de la tour en bois qui appartenait au duc et aux deux comtes. Ces matelas étaient remplis de coton. Le feu ayant pris mit en fuite ceux qui défendaient ce point. Alors le duc et ceux qui étaient avec lui rabattirent promptement la claie qui recouvrait la partie antérieure de la tour de bois depuis son sommet jusqu'à son milieu, et en ayant fait un pont, ils s'élancèrent avec une audace intrépide pour entrer dans la ville. Tancrède et le duc de Lorraine furent des premiers à entrer, et tout ce qu'ils répandirent de sang en cette journée est à peine croyable. Tous les autres montèrent à leur suite, et déjà les Sarrasins en étaient réduits à le souffrir.

Voici une chose étonnante qu'il faut aussi que je dise. Tandis que la ville était déjà comme prise par les Français, les Sarrasins résistaient encore à ceux qui étaient avec le comte, comme s'ils n'eussent jamais dû être vaincus. Mais comme les nôtres étaient déjà en possession des remparts et des tours, on put voir dès lors des choses admirables. Parmi les Sarrasins, les uns étaient frappés de mort, ce qui était pour eux le sort le plus doux; d'autres percés de flèches se voyaient forcés de s'élancer du haut des tours; d'autres encore, après avoir longuement souffert, étaient livrés aux flammes et consumés par elles. On voyait dans les rues et sur les places de la ville des monceaux de têtes, de mains et de pieds. Les hommes de pied et les chevaliers ne marchaient de tous côtés qu'à travers les cadavres. Mais tout cela n'était encore que peu de chose, si nous en venons au temple de Salomon, où les Sarrasins avaient coutume de célébrer les solennités de leur culte. Qu'arriva-t-il en ces lieux? Si nous disons la vérité, nous ne pourrons obtenir croyance. Qu'il suffise de dire que dans le temple et dans le portique de Salomon, on marchait à cheval dans le sang jusqu'aux genoux du cavalier et jusqu'à la bride du cheval. Juste et admirable jugement de Dieu, qui voulut que ce lieu même reçût le sang de ceux dont les blasphèmes contre lui l'avaient si long-temps souillé. La ville se trouvant ainsi remplie de cadavres et inondée de sang, quelques Sarrasins se réfugièrent dans la tour de David, et ayant demandé au comte Raimond de leur garantir leur sécurité par sa droite, ils lui rendirent cette citadelle.

Après la prise de la ville, il était beau de voir avec quelle dévotion les pélerins se rendaient au sépulcre du Seigneur, battant des mains, se livrant aux transports de leur joie, et chantant un cantique nouveau au Seigneur. Leurs cœurs offraient au Dieu vainqueur et triomphant des tributs de louanges qui ne peuvent se raconter. Un nouveau jour, des transports de joie tout nouveaux, une allégresse toute nouvelle et à jamais durable, enfin le terme et la consommation de cette entreprise et des vœux du peuple, tout cela imposait à tous les Chrétiens des paroles nouvelles, un cantique nouveau. Ce jour, à jamais célèbre dans tous les siècles à venir, changea toutes nos douleurs et nos fatigues en joie et en transports d'allégresse : ce jour, dis-je, qui fut celui de l'affermissement de toute la chrétienté, de l'anéantissement du paganisme, du renouvellement de notre foi, *ce jour qu'à fait le Seigneur, réjouissons-nous et soyons pleins d'allégresse*[1], parce qu'en lui le Seigneur a brillé et a béni son peuple.

En ce jour le seigneur Adhémar évêque du Puy fut vu dans la ville par beaucoup de Chrétiens, et un grand nombre de personnes attestent qu'il fut le premier à monter sur la muraille, et invita ses compagnons et le peuple à monter après lui. En ce jour les Apôtres rejetés de Jérusalem avaient été dispersés dans le monde entier ; en ce même jour les enfans des Apôtres reconquirent leur ville et leur patrie pour Dieu et pour leurs

[1] Psaume 117, v. 23.

pères. Ce jour a rendu célèbres les ides de juillet[1], pour les louanges et la gloire du nom de Christ, qui a donné aux prières de son Église la ville et la patrie qu'il avait juré à leurs pères de lui accorder, et qui l'a rendue à leurs enfans en toute fidélité et en bénédiction. En ce jour nous célébrâmes l'office de la Résurrection, parce que celui qui était ressuscité avec puissance du milieu des morts, nous ressuscita par sa grâce en ce même jour. Que ce que je viens de dire suffise à mon récit.

Sept jours s'étant écoulés, le huitième les princes commencèrent à s'occuper solennellement d'élire parmi eux un roi qui prît soin de toutes choses, qui recueillît les tributs du pays, auquel le peuple se pût adresser, et qui pourvût à prévenir les maux que l'on pouvait redouter. Tandis qu'ils y travaillaient, quelques hommes du clergé se rassemblèrent et dirent aux princes : « Nous approuvons votre « élection, pourvu que vous la fassiez justement et « dans l'ordre convenable. Et comme les choses éter- « nelles passent toujours avant les choses temporelles, « de même choisissez d'abord un vicaire spirituel, et « après cela vous élirez celui qui aura à diriger les af- « faires de ce monde. Si vous ne faites pas ainsi, nous « pensons que votre élection sera nulle. » Les princes en entendant ces paroles s'en irritèrent extrêmement et continuèrent à s'occuper de leur élection. Le clergé se trouvait fort affaibli depuis la mort du seigneur Adhémar évêque du Puy, qui durant sa vie, nouveau Moïse, avait contenu notre armée, en la nourrissant des choses du ciel et des allocutions divines.

[1] Le 15 juillet 1099.

Après lui Guillaume d'Orange, homme et évêque de précieuse mémoire, avait voulu nous servir selon la mesure de ses forces; mais bientôt il reposa en paix dans la ville de Marrah. Les bons nous ayant été ainsi enlevés, le clergé, si l'on en excepte l'évêque d'Albar et quelques autres, se montra humble depuis ce moment, et l'évêque de Martorano, qui marcha autrement que dans la droite ligne, s'étant emparé frauduleusement de l'église de Bethléem, fut trois ou quatre jours après enlevé par les Sarrasins, et ne reparut plus parmi nous.

Les princes donc, dédaignant les remontrances et l'opposition des hommes du clergé, invitèrent le comte de Saint-Gilles à accepter la royauté. Mais il déclara qu'il aurait horreur de porter le nom de roi dans cette ville, ajoutant toutefois qu'il donnerait son consentement à l'élection de tout autre. En conséquence les princes élurent de la même manière le duc et le présentèrent devant le sépulcre du Seigneur. Après cela le duc demanda au comte la tour de David; mais celui-ci s'en défendit, disant qu'il voulait demeurer dans le pays jusqu'à Pâques et y être traité honorablement, de même que tous les siens. Le duc déclara qu'il renoncerait à tout le reste plutôt que de céder la tour, et il en résulta de fréquentes altercations. Les comtes de Flandre et de Normandie tenaient pour le duc, ainsi que presque tous les hommes du pays du comte, ceux-ci espérant qu'après qu'il aurait rendu la tour, ils pourraient s'en retourner avec lui. Et ce ne fut pas seulement en ce point que les Provençaux se montrèrent contraires à leur seigneur le comte; ils inventèrent en outre beaucoup d'imputations odieuses pour empêcher qu'il ne fût élu roi. Privé des conseils de ses compagnons et de ses amis, le comte, au lieu de s'exposer à un jugement, remit la tour entre les mains de l'évêque d'Albar, et celui-ci rendit la tour au duc sans attendre le jugement. L'évêque ayant été, pour ce fait, accusé de trahison, déclara qu'il avait été contraint et qu'on lui avait fait violence. J'ai découvert à ce sujet qu'il était vrai qu'on avait transporté une grande quantité d'armes dans la maison du patriarche, où l'évêque demeurait auprès de l'église du Seigneur; mais l'évêque parlait en outre d'une violence qui lui avait été faite, et très-souvent il en accusa en secret les gens même de la maison du comte. Lorsque la tour eut été livrée, le comte s'enflamma d'une grande colère contre tous les siens, disant qu'il était déshonoré et ne pouvait demeurer plus long-temps dans ce pays. Nous partîmes donc de Jérusalem pour Jéricho, et ayant pris des rameaux, nous nous rendîmes vers le Jourdain, et comme Pierre Barthélemi l'avait ordonné, nous fîmes un bateau d'osier, et y ayant placé le comte nous le transportâmes de l'autre côté, car n'ayant pas trouvé de navires, nous jugeâmes n'avoir rien de mieux à faire. Après cela nous le revêtîmes d'une chemise et d'une tunique neuve, faisant comme il nous avait été ordonné; mais nous ignorons encore pourquoi l'homme de Dieu nous avait prescrit ces choses [1].

Après cela nous retournâmes à Jérusalem. En ce même temps Arnoul, chapelain du comte de Nor-

---

[1] Les deux fragmens qui suivent ne sont probablement pas de Raimond d'Agiles; voir la *Notice*.

mandie, fut élu patriarche par quelques individus, malgré l'opposition des gens de bien, soit parce qu'il n'était pas sous-diacre, soit surtout parce qu'il était fils d'un prêtre, enfin, parce que pendant le voyage on l'avait accusé de mœurs déréglées, à tel point qu'on avait fait même à son sujet des chansons indécentes qui étaient devenues populaires. Cependant Arnoul ne redoutant point, dans l'entraînement de son ambition, les décisions canoniques, oubliant son origine et les reproches de sa conscience, souleva le peuple contre les hommes de bien et se fit élever au siége patriarchal, au milieu des hymnes et des chants et aux grands applaudissemens du peuple. La vengeance divine appesantie sur l'évêque de Martorano, qui avait été l'instigateur et le directeur de cette entreprise, ne put même effrayer Arnoul, et de plus on le vit sans cesse enlever des bénéfices aux clercs qui possédaient des autels dans l'église du Seigneur, ou auxquels on avait assigné des salaires pour quelque service de surveillance. S'étant emparé de ce pouvoir, Arnoul en vint à demander aux habitans de Jérusalem où était la croix que les pélerins avaient coutume d'adorer avant la prise de la ville. Les habitans nièrent d'abord et voulurent établir par serment et par d'autres moyens qu'ils n'en savaient rien; mais enfin ils furent forcés à l'avouer et dirent alors : « Il est évident que
« Dieu vous a choisi, qu'il vous a délivré de toutes
« les tribulations et vous concède cette ville et beau-
« coup d'autres encore. Ce n'est pas par la force de votre
« bras, mais dans sa colère que votre guide et votre
« Seigneur, aveuglant les impies, vous ouvre les villes
« les mieux fortifiées et livre pour vous de redoutables

« combats. Quelle ne serait pas notre obstination, en
« voyant le Seigneur avec vous, de persister à vous
« cacher ses bienfaits ? » Après cela, ils les conduisirent devant la porte d'une église, et creusant en terre ils leur rendirent la croix. Tous les nôtres se réjouirent, célébrèrent les louanges du Dieu tout-puissant et lui rendirent grâce, puisqu'il nous livrait non seulement la ville dans laquelle il a souffert, mais les insignes même de sa passion et de sa victoire, afin que nous pussions l'embrasser des bras de la foi, avec d'autant plus d'ardeur que nous verrions plus positivement devant nous les gages de notre salut.

Mais tandis qu'on venait de régler, ainsi que je l'ai déjà rapporté, que le duc de Lorraine posséderait la ville, tandis que le comte Raimond était accablé de douleur et de honte, après avoir perdu si promptement la tour de David, qui était comme la capitale de tout le royaume des Juifs, et se disposait en conséquence à repartir avec la plupart des gens de son pays, on nous apprit que le roi de Babylone était arrivé à Ascalon, suivi d'une multitude innombrable de Païens : il venait, nous disait-on, assiéger Jérusalem, mettre à mort tous les Francs de vingt ans et au dessus, et faire prisonniers tous les autres ainsi que les femmes, pour donner des hommes aux femmes de sa nation et des femmes aux jeunes gens, afin que les maîtres de Babylone eussent par la suite à leur service des familles belliqueuses de la race des Francs; non content de cela, il disait encore qu'il en ferait autant dans Antioche et contre Boémond, qu'il placerait sur sa tête la couronne de Damas et de beaucoup d'autres villes, ajoutant que les Turcs et les Francs vainqueurs des Turcs n'étaient rien en comparaison de la multitude de ses gens de pied et de ses chevaliers. Et non content encore de tout cela, il vomissait des blasphêmes contre Dieu, disant qu'il détruirait le lieu de la naissance du Seigneur, la crêche où il avait été couché, le lieu de la Passion et le Golgotha, où l'on disait qu'avait coulé le sang du Seigneur suspendu sur la croix, le lieu de la sépulture du Seigneur et tous les autres lieux saints situés dans la ville ou dans les environs, qui sont l'objet des respects du peuple Chrétien; qu'il les détruirait jusque dans leurs fondemens, qu'il retournerait la terre et en jeterait ensuite la poussière dans la mer, afin qu'il ne demeurât plus aucun souvenir du Seigneur que les Francs pussent désormais rechercher dans ces contrées.

Lorsqu'on nous eut rapporté toutes ces choses et beaucoup d'autres encore, au sujet de cette immense multitude qui accompagnait le tyran, lorsqu'on nous eut appris que tous étaient rassemblés à Ascalon, ville qui n'est éloignée de Jérusalem que d'une journée et demie de marche, nos princes et le clergé se réunirent, et tous se rendant pieds nus au sépulcre du Seigneur, faisant des prières et versant des larmes, implorèrent la miséricorde du Seigneur, le suppliant de délivrer son peuple qu'il avait jusqu'alors rendu vainqueur de tous ses ennemis, et, puisqu'il avait purifié le lieu de sa sanctification, de ne pas souffrir, à cause de son nom, que ce lieu fût de nouveau souillé. Après cela, marchant toujours pieds nus, chantant des psaumes et des hymnes, invoquant l'intercession des saints et la miséricorde de Dieu, nous nous rendîmes au temple du Seigneur, et là nous prosternant devant lui en corps et en esprit, afin qu'il se souvînt de la bénédiction qu'il avait répandue aux mêmes lieux, nous dîmes : « Si votre peuple a péché contre « vous, et se convertissant ensuite, fait pénitence et « vient prier en ce lieu, écoutez-le du haut des cieux, « Seigneur, et délivrez-le des mains de ses ennemis[1]. » Ensuite ayant reçu la bénédiction des évêques, les princes résolurent de se préparer à la guerre et de pourvoir à la sûreté de la ville.

Le duc partit donc avec ses chevaliers, afin de s'assurer plus positivement de la réalité des bruits que la renommée publiait au sujet de l'émir. Étant arrivé dans les plaines de Ramla, le duc renvoya aux comtes l'évêque de Martorano pour leur porter ses réponses. Ceux-ci étant alors assurés de la guerre, informèrent tous les vaillans hommes qui étaient demeurés dans la ville, de la nécessité de faire cause commune en cette occasion; et, adressant nos supplications à Dieu, prenant avec nous nos armes et la lance du Seigneur, nous partîmes de Jérusalem, et nous arrivâmes le même jour dans la plaine. Le lendemain nous nous réunîmes à l'armée, et nous nous avançâmes en plusieurs corps, qui se gardaient soigneusement de tous côtés. Le soir, lorsque nous fûmes arrivés auprès du fleuve situé sur la route de ceux qui vont de Jérusalem à Ascalon, nous y trouvâmes des Arabes qui faisaient paître en ces lieux des troupeaux innombrables de moutons, de bœufs et de chameaux. En voyant cette multitude d'hommes et d'animaux, les nôtres crurent qu'un combat allait s'engager, et pre-

---

[1] Rois, liv. III, chap. 8.

nant aussitôt leurs armes, deux cents chevaliers se portèrent en avant. Les autres armés aussi, comme je l'ai déjà dit, continuèrent à marcher en neuf corps. Il y en avait trois sur le derrière, trois à l'avant-garde et trois au centre; en sorte que de quelque côté que les ennemis vinssent nous attaquer, trois corps pussent toujours leur faire face, et les corps du milieu porter secours à tous ceux qui en auraient besoin. Les pasteurs Arabes, voyant nos chevaliers qui se portaient en avant, quittèrent leurs troupeaux, et comme si Dieu eût dû jeter ses regards sur eux de même que sur nous....[1], ils entreprirent de soutenir le combat contre nous tous. Il y avait du côté des Arabes environ trois mille hommes armés. Je crois pouvoir dire qu'il n'y avait pas plus de douze cents chevaliers dans notre armée, et je n'oserais évaluer la foule des gens de pied au delà de neuf mille hommes. Les bergers ayant été mis en fuite, nous leur enlevâmes un butin tel que nous n'en avions jamais vu jusqu'à ce jour; quelques-uns des Arabes furent tués et nous ne fîmes qu'un petit nombre de prisonniers. Après cette affaire nous demeurâmes dans le même lieu, parce qu'il était déjà tard. Alors nous forçâmes nos prisonniers à nous faire connaître les intentions des ennemis, leurs dispositions et leur nombre. Ils nous déclarèrent donc que leur volonté était d'assiéger Jérusalem, d'en expulser les Francs, de les tuer et de les faire prisonniers, et ils ajoutèrent que l'émir était campé à cinq lieues de là, et qu'il en partirait le lendemain pour marcher sur nous. Quant à la force de son armée, aucun d'eux n'en avait une idée précise,

---

[1] Il y a ici une lacune.

parce qu'elle s'augmentait de jour en jour. Interrogés ensuite sur eux-mêmes et sur leurs compagnons, ils dirent qu'ils étaient les bergers de ces troupeaux, qui devaient être distribués dans l'armée des Babyloniens pour leur salaire.

Assurés d'avoir à combattre et remplis de joie, les nôtres se remirent les uns aux autres leurs torts et offenses réciproques. Puis s'étant confessés de leurs péchés et de leurs omissions, ils se trouvèrent tellement fortifiés, qu'ils ne purent croire que leurs ennemis soutinssent le combat contre eux. Chacun trouvait dans le fond de son cœur une si grande sécurité, qu'il regardait les ennemis comme plus timides que les cerfs, plus faibles que les moutons. Cette sécurité était grande en nous, parce que nous croyions que Dieu était avec nous, et qu'en raison des blasphèmes proférés contre lui, il agirait pour sa propre cause, quand même la nôtre serait plus faible ; en sorte que, quant à nous, nous le regardions comme notre défenseur, et nous considérions, quant à lui, comme ses auxiliaires. On publia donc dans l'armée que tous eussent à se tenir prêts à combattre le lendemain, que chacun se soumît aux princes de son pays, que personne ne songeât au butin, et l'on prononça l'excommunication contre quiconque oserait toucher à quelque chose avant la fin de la bataille. Nous passâmes cette nuit assez misérablement ; nous n'avions point de tentes, peu de pain, point de vin, peu de grains et de sel, cependant de la viande en grande abondance ; en sorte que nous mangeâmes de la viande, et la chair des moutons nous servit de pain.

L'aurore du jour suivant commençait à poindre, lorsque les trompettes et les cors appelèrent au combat notre troupe déjà tout éveillée. Nous partîmes donc au point du jour, ayant, comme je l'ai dit, pourvu de tous côtés au soin de notre défense, et nous conduisîmes l'armée de Dieu vers le camp de Mahomet. Les ennemis cependant étaient demeurés dans leurs positions, ne croyant pas même que nous pussions tenir à l'abri de nos remparts après leur arrivée. Lorsqu'ils apprirent le massacre et la déroute de leurs bergers, ils dirent : « Les Francs sont venus pour enle-« ver du butin, et ils sont repartis avec leur prise. » Car ils étaient instruits tous les jours par ceux qui s'étaient enfuis de Jérusalem, et de notre petit nombre, et de la faiblesse de notre peuple et de nos chevaux. D'ailleurs se confiant en leur multitude et en leurs forces, ils croyaient n'avoir besoin que de cracher sur nous, pour nous submerger nous et notre camp. De plus, leurs sorciers et leurs augures leur avaient dit, à ce qu'on rapporte, de ne pas quitter leur camp avant le septième jour de la semaine, et de ne pas nous combattre, parce que, s'ils voulaient entreprendre quelque chose plus tôt, cela leur tournerait à mal.

De notre côté, nous nous avancions formés en neuf corps, comme je l'ai déjà dit. Dieu multipliait son armée, si bien que nous ne paraissions point inférieurs en nombre à nos ennemis. Les animaux que nous avions pris marchaient avec nous, et se réunissant en troupeaux, sans que personne les poussât, ils s'arrêtaient avec ceux qui s'arrêtaient, couraient avec ceux qui couraient, marchaient en avant avec ceux qui marchaient en avant......[1] Ces objets précieux étaient en immense quantité. Qui pourrait aussi compter toutes les armes et les tentes que nous enlevâmes? Les ennemis voyant qu'ils avaient perdu tant de monde, et que les nôtres occupaient leur camp en toute sécurité, s'abandonnant à la joie de la victoire, et enlevant leurs dépouilles, rentrèrent en eux-mêmes, et dirent : « Notre seule ressource est dans la fuite, que tardons-« nous? Si aujourd'hui fatigués par le voyage, à demi-« morts de faim et de soif, ils ont ainsi renversé nos « troupes du premier choc, que feront-ils donc lors-« qu'ils seront reposés, rafraîchis et vainqueurs, « contre des hommes à demi-morts, dont le nombre « est fort diminué et qui sont frappés de terreur? » Les ennemis donc, saisis de consternation, retournèrent à Ascalon, qui se trouvait à un mille de notre camp; mais tous n'y rentrèrent pas. Alors le comte Raimond résolut d'envoyer à l'émir un nommé Boémond, turc d'origine, qui avait porté les armes contre nous, pour rechercher son amitié, en se plaignant à lui de ce qu'il n'avait pas voulu rendre la liberté à Jérusalem, et pour tâcher de savoir en même temps s'il se préparait à combattre de nouveau ou à prendre la fuite, et comment il se conduirait après sa défaite[2].

Cependant un messager se rendit auprès de Tancrède et du comte Eustache, pour les inviter à faire leurs dispositions, et à partir pour aller prendre possession de la ville de Naplouse. Ils partirent donc,

[1] La description de la bataille manque.
[2] Ici finit le premier fragment.

emmenant avec eux beaucoup de chevaliers et d'hommes de pied, et arrivèrent devant cette ville, dont les habitans se rendirent aussitôt à eux. Après cela le duc Godefroi, roi de Jérusalem, leur manda de partir sans délai, pour venir prendre part à la guerre, pour laquelle l'émir de Babylone faisait ses préparatifs dans Ascalon. Ils pressèrent donc leur marche, entrèrent dans les montagnes, cherchant à rencontrer et à combattre les Sarrasins, et arrivèrent ainsi à Césarée. S'étant rendus aussi sur les bords de la mer, ils y trouvèrent un grand nombre d'Arabes, qui étaient les éclaireurs de l'armée ennemie. Les nôtres les poursuivirent et leur enlevèrent plusieurs hommes, qui leur apprirent des nouvelles de leurs adversaires, en quel lieu et en quel nombre ils se trouvaient, et sur quel point ils faisaient leurs dispositions pour combattre les Chrétiens. Tancrède, dès qu'il en fut instruit, envoya un messager à Jérusalem au duc Godefroi, au patriarche et aux autres princes, leur faisant dire : « Sachez que l'émir se pré« pare dans Ascalon à nous faire la guerre. Venez « donc en hâte avec toutes les forces que vous pourrez « rassembler. » Alors le duc ordonna d'appeler tous les fidèles à marcher vers Ascalon, à la rencontre des ennemis. Lui-même, accompagné de l'évêque de Martorano, quitta la ville le troisième jour de la semaine avec le patriarche et le comte Robert de Flandre. Le comte de Saint-Gilles et le comte de Normandie déclarèrent en même temps qu'ils ne sortiraient que lorsqu'ils seraient bien assurés de la guerre, et ils ordonnèrent à leurs chevaliers de se porter en avant pour reconnaître s'il devait y avoir quelque engagement, et de revenir au plutôt les en prévenir, parce qu'eux-mêmes se trouveraient tout prêts à s'y rendre. Les chevaliers partirent donc, et ayant vu toutes les dispositions des ennemis, revinrent aussitôt rapporter ce qu'ils avaient vu de leurs propres yeux. En même temps le duc, ayant fait venir l'évêque de Martorano, l'envoya aussi à Jérusalem, afin que les chevaliers qui y étaient encore eussent à se préparer et à venir le rejoindre. L'évêque de Martorano repartit ensuite de Jérusalem, rapportant des réponses au patriarche et au duc, mais les Sarrasins s'avancèrent à sa rencontre, le firent prisonnier et l'emmenèrent avec eux.

Pierre l'Ermite demeura à Jérusalem pour surveiller et pour prescrire aux Grecs et aux Latins, ainsi qu'à tous les clercs, d'accomplir fidèlement une procession devant Dieu, et de faire des aumônes et des prières, afin que Dieu accordât la victoire à son peuple. Les clercs et les prêtres revêtus de leurs habits sacrés conduisirent la procession au temple du Seigneur, et célébrèrent des messes et des prières publiques, afin que Dieu défendît son peuple. Enfin le patriarche, les évêques et les autres seigneurs se trouvèrent rassemblés sur les bords du fleuve, situé de ce côté de la ville d'Ascalon. Là on enleva un grand nombre d'animaux, des bœufs, des chameaux, des moutons et toute sorte de butin. Les Arabes s'avancèrent au nombre de trois cents environ, les nôtres s'élancèrent sur eux, leur enlevèrent deux hommes et poursuivirent les autres jusqu'au gros de leur armée. Sur le soir, le patriarche fit publier dans l'armée que tous eussent à être prêts pour la bataille dès le lendemain de grand matin, et il prescrivit que nul ne s'occupât d'enlever du butin, avant l'issue du combat, sous peine d'excommunication, ajoutant que, plus tard tous pourraient revenir jouir de leur bonheur, et enlever les choses que le Seigneur leur aurait destinées par avance. Dès le point du jour, les nôtres entrèrent dans une belle vallée, située sur les bords de la mer, et formèrent leurs divers corps. Le duc organisa le sien, et le comte de Normandie, le comte de Saint-Gilles, le comte de Flandre, le comte Eustache, et enfin Tancrède et Gaston réunis en firent autant, chacun pour le corps qu'il commandait. Ils réglèrent que les hommes de pied et les archers marcheraient en avant des chevaliers, et après avoir ainsi fait toutes leurs dispositions, ils s'avancèrent pour aller combattre au nom de notre Seigneur Jésus-Christ. Le duc Godefroi était sur la gauche avec son corps d'armée, et le comte de Saint-Gilles sur la droite le long de la mer. Le comte de Normandie, le comte de Flandre, Tancrède et tous les autres s'avançaient à cheval, par le centre. Tandis que les nôtres se portaient en avant avec lenteur, les Païens demeuraient en place et se préparaient à combattre. Chacun d'eux portait un petit vase suspendu à son cou, afin de pouvoir boire lorsqu'ils se lanceraient à notre poursuite, mais il n'en fut pas ainsi, grâce à Dieu. Le comte de Normandie reconnaissant l'étendard de l'émir, garni d'une pomme d'or à l'extrémité d'une lance, qui était recouverte en argent, s'élança sur lui avec impétuosité et le blessa mortellement. D'un autre côté, le comte de Flandre attaqua les ennemis avec la plus grande vigueur, et Tancrède se précipita au milieu même de leurs tentes. A cette vue les Païens prirent la fuite en toute hâte ; ils formaient cependant une multitude incalculable, et personne ne connaît leur nombre, si ce n'est Dieu seul. L'entreprise de les combattre était prodigieuse, mais la puissance divine marchait avec nous, si grande, si forte que nous remportâmes sur-le-champ la victoire. Les ennemis de Dieu demeuraient aveuglés et stupéfaits : à l'aspect des chevaliers du Christ, les yeux ouverts ils ne voyaient rien, et n'osaient se dresser contre les Chrétiens, tant la puissance de Dieu les remplissait d'épouvante. Leur terreur était si grande, qu'on les voyait monter sur des arbres, croyant pouvoir y trouver un asile, ou s'y cacher. Mais les nôtres leur lançaient des flèches, ou les perçaient de leur lance et de leur glaive, et les faisaient ainsi tomber violemment par terre. D'autres se jetaient la face contre terre, n'osant se tenir debout devant nous, et les nôtres les mettaient à mort, comme un homme tue des animaux sur le marché. Du côté de la mer le comte de Saint-Gilles en tua aussi un nombre infini ; d'autres encore se précipitèrent dans la mer, et d'autres s'enfuirent de divers côtés. L'émir de Babylone étant arrivé devant Ascalon, triste et versant des larmes, s'écria : « O esprits des dieux, qui « jamais a vu ou appris de semblables choses? Tant « de puissance, tant de force, tant de chevaliers qu'au- « cune autre nation n'avait encore battus, viennent « d'être vaincus par cette petite race des Chrétiens ! « Malheur à moi ! triste et affligé, que dirai-je de « plus? J'ai été vaincu par une race de mendians, dé- « nuée d'armes, la plus pauvre de toutes, et qui ne « possède qu'un sac et une besace. Maintenant elle « poursuit et massacre la race Égyptienne, qui lui a

« si souvent prodigué ses aumônes, lorsque jadis elle
« venait mendier dans toute l'étendue de notre patrie!
« J'ai conduit deux cent mille chevaliers pour dé-
« fendre cette ville, et je les vois, rendant la bride à
« leurs chevaux, fuir sur la route de Babylone, n'o-
« sant se retourner contre la race des Francs. Je
« jure par Mahomet et par toutes les puissances des
« dieux, que désormais je ne prendrai plus de cheva-
« liers à ma solde, puisque j'ai été chassé par une race
« étrangère, et qui ne fait que d'arriver. J'avais ras-
« semblé et amassé des armes de toute espèce, et toutes
« sortes de machines pour les assiéger dans Jérusa-
« lem, et eux-mêmes m'ont prévenu, et sont venus
« m'attaquer à deux journées de marche. Malheur à
« moi! que dirai-je de plus? Je serai à jamais désho-
« noré dans la terre de Babylone. »

Les nôtres enlevèrent l'étendard de l'émir, et le
comte de Normandie l'acheta au prix de vingt marcs
d'argent et le donna au patriarche, en l'honneur de
Dieu et du saint sépulcre. Un autre acheta une épée
pour soixante byzantins. Nos ennemis furent donc vaincus par nous, avec la faveur de Dieu. Leurs vaisseaux
étaient arrivés sur la côte : les hommes qui les montaient, ayant vu l'émir s'enfuir avec son armée, détachèrent aussitôt leurs voiles et se lancèrent dans la
haute mer. Les nôtres revinrent alors dans les tentes
des vaincus, enlevèrent d'innombrables dépouilles,
de l'or et de l'argent en quantité, toutes sortes d'animaux, des armes et des instrumens de toute espèce ;
ils emportèrent tout ce qu'ils voulurent et livrèrent le
reste aux flammes. Puis, ils retournèrent à Jérusalem,
se livrant à des transports de joie et emmenant avec

eux tout ce qui pouvait leur être de quelque utilité. Cette bataille fut livrée le 12 d'août, et les fidèles remportèrent cette grande victoire par la grâce de notre Seigneur Jésus-Christ, qui vit et règne avec le Père et le Saint-Esprit, Dieu dans l'infini des siècles. Amen!

FIN DES MÉMOIRES DE RAIMOND D'AGILES.

TABLE DES MATIÈRES

CONTENUES

DANS CE VOLUME.

Histoire des Croisades, par Albert d'Aix. . . . Pag. j

LIVRE VIII. 1

Expédition des Lombards pour la Terre Sainte. — Leur arrivée à Constantinople. — Leur traversée de l'Asie Mineure. — Désastres qu'ils y essuient. — Fuite et retour du comte Raimond à Constantinople. — Autres expéditions des Chrétiens en Occident. — Arrivée de Guillaume, comte de Poitiers, à Antioche. — Querelles des Croisés et de l'empereur Grec.

LIVRE IX. 41

Guerres continuelles du roi Baudouin contre les Égyptiens. — Déposition du patriarche Dagobert (Daimbert). — Siége d'Accon ou Saint-Jean-d'Acre. — Baudouin est forcé de le lever. — Siége de Joppé par les Sarrasins. — Le siége est levé. — L'émir d'Accon remet cette place à Baudouin. — Délivrance de Boémond. — Diverses expéditions du roi Baudouin.

LIVRE X. 100

Arrivée d'un grand nombre de pèlerins. — Mort de Hugues de Tibériade. — Guerre des Chrétiens avec les habitans d'Ascalon. — De Tancrède et des affaires d'Antioche. — Inimitié de Tancrède et de Baudouin du Bourg comte d'Édesse. — Boémond revient d'Italie à Constantinople. — Ses querelles avec l'empereur Grec. — Affaires intérieures du royaume de Jérusalem.

LIVRE XI. . . . . . . Pag. 142

Divisions des princes chrétiens. — Expédition de Magnus, roi de Norwége, dans la Terre sainte. — Siége et prise de Sidon par le roi Baudouin. — Attaque des Turcs contre les Chrétiens. — Mort de Boémond.

LIVRE XII. 179

Siége de Tyr. — Jérusalem est attaquée par les Turcs. — Défaite des Chrétiens à la première rencontre. — Seconde rencontre et victoire des Chrétiens. — Expédition du roi Baudouin en Égypte. — Il meurt à Pharamie. — Ses derniers entretiens avec ses chevaliers. — Ils retournent en Palestine rapportant le corps du roi. — Élection de Baudouin du Bourg, comte d'Édesse, pour lui succéder.

HISTOIRE de la première croisade, par Raimond d'Agiles, chapelain du comte de Toulouse. 221
NOTICE sur Raimond d'Agiles. 223
HISTOIRE de la première croisade. 227

FIN DE LA TABLE.

www.ingramcontent.com/pod-product-compliance
Lightning Source LLC
Chambersburg PA
CBHW071913230426
43671CB00010B/1587